애 키우는
엄마들을 위한
소자본 창업
쉽게 배우기

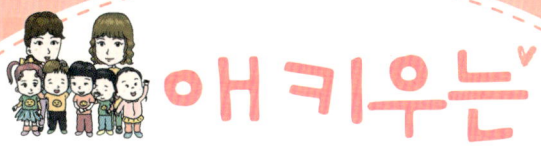

애 키우는
엄마들을 위한
소자본 창업
쉽게 배우기

★ 박평호 지음 ★

양육과 창업,
두 마리 토끼를
완벽하게
잡는 법

한스미디어

머리말

엄마들의 창업은
자아실현의 또 다른 도전

   얼마 전부터 일찍 퇴근하는 날이면 골목 모퉁이에 새로 생긴 카페에서 커피 한 잔을 테이크아웃하곤 합니다. 테이블이라고는 두어 개뿐인 조그마한 카페이지만 점심 시간이나 퇴근 시간에는 제법 사람들이 북적입니다.

   사실 이 카페의 커피 맛이 그다지 훌륭한 편은 아닙니다. 그런데도 왜 사람들이 자주 찾는 걸까요. 나는 그 비결을 사십 대 초반으로 보이는 이 카페의 사장님에게서 찾을 수 있었습니다. 두 명의 초등학생 자녀를 두었다는 그녀는 은행에서 오랜 기간 일하다가 결혼 후 둘째를 낳을 때까지 직장생활을 했다고 합니다. 아이들 양육문제로 정들었던 직장을 그만두고 전업주부로 생활한 지 7년여, 둘째가 초등학교에 들어가자 틈틈이 바리스타 교육을 받고 자격증을 딴 후 카페 창업을 시작한 것입니다. 아직은 초보 사장님인 까닭에 모든 것이 서툴지만 나도 모르게 이 카페로 발걸음이 향하는 까닭은, 작은 카페를 운영하는 그녀의 모습이 너무나도 행복해 보였기 때문입니다. 항상 밝게 웃고 열정적인 모습을 보노라면 나까지도 행복해지는 느낌이었으니까요.

   그녀는 말합니다.

   "아이들 키우느라 집에서만 보낸 시간이 너무 길어서 정말 내가 다른 일을 할 수 있을까 두려웠어요. 안 먹고 안 입고 모아둔 목돈을 한 방에 날리는 것은 아닌가 겁도 났고요. 하지만 꼭 돈 벌기 위해서만이 아니더라도 더 이상 나이 들기 전에 무언가 내가 할 수 있는 일을 찾아보고 싶었어요. 이제 내가 만든 커피를 손님들이 마시면서 즐거워하는 모습을 보면 '정말 내가 살아 있구나'라는 것을 느낀답니다. 그렇게 행복할 수가 없어요. 10년은 젊어진 것 같다니까요."

   눈가에 잔주름이 서서히 늘어나기 시작할 나이지만 그녀의 말대로 일할 때만큼은 20대 아가씨 못지않게 아름다워 보였습니다.

많은 여성이 결혼 후 양육과 집안 살림 때문에 자신의 아까운 재능을 서랍 깊숙이 묻어두고는 합니다. 아이가 자라고 조금씩 시간 여유가 생길수록 '뭐라도 해볼까' 하고 마음을 먹다가도 이내 포기하곤 하지요. 쉽지 않기 때문입니다. 많이 개선되었다고는 하지만 여전히 애 키우는 엄마들에게 창업은 쉽지 않은 선택입니다.

가장 중요한 것은 가족들의 이해와 협조입니다. "이제 와서…… 되겠어?"라는 말보다는 "그래, 당신도 할 수 있어, 원래 이쪽에 소질 있잖아?"라고 어깨를 두드려주는 것이 가족들의 몫입니다. 가족이 있기 때문에 시작할 수 있고, 가족의 조언과 도움으로 사업이 성공할 수 있습니다.

일단 시작하고 나면 크든 작든, 개인사업체든 법인사업체든 그것은 내가 낳은 또 다른 아이와 다름없습니다. 걸음마를 떼고 걷기까지, 그리고 펄펄 뛰어다닐 때까지 모든 노력을 다해야 합니다. 배를 앓아 낳은 내 아이가 무럭무럭 커갈 때 느끼는 희열과 행복감을, 사업을 키워가며 분명 또다시 느낄 수 있을 것입니다.

이 책은 제목 그대로 '애 키우는 엄마들이 소자본으로 창업할 때 꼭 봐야 할 책'을 목표로 만들어졌습니다. 나에게 맞는 업종선택부터 재능별, 금액별, 형태별 등 다양한 형태의 소자본 창업을 소개하고 그에 따른 준비 과정과 실선 창업 과징까지 꼼꼼하게 소개했습니다. 무엇보다 이 책을 보는 분들의 편의를 위해 최대한 쉽게 쓰려고 노력했고, 수백 컷의 만화와 일러스트가 본문의 이해를 더욱 쉽게 도울 것입니다. 감히 자신하건대, 창업을 염두에 둔 주부라면 반드시 보아야 할 필독서가 될 것입니다.

많은 분의 도움이 있었기에 이 책의 출간이 가능했습니다. 기획과 집필에 많은 아이디어를 제공한 한스미디어 모민원 팀장과 출판사 관계자분들에게 진심으로 감사드립니다. 자료조사 관계로 만나뵈었던 많은 예비 창업자들과 창업 컨설턴트 여러분께도 깊은 감사 말씀드립니다.

모쪼록 이 책이 양육과 성공창업을 꿈꾸는 대한민국의 엄마들에게 큰 용기와 도움을 드렸으면 합니다.

여러분, 파이팅하세요.

지은이 박평호

CONTENTS

머리말 엄마들의 창업은 자아실현의 또 다른 도전 • 4

1장 애 키우는 엄마들의 창업, 정말 성공할 수 있을까요?

01 애 키우는 엄마들은 창업이 배고프다: 창업의 계기와 기회 • 12
02 결혼하면 내 경력은 끝? 처음부터 다시 시작해야 하는 사회구조 • 13
03 당신의 재능이 집에서 버려진다: 잠자고 있는 재능의 활용 • 14
04 한국의 여성기업인, 과연 얼마나 될까? • 15
05 당신의 숨은 재능 파악하기 • 16
06 사업재질에 따른 창업 방향 분석하기 • 22
07 MBTI로 자신의 성격유형 검사하기 • 24
08 가장 활발한 창업 연령대는 3040 여성들 • 25
09 소소한 것에서 찾는 주부 창업의 성공 사례 1: 아이들에게 DVD로 재미있는 위인 이야기를! • 27
10 소소한 것에서 찾는 주부 창업의 성공 사례 2: 직장 여성을 위한 하이힐 깔창으로 대박나다 • 29
11 소소한 것에서 찾는 주부 창업의 성공 사례 3: 절임을 너무 많이 만드는 바람에 창업한 사연 • 34
12 사업가 마인드를 갖출 수 있는 엄마의 자세 • 37
13 반드시 알아야 할 창업과 세금에 대한 6가지 상식 • 44
14 엄마라는 이름으로 창업에 성공하기 위한 9가지 조언 • 52
15 바쁘고 시간 없다는 핑계는 그만, 나만의 꿈을 펼쳐보자 • 63

2장 엄마들의 창업 준비는 이렇게 달라요!

01 주변 사람들에게 이해와 도움 구하기 • 72
02 업종과 관련된 자기계발하기 • 76
03 첫 손님에게 영업하기 • 78
04 고객을 찾아라 ①: 여성용 패션 노트북 가방으로 대박나다 • 81
05 고객을 찾아라 ②: 남성만의 전유물이던 해충박멸 사업으로 성공하다 • 84

- 06 창업 절차 익히기 • 88
- 07 창업계획의 첫걸음: 사업 타당성 분석하기 • 90
- 08 창업계획서 작성하기 • 91
- 09 창업 대출자금 알아보기 • 96
- 10 알짜 창업정보를 얻을 수 있는 곳 • 99
- 11 어디에서 창업할까?: 개업장소 선정하기 • 101
- 12 창업 전후, 관리·운영체제 점검하기 • 102
- 13 창업 후에 한 번은 다가오는 전환기 • 104
- 14 창업에 도전한 엄마들은 무엇이 달라질까 • 105
- 15 장사꾼과 기업가의 작지만 큰 차이 • 108

3장 사람따라 천차만별, 지금 나에게 딱 맞는 창업 살펴보기

- 01 나이별로 알아보는 창업 가이드 • 112
- 02 재능별로 알아보는 창업 가이드 • 117
- 03 자격증별로 알아보는 창업 가이드 • 120
- 04 학력별로 알아보는 창업 가이드 • 122
  - 엄마들의 창업 비법노트 학원 업종에서 강의할 수 있는 강사 자격은? • 124
- 05 지역별로 알아보는 창업 가이드 • 125
  - 엄마들의 창업 비법노트 일본 탄광촌 이야기 • 127
- 06 소자본으로 할 수 있는 제조업 창업 가이드 • 128

4장 돈에 맞춰 시작하는 점포 창업의 이모저모

- 01 점포 창업 준비와 홍보하기 • 132
- 02 1,000~3,000만 원으로 가능한 점포 창업 업종 • 137
- 03 5,000만 원 내외로 가능한 점포 창업 업종 • 139
- 04 1억 원 내외로 가능한 점포 창업 업종 • 141
- 05 소자본으로 가능한 사무실 창업 가능 업종 • 143
- 06 소자본으로 가능한 제조업 창업 가능 업종 • 145

5장 업종별로 알아보는 소자본 창업의 모든 것

- 01 미용: 헤어숍, 메이크업숍, 네일숍, 웨딩뷰티 등 • 148
- 02 아동·육아: 어린이집, 놀이방, 유치원 • 150
- 03 사회·복지: 노인복지센터, 지역아동센터, 공동생활가정 • 156
- 04 식품판매업: 반찬가게 • 162
- 05 식품제조가공업: 식품제조업(김치, 두부, 과자 등), 식품유통업 • 165
- 06 즉석판매제조가공업 : 약초건강원(특정 테마가 있는 건강원) • 168
- 07 음식·요리: 한식 전문점 & 김밥 전문점 & 도시락 전문점 외 • 171
- 08 주점업: 호프집 & 주점 외 • 174
- 09 기타 음식점업: 치킨 전문점, 치킨피자 전문점 외 • 176
- 10 비알콜 음료점: 카페 & 커피숍 & 테이크아웃 & 숍인숍 매장 • 178
- 11 제과·제빵: 베이커리(빵집) • 181
  - **엄마들의 창업 비법노트** 요식업, 주점업 주요 업종 명칭 • 184

- 12 식품 소매업: 편의점 & 슈퍼마켓 등 • 185
- 13 잡화 소매업: 잡화 전문점(생활용품점) & 다이소 등 • 188
- 14 문구·서점·대여업: 팬시문구점, 사무용품점, 서점, 각종 대여업 • 191
- 15 화장·미용·유통: 화장품숍 & 화장품 브랜드숍 • 194
- 16 의류 소매: 일반 의류매장, 의류 멀티숍, SPA 매장 • 197
  - **엄마들의 창업 비법노트** 유통판매 소매업, 대여점 업종 명칭 • 200
- 17 강사·학원: 공부방, 교습소 • 201
- 18 아트·디자인: 공예숍 • 204
- 19 디자인·편집: 디자인사무실(편집, 일러스트, 광고, 의류, 인테리어 등) • 207
- 20 인터넷 공동구매·쇼핑몰: 공동구매 블로거, 공동구매 쇼핑몰 • 211
  - **엄마들의 창업 비법노트** 공동구매 파워블로거 수입의 세금계산 • 214
- 21 가사·인력대행: 산모신생아 도우미업체 • 215
- 22 가사·인력대행: 가사도우미, 퀵서비스, 인력사무소, 직업소개소 • 219
  - **엄마들의 창업 비법노트** 고용알선업, 인력공급원, 근로자파견업의 차이 • 223
- 23 청소세탁업: 빨래방 & 운동화 세탁방 • 224
  - **엄마들의 창업 비법노트** 심부름, 퀵서비스, 세탁업 종목 명칭 • 226

- 24 건강·심리·치유: 피부관리실 & 다이어트숍(비만관리실) • 227
- 25 애완동물: 애견숍 • 229
- 26 식물·수족관: 꽃집, 수족관 등 • 232
  - 엄마들의 창업 비법노트 애완동물·식물·수족관·조경공사 업종 명칭 • 235
- 27 컴퓨터: 컴퓨터 조립판매점 & CCTV 제품판매 • 236
  - 엄마들의 창업 비법노트 컴퓨터, 소프트웨어, 게임 업종 명칭 • 238
- 28 자동차: 스팀 세차업, 셀프 세차업, 타이어·자동차용품점 • 239
- 29 장난감·완구: 장난감 전문점, 인형 전문점, RC·프라모델 전문점 • 242
- 30 장난감·완구: 수제인형 공방, 봉제인형 제조업(가내공업) • 244
  - 엄마들의 창업 비법노트 장남감 도소매 및 제조업의 업종 명칭 • 248
- 31 여행·관광: 여행사 & 국내여행사 & 해외여행사 • 249
- 32 이벤트업: 행사대행업(이벤트업), 웨딩 이벤트업 • 255
  - 엄마들의 창업 비법노트 여행, 레크리에이션, 숙박업 업종 명칭 • 257
- 33 국제교류: 유학원, 어학연수 알선업 • 258
- 34 인재파견·채용: 리크루트, 헤드헌터, 근로자파견 아웃소싱업체 • 260
- 35 자문업: 컨설팅, 자문업 • 264

6장 지원과 혜택이 가득한 1인 창조기업 완전정복

- 01 정부가 적극 육성하는 1인 창조기업 • 268
- 02 1인 창조기업에 주어지는 특별한 지원 • 270
- 03 1인 창조기업을 위한 자금마련 혜택 • 271
- 04 식품업과 관련된 1인 창조기업의 업종과 창업 절차 • 272
  - 엄마들의 창업 비법노트 1인 창조기업으로 창업할 만한 식품업들 • 275
- 05 농림·수산업과 관련된 1인 창조기업의 업종과 창업 절차 • 276

7장 실전 창업! 사업자등록과 주거래 은행 만들기

- 01 사업자등록이란 무엇일까? • 280
- 02 법인사업자란 무엇일까? • 282
- 03 사업자등록 신청서 작성하기 • 283
- 04 주거래 은행 만들기 • 285
- 05 사업자용 통장 개설하기 • 286
- 06 당좌계좌 개설하기 • 287

8장 골치 아픈 회계관리 단숨에 정복하기

- 01 포스(POS)시스템이란 무엇일까? • 290
- 02 영수증 보관이 중요한 이유 • 291
- 03 간편장부(단식부기장부): 개인 사업자 '간이과세자'가 작성하는 장부 • 293
- 04 간편장부 작성하기 • 295
- 05 창업 1년 차에 꼭 알아야 할 간편장부 작성법 • 296
- 06 복식부기 장부: 개인 사업자 '일반과세자'와 법인 사업자용 장부 • 298
- 07 회계관리 쉽게 하기: 세무사 사무실을 이용한 회계관리 • 299
- 08 소득세·부가세 확정신고 쉽게 하기 • 300

9장 세금납부, 절대 어렵지 않아요!

- 01 종합소득세 확정신고하기 • 302
- 02 홈택스에서 종합소득세 확정신고서 작성하기 • 310
- 03 부가가치세(부가세) 확정신고하기 • 312
- 04 그 외의 세금 : 원천세, 법인세 납부하기 • 317

1장

애 키우는 엄마들의 창업, 정말 성공할 수 있을까요?

01 SECTION

애 키우는 엄마들은 창업이 배고프다
: 창업의 계기와 기회

불경기로 삶의 질이 날로 팍팍해지고 있습니다. 이는 직장인들뿐 아니라 애 키우는 엄마들에게도 해당하는 말일 것입니다.

여성이 결혼하고 나면 육아나 집안 대소사 등으로 정신없이 바쁩니다. 정신 차려보면 어느새 시간이 훌쩍 지나가 있습니다. 이렇게 애 키우는 엄마가 지금의 생활 방식을 바꾸고 창업 일선에 뛰어드는 것은 여간 어려운 일이 아닙니다. 그러나 여성 창업은 경제난을 해결하는 도구이자 자아실현의 계기가 되므로 집안일과 병행할 수 있다면 그보다 좋은 일이 없을 것입니다. 누가 뭐라 해도, 경제력은 곧 힘이기 때문입니다.

여성기업인은 많이 불안하다고 해요. 과연 성공할 수 있을까요?

비용 절감을 기반으로 수익을 올릴 생각이라면 남자기업가들과의 경쟁에서 쉽게 이길 수 없을 것입니다.

모두가 그런 방법을 쓰고 있잖아요? 그런 방법 외에 다른 방법도 있나요?

여성의 섬세한 시선이라면 상품의 가치를 다양하게 포장할 수 있을 것입니다. 이는 남자들이 모르는 분야입니다. 보는 관점이 다르므로 이를 사업 무기로 한다면 불안한 마음도 가질 필요가 없습니다.

결혼하면 내 경력은 끝? 처음부터 다시 시작해야 하는 사회구조

우리나라는 여성이 결혼하면서 퇴사한 후 재취업하려면 그전의 직장 경력을 제대로 인정받지 못하는 경우가 많습니다. 이러한 사례는 우리나라뿐 아니라 외국에서도 마찬가지입니다.

03 SECTION

당신의 재능이 집에서 버려진다
: 잠자고 있는 재능의 활용

아이를 출산한 뒤의 여성은 자신의 재능을 아이 키우는 데에 보태야 합니다. 그러다 보니 자신의 재능이 활용되지 못하고 있습니다. 잠자고 있는 재능을 어떻게 활용해야 할까요?

04 SECTION 한국의 여성기업인, 과연 얼마나 될까?

막상 창업을 계획해도 내가 과연 할 수 있을까 하는 두려운 마음이 생깁니다. 그러나 2011년 국내 여성기업인 숫자가 120만 명이었다는 것을 알면 많은 용기를 얻을 수 있을 것입니다.

한국 여성경제인협회 2011년 조사자료		전국 여성기업인 수(추정값)	비율
전체		1,220,907명	100%
업종별(분류 1)	제조업(식료품/음료 제조업)	20,400	1.7
	제조업(섬유/의복/가방/신발 제조업)	13,783	1.1
	제조업(기타 제조업)	23,849	2.0
	하수 폐기물 처리, 원료재생 및 환경복원업	627	0.1
	건설업	11,283	0.9
	도매 및 소매업	342,943	28.1
	운수업	15,284	1.3
	숙박 및 음식점업	413,002	33.8
	출판, 영상, 방송통신 및 정보 서비스업	3,395	0.3
	금융 및 보험업	4,317	0.4
	부동산업 및 임대업	38,311	3.1
	전문, 과학 및 기술 서비스업	7,231	0.6
	사업시설관리 및 사업지원 서비스업	7,412	0.6
	교육 서비스업	87,494	7.2
	보건업 및 사회복지 서비스업	39,676	3.2
	예술, 스포츠 및 여가 관련 서비스업	42,091	3.4
	협회 및 단체, 수리 및 기타 개인 서비스업	149,809	12.3
업종별(분류 2)	제조업	58,032	4.8
	건설업	11,283	0.9
	도매 및 소매업	342,943	28.1
	숙박 및 음식점업	413,002	33.8
	기타	395,647	32.4
종업원 규모	5인 미만	1,165,219	95.4
	5~19인	49,132	4.0
	20인 이상	6,556	0.5
지역별	서울/인천/경기/강원	575,932	47.2
	부산/울산/경남	226,163	18.5
	대구/경북	139,068	11.4
	광주/전북/전남/제주	155,732	12.8
	대전/충북/충남	124,012	10.2

 이 조사자료는 남편이 부인 명의를 빌려 사업장을 운영하는 것도 포함되어 있을 수 있습니다.

당신의 숨은 재능 파악하기

육아와 가사에 바쁘다 보면 어느새 자신의 재능을 잊기 마련입니다. 당신에게 어떤 재능이 있는지 간단히 체크해보세요. 다음 만화는 여성의 개개별 재능을 전문가가 평가하는 모습으로, 자신의 재능이 어떤 사업에 유용한지 판단하기 바랍니다.

사업재질에 따른 창업 방향 분석하기

앞의 여섯 가지 재능은 자신의 재능을 파악하기 위한 기본 테스트입니다. 이 여섯 가지 재능을 모두 가진 다재다능한 사람은 아마 이 세상에 없을 것입니다. 그러므로 자신의 재능을 파악한 뒤 강점인 분야에서 창업하면 그보다 좋은 일은 없을 것입니다.

다음은 사업재질별로 창업할 수 있는 분야입니다. 물론 여기서 제안하는 사업재질표는 하나의 가설입니다. 만일 자신의 재질과 달리 선호하는 업종이 있다면 그 업종에 맞게 자신의 재능이나 재질을 계발하는 과정이 필요합니다. 예컨대 아무것도 모르는 새신부가 유명한 음식점의 아들에게 시집갔다가 30년 뒤 그 음식점의 안주인이 되는 것과 같은 이치일 것입니다.

표현력
- 요식업·커피숍 계통
- 미용·화장품·부티크 계통
- 어린이·유아 계통
- 광고·디자인·출판·실내장식 계통
- 컴퓨터·콘텐츠 개발 계통
- 노인복지·요양·다문화 계통
- 원예·화훼·조경 계통
- 약초·건강 계통
- 애견·애완동물 계통

사교성
- 요식업·커피숍 계통
- 미용·화장품 계통
- 어린이·유아 계통
- 노인복지·요양·다문화 계통
- 여성취업·재취업·재활 계통
- 쉐어하우스·펜션 계통
- 이벤트·레크리에이션 계통
- 보험·텔레마케팅·부동산 계통
- 심리·의료·치유 계통

나의 사업재질은

관리능력
- 요식업·전통음식 계통
- 도소매·무역업 계통
- 인력·심부름·가사대행 계통
- 여성취업·재취업·재활 계통
- 노인복지·요양·다문화 계통
- 쉐어하우스·펜션 계통
- 인큐베이션 오피스 계통
- 보험·텔레마케팅·부동산 계통
- 원예·화훼·조경 계통
- 애견·애완동물 계통

세상에는 공짜가 없으며 무턱대고 땅을 열심히 판다고 돈이 나오지도 않습니다. 어느 업종이건 그 업종에 맞는 자기 계발과 학습 과정이 필요합니다. 물론 지금의 사업은 H&M이나 유니클로 같은 패스트의류처럼 신속·정확성을 우선시해야 하지만 안전도 도모해야 합니다. 자신의 재능이 하고 싶은 사업과 어울리지 않는다면 급속충전기처럼 그 사업의 노하우를 급속 충전하는 자세가 필요합니다. 예컨대 시립도서관에서 1개월 정도 공부하면 원하는 업종의 맥락을 급속충전할 수 있을 것입니다.

무엇일까?

결단력&활동성

- 도소매·무역업 계통
- 이벤트·레크리에이션 계통
- 건강·스포츠 계통
- 간판·디스플레이·실내장식 계통
- 세탁·청소업 계통
- CCTV·보안·경호 계통
- 태양광·녹색에너지 설치 계통
- 벤처·콘텐츠 개발 계통
- 사무·제조업 계통
- 농림수산 계통

기획력

- 도소매·무역업 계통
- 광고·홍보·출판 계통
- 간판·디스플레이·실내장식 계통
- 사무·콘텐츠 계통
- CCTV·보안·과학 계통
- 태양광·녹색에너지 설치 계통
- 약초·건강 계통
- 컴퓨터·벤처기업 계통
- 강좌·멘토링·자문업 계통
- 심리·의료·치유 계통

통솔력

- 도소매·무역업 계통
- 이벤트·레크리에이션 계통
- 취업·인재발굴 계통
- 컴퓨터·벤처기업 계통
- 유아·학습학원 계통
- 펜션·숙박업 계통
- 사무·제조업 계통
- 강좌·멘토링·자문업 계통
- 다문화·국제교류 계통
- 농림수산 계통

MBTI로 자신의 성격유형 검사하기

자신의 재질은 스스로 더 잘 알지만 다소 주관적일 수 있습니다. 자신의 성격이나 재질을 심리학적 자료를 통해 객관적으로 파악하고 싶다면 MBTI 심리테스트로 검사하는 것도 좋은 방법입니다.

MBTI(Myers-Briggs Type Indicator)는 '자기보고식 성격유형 지표'를 말하며 유명 심리학자 융(Jung)의 학술을 근거로 만든 심리테스트입니다. 여러 가지 문항을 풀면서 외향형(Extraversion), 내향형(Introversion), 감각형(Sensing), 직관형(Intruition), 사고형(Thinking), 감정형(Feeling), 판단형(Judging), 인식형(Perceiving) 등 자신의 재질이나 선호하는 요소를 파악합니다. 그 결과 우세한 항목이 자신의 성격유형이 됩니다. 성격유형은 아래와 같이 16개 유형 중에서 하나가 도출됩니다.

ISTJ 세상의 소금형	ISFJ 숨어 활동하는 권력자형	INFJ 예언자형	INTJ 과학자형
ISTP 백과사전형	ISFP 성인군자형	INFP 잔다르크형	INTP 아이디어형
ESTP 수완 좋은 활동가형	ESFP 사교형	ENFP 스파크형	ENTP 발명가형
ESTJ 사업가형	ESFJ 친선형	ENFJ 언변형	ENTJ 지도자형

MBTI 심리테스트는 자신의 성격유형을 파악하는 테스트이지만 이를 근거로 자신의 단점이나 약점을 파악할 수도 있습니다. 사업가는 노련하고 임기응변에도 능숙해야 하며 때론 세상의 소금 역할도 해야 하는데, 한 인간이 이 모든 성격을 가질 수는 없습니다. 따라서 자신의 강점과 약점을 파악하고 약점을 보강하는 용도로 이 테스트를 사용하면 좋습니다. MBTI 심리테스트는 취업 컨설팅 등에 주로 쓰이는 테스트 도구로서, 현재는 초중고생 및 취업지망생의 성격유형 파악을 위한 도구로 사용됩니다. 한국 MBTI 연구소는 MBTI 교육이나 강사진 배출을 위한 MBTI 자격증 사업도 벌이고 있습니다.

08 SECTION 가장 활발한 창업 연령대는 3040 여성들

요즈음은 20대에 사업을 시작한 여성 창업가도 드물지 않습니다. 그에 비하면 경험과 연륜이 쌓인 3040 여성들의 창업은 더욱 권장되어야 할 것입니다. 일본이나 미국의 경우도 마찬가지랍니다.

하이텔 같은 PC 통신이 영광의 시대를 마감할 무렵 필자가 아는 20대 여성 중에 플라스틱 제조업을 운영하는 처녀 사업가가 있었습니다. 그녀와 채팅을 하던 어느 날 그녀가 1억 부도를 막았다고 자랑스레 이야기했습니다. 26세의 나이로 제조업을 운영할 뿐 아니라 1억 부도를 막았다는 그녀의 이야기는 새삼 신기했습니다. 당시 1억 원이라면 지금 돈으로 5억 원 정도는 하지 않을까요?

물론 필자가 아는 여성사업가 중에는 사업을 안정적으로 유지하는 여성도 있는 반면, 20억 원을 부도내고 도망간 노처녀 사업가도 있었습니다.

35세의 이 여성은 곁다리 건너 알게 된 사업가였는데 모피·가죽 옷을 만드는 작은 의류회사를 가지고 있었습니다. 그 무렵의 모피·가죽·세무·무스탕 재질의 옷은 동물보호단체의 활동이 주목받으면서 슬슬 인기를 잃어가던 시점이었습니다. 회사가 날로 적자행진을 하자 그녀는 돈을 있는 대로 끌어모아서 별안간 모피 옷을 대량으로 병행 수입했습니다. 아마 그녀는 고급 모피 옷을 왕창 팔아서 적자를 보전할 생각이었나 봅니다.

물론 일은 사람의 뜻대로 되지는 않습니다. 당연히 잘 될 턱이 없었습니다. 계획 없이 마구잡이로 수입한 모피 옷이 재고로 쌓였고 몇 명 되지 않은 직원들 사이에서는 회사가 곧 망할 것이라는 소문이 흉흉하게 돌았습니다. 소문이 흉흉하면 역시 뭔가 나쁜 일이 일어나나 봅니다. 그녀는 결국 20억 원 대의 큰돈을 부도내고 종적을 감추었습니다. 아마도, 어쩌면 계획을 하고 야반도주한 것일 수도 있습니다.

가깝고도 먼 나라 일본의 여성 창업자 사례를 보면서 여성들의 창업 나이대를 살펴보겠습니다. 일본 여성들의 창업 나이대를 보면 가장 활발하게 창업하는 나이대는 30대 여성입니다. 그 뒤를 잇는 것이 40대와 20대 여성들입니다.

일본 여성들의 창업 나이대 분포도	
20대	16%
30대	44%
40대	30%
50대	8%
60대	2%

40대도 아닌 30대 여성 창업자가 가장 많은 이유는 무엇일까 잠깐 생각해보았습니다.

30대 ➡ 자녀의 육아에서 해방될 나이

아하! 어쩐지 아귀가 맞는 거 같습니다.

20대일 때는 경제자질도 부족하고 사회조직이 뭔지 모르니까 사회조직을 읽고 해석하느라 창업은 생각조차 못하는 경향이 많습니다. 그러다가 결혼과 함께 직장을 그만두고 아이를 가졌겠지요. 아이를 낳고 육아에서 해방되는 시점이 되자 다시 직장에 들어가고 싶은데 과거의 직장경력은 현재의 직장생활과 맞지 않습니다. 경력이 단절되어 취업이 될 턱이 없습니다. 결국 마트에서 시간제 아르바이트를 하거나 창업 쪽으로 관심을 돌립니다.

30대의 여성 창업자가 많은 이유는 아마도 육아에서 해방되는 시점이기도 하지만 20대의 경력이 단절되었기 때문일 것입니다. 아울러 20대와는 다른 똑똑한 경제관이 생겼기 때문이기도 할 것입니다.

위의 일본 통계는 미국과 같은 서구권 통계와도 비슷합니다. 서양의 여성 창업자를 분석하면 그녀들 역시 육아보육에서 해방된 30~40대에 가장 왕성하게 창업 전선에 뛰어들고 있습니다.

09 SECTION

소소한 것에서 찾는 주부 창업의 성공 사례 1 : 아이들에게 DVD로 재미있는 위인 이야기를!

음료 대기업의 매니저인 미국여성 E. S 씨는 어느 날 네 명의 자녀가 스파이더맨에 열광하는 것을 보고 깜짝 놀랐습니다. 자녀가 스파이더맨에 열광하느라 링컨이 누군지도 모르는 것이었습니다.

어드벤처 인물이나 TV 스타에 열광하는 아이들의 모습은 E. S 씨의 어린 시절 모습과 사뭇 달랐습니다. 어린 시절 그녀는 도서관에서 생활하다시피 지냈는데 주로 위인전기를 많이 읽었습니다. 이것은 부모님의 제안 때문이었습니다. 그녀의 부모는 남들과 달리 교양과목 함양에 힘쓰도록 그녀를 인도했는데 결과적으로 이것이 그녀의 사업 아이템이 되었습니다.

자신의 어린 시절이 떠오른 그녀는 역사적 인물들의 이야기를 매력 넘치는 모험극으로 각색하여 요즘 아이들을 흥분시키기로 결심했습니다.

퇴사한 그녀는 종잣돈 5,000만 원과 두 명의 엔젤투자자를 모아 출판·엔터테인먼트 회사를 차렸습니다. 그리고 그녀의 사업은 크게 성공했습니다.

10 SECTION 소소한 것에서 찾는 주부 창업의 성공 사례 2
: 직장 여성을 위한 하이힐 깔창으로 대박나다

일본의 여성사업가인 S 씨는 하이힐을 신어야 하는 직장 여성들을 위해 발 통증을 완화하는 하이힐용 깔창을 맞춤형으로 제작하여 중견 사업체로 만드는 데 성공했습니다.

2006년 시작된 S 부부의 사업은 현재 6,000명 이상의 회원 고객이 있을 정도로 커졌습니다.

맞춤형 깔창 판매가는 약 19만 원 내외로, 맞춤형 깔창 제조 외에도 신발 보정, 컴포트 슈즈 판매, 마사이 워킹 강의, 족욕, 발톱건강, 다리마사지 사업을 병행합니다. 일본 내의 발 건강 관련 전문업체라고 말할 수 있습니다(S 부부의 사업체 홈페이지 주소는 www.footcreate.com 입니다).

자신의 발이 아파 고민하던 그녀는 국내에 맞춤형 깔창 사업이 없다는 것을 알고 창업을 했고, 그 후 발 건강과 관련된 사업 다각화로 더욱 크게 성장했습니다. 틈새시장에서 성공한 후 그에 만족하지 않고 시장을 확대한 것이지요. 한 가지 더, 남편의 헌신적인 도움을 빼놓을 수는 없겠죠?

SECTION 11

소소한 것에서 찾는 주부 창업의 성공 사례 3
: 절임을 너무 많이 만드는 바람에 창업한 사연

절임을 잘 만드는 어느 주부 이야기입니다. 절임이 맛있다고 소문난 덕에 이웃집에서 절임을 만들어달라고 부탁해왔습니다. 그래서 통 크게 절임을 만들었는데 그만 너무 많이 만들었습니다.

통 크게 만든다고 만들었는데 너무 많이 만든 절임! 이 사실을 안 남편이 화를 냈습니다.

사업가 마인드를 갖출 수 있는 엄마의 자세

창업은 긍정적인 자세와 사업을 개척하려는 확고한 의지가 필요합니다. 게다가 사업가 자세까지 갖춘다면 그보다 좋은 것은 없습니다. 사업가의 자세에는 어떤 것이 있는지 알아봅시다.

▌사업가 자세 1 – 고객에게 협조하기

경제경영책을 읽다 보면 '고객을 가족처럼 대하라' 또는 '고객을 마음속 깊이 대하라'는 말을 흔히 볼 수 있습니다. 도대체 이 추상적인 멘트는 무엇일까요?

고객을 마음으로 대하라는 말의 의미는 누구나 알지만 마음을 꺼내놓고 보여줄 방법이 없으므로 사업자들은 전전긍긍합니다. 결국 사업주는 고객이 물건을 사지 않고 돌아가자 발을 동동 구르며 슬피 웁니다. 도대체 어떻게 하면 고객에게 자신의 마음을 보여줄 수 있을까요?

여기에는 가장 간단한 해결책이 있습니다. 고객에게 협조하는 것입니다.

사업주는 자신의 매장을 찾은 고객을 당연히 박대하지 않습니다. 그러나 요즘은 장사가 안되기 때문에 고객이 들어왔다가 빈손으로 나가면 제풀에 화를 내어 문전박대하는 경우가 종종 발생합니다. 고객이 발길을 돌린다고 박대하면 그 고객은 다시는 그 매장을 찾지 않습니다. 그 순간 이미 고객 한 명을 영원히 놓친 것입니다. 만일 고객이 빈손으로 발길을 돌릴 때 이런 멘트를 던지면 어땠을까요?

"네. 다른 가게도 많으니까 한번 둘러보고 오세요."

그럼 고객의 반응은 어떨까요?

"어라? 내가 물건을 사지 않고 나가는데도 나에게 협조적이네?"라고 생각할 것입니다.

고객에게 협조하라는 것은 무슨 뜻인가요?

고객의 의사가 어떻든 고객의 의사에 따르라는 뜻입니다. 협조감을 느낀 고객은 다른 매장을 둘러보다가 물건이 마음에 들지 않으면 협조감을 느낀 매장에 다시 찾아옵니다.

고객을 응대하는 방법은 여러 가지가 있지만 '마음속으로 대하라'는 말은 너무 추상적입니다. 가장 쉬운 방법은 고객이 들어오는 순간부터 협조적인 느낌을 주는 것입니다. 요즘 의류매장은 고객이 들어오면 종업원들이 고객 뒤를 졸졸 따라다니며 제품을 설명합니다. 제품을 설명하는 것은 좋지만 이런 멘트는 실수 아닐까요?

"한번 입어 보세요. 잘 어울리실 것 같아요."

그런데 입어보든 입어보지 않든 그것은 고객의 의사입니다. 종업원이 지금 한 벌 더 팔기 위해 저런 멘트를 날릴 필요는 없겠죠.

어느 동네에 마주 보는 두 약국이 있었습니다. 몇 년 뒤 결국 한 곳은 망하고 다른 곳은 살아남았습니다. 약국만큼 안정적인 장사도 없는데 왜 한 곳은 망하고 다른 한 곳은 살아남았을까요? 차이는 딱 한 가지입니다. 살아남은 곳은 손님에게 여유를 주었던 약국이었습니다. 망한 곳은 손님에게 여유를 주지 못한 약국이었죠.

 필자의 경험담입니다. 어느 날 약국에 들렀던 필자는 옛날에 복용하다가 가득 남은 알약 하나를 내밀며 그 약의 용도를 물은 적이 있습니다. 하도 오래전에 먹었던 약이라 버릴까 하다가 그 약의 용도가 궁금해서 물었던 것입니다. 그 약은 두 개의 이니셜만 있는 캡슐이었기 때문에 약사도 그 약의 정체를 몰랐습니다. 약사는 바쁜 와중에도 약국관리 프로그램을 닫고 인터넷을 검색하더니 마침내 그 약의 용도를 알아내어 알려주었습니다. 나중에 보니 그 약국이 살아남은 약국이었습니다.

사업가 자세 2 – 수요가 많은 사업 아이템 잡기

사업 아이템을 잡을 때는 가장 기본적인 룰이 있습니다. 공급보다 수요가 많은 업종에서 창업해야 한다는 것입니다. 수요보다 공급이 많은 업종을 창업하면 어떻게 될까요? 편의점 사장님들의 자살 뉴스가 신문지상에 자주 등장하는 이유는 편의점이 이미 수요보다 공급이 더 많기 때문입니다.

1 : 수요가 많은 사업 아이템을 찾아라

현재 우리나라에서 가장 창업이 활발한 분야는 요식업, 치킨집, 편의점입니다. 하기가 까다롭지 않아 보이기 때문에 쉽게 생각하고 빨리 결판을 내려는 심정으로 흔히 창업합니다. 그녀뿐 아니라 그 남자도 그렇게 하고 있습니다. 그런데 "아, 저것은 나도 할 수 있겠다" 싶은 업종이 있다면 그건 바로 함정일 수 있습니다. 일단 그 업종은 이미 공급이 넘쳐나는 업종입니다. 공급이 넘쳐나는 업종에서 창업하려면 자신에게 그 업종에서 승자가 될 만한 기술력이 있어야 합니다. 최고의 맛을 만들어낼 수 있는 기술력이 있다면 음식점을 창업하는 것도 나쁜 생각이 아닙니다. 실력만 좋다면 5층 상가를 지어 올릴 돈을 모을 수도 있습니다. 만일 그러한 기술력이 없다면 음식점처럼 공급이 많은 업종이 아닌, 수요가 많은 업종을 찾아 창업하는 것이 더 이성적인 판단일 것입니다.

2 : 예상수익을 최악치로 잡고 창업계획 짜기

창업을 준비하는 사람이라면 창업 후 어떻게 수익을 올릴지 이미 다 계획한 상태입니다. 그런데 대부분의 예비 창업자들은 수익을 예상할 때 최대치로 잡는 분홍빛 전망을 합니다. 그러다가 막상 오픈한 뒤에는 꽈당하고 나자빠집니다. 수익예상을 할 때는 분홍빛 전망뿐 아니라 최악을 가정하는 것도 좋은 방법입니다.

3 : 예상수익이 최악치일 때의 대비책 시나리오로 만들기

만일 수익예상을 최악치로 잡은 뒤 사업계획을 짜면, 기존 창업계획서에서 수익을 새롭게 창출할만한 신규 아이템을 능동적으로 추가할 수 있을 것입니다. 창업계획서는 창업을 계획할 때 허투루 생각한 점이 있는지 파악하고 그 해결책을 만들기 위해 세우는 시나리오입니다. 그러므로 분홍빛 전망뿐 아니라 어두운 전망에 대한 대비책도 시나리오로 짜는 것이 좋습니다.

사업가 자세 3 - 신동력 아이템 찾기

1 : 사업 아이템은 확실할까?

　세계경제둔화 및 유류값 인상으로 물류비가 크게 상승했습니다. 결과적으로 국내의 공산품 값은 자고 일어날 때마다 무서운 속도로 오르고 있습니다. 옷값이 두 배가 되니까 1년에 두 벌 사던 사람이 한 벌만 삽니다. 설상가상, 서로가 합종연횡하다 보니 모두 똑같은 제품을 판매하고 있습니다. 그러다 보니 대부분의 소매업종이 쪼개 먹기 사업이 되었습니다.

　수요보다 공급이 넘치는 상황이니 모두가 가격 경쟁을 하느라 이익은 적어집니다. 그래서 사람들은 무한경쟁의 시대라고 말하나 봅니다. 그러나 따지고 보면 무한경쟁의 시대가 아닙니다. 지금 이 시대는 아이템으로 경쟁하는 사회이기 때문입니다.

2 : 보험 든 셈 치고 부업종 미리 염두에 두기

　창업할 때 한 가지가 아닌 두 가지 업종으로 창업하는 것도 생각해야 하는 시대가 되었습니다. 사업자등록 시 주업종과 부업종을 따로 지정하면 두 개의 업종으로 창업하는 사업자가 됩니다. 물론 이 경우 점포를 두 개로 나누거나 하나의 매장 안에 숍인숍 형태의 작은 매장을 따로 꾸며야 합니다. 이렇게 하면 하나의 엔진이 아닌 두 개의 엔진을 달고 사업을 시작하는 형태입니다.

　부업종을 선택할 때는 주업종과 시너지가 있는 업종을 선택하는 것이 좋습니다. 가장 흔한 예가 커피숍+꽃집 형태일 것입니다. 또는 공방+잡화점 형태의 점포가 탄생할 수도 있고, 김치제조업+고추장제조업 형태의 회사가 탄생할 수도 있습니다.

　맥주제조업체를 운영하고 있어요. 요즘 회사 매출이 떨어져서 신동력 아이템으로 소주제조업을 추가하려고 해요. 사업자등록을 다시 내야 하나요?

　그렇지 않습니다. 기존 사업자등록증의 부업종에 '소주제조업'을 추가하면 됩니다. 그러면 맥주는 물론 소주도 제조할 수 있는 업체가 됩니다.

■ **사업가 자세 4 – 자신의 사업 가치 세우기**

　TV 프로그램은 시청자들의 반응을 시험해볼 수 있는 파일럿 프로그램이 있지만 사업에는 파일럿 프로그램이 없습니다. 뚜껑을 열어봐야 망할지 흥할지가 몇 개월 안에 결정된다는 뜻입니다. 창업은 말 그대로 예습도 예비고사도 없는, 즉 시험대가 없는 무대입니다. 예비 창업자는 선행 사업자의 장점을 척도로 세운 뒤, 그 척도에 따라 높은 가치의 창업계획을 세우는 것이 합리적입니다. 쉽게 말해 예비 창업자는 근처의 동종업종과 비교할 때 모든 면에서 1등을 하는 가치 있는 업체를 창업하려는 자세가 필요합니다.

사업가 자세 5 - 돌아가는 다리 끊기

　그녀가 소자본 창업을 했다면 할 수 있는 한 모든 돈을 끌어들여 사업을 시작했을 것입니다. 이미 적금까지 탈탈 털어서 마련했기 때문에 그녀는 그 돈을 잃으면 돌아갈 길이 없다고 생각해야 합니다.

　"망하면 어때! 남편이 먹여 살리겠지!"

　혹시 이런 안일한 생각을 하고 있지 않나요? 그렇다면 그녀는 사업에 대한 재질이 없을 뿐 아니라 자기 사업을 개척하고 싶은 마음도 없는 것입니다.

사업자 자세 6 – 생각하고, 말하고, 성격으로 만들기

그녀는 장사가 안되어 파리만 날리고 있습니다. 그래도 두 눈은 TV의 막장드라마에 꽂혀 매일 드라마 시청에 여념 없습니다. 어젯밤도 매출 때문에 한숨짓던 그녀지만 지금은 재방송되는 막장드라마 보느라 정신이 없습니다. 미심쩍습니다. 그녀에게는 아무래도 사업적 재질이 없는 것 같습니다.

장사를 시작한 뒤에는 철저한 경영 마인드가 필요한 것이 사업입니다. 물론 경험 없이 하다 보니 봐달라고 할 수도 있을 것입니다. 그러나 요 몇 달 동안 매출이 곤두박질치고 있다면 이젠 TV를 꺼야 할 시간입니다.

손님을 기다리는 시간 동안 TV 대신 '불황을 이기는 법' 같은 책을 읽는다면 사업주는 경영에 대해 생각해볼 수 있습니다. 그 생각을 단서로 이웃 점포 주인과 대화를 나누어볼 수도 있습니다. 그 대화에서 했던 말을 습관화하면 성격이 됩니다. 한 권의 경제 관련 책이 생각하게 하고 말문을 트이게 할 뿐 아니라 습관을 만들 것입니다. 습관화하면 결국 성격이 됩니다. 신문을 읽을 때도 경제면을 먼저 읽게 될 것입니다. 그런데 이 모든 것은 창업 후가 아니라 창업 전에 갖추는 것이 좋습니다. 그랬다면 사업이 잘되어 '불황을 이기는 법' 같은 책도 읽지 않을 것입니다.

만일 지금 창업을 준비하고 있다면 아직 늦지 않았습니다. 여러 가지 경제경영책을 탐독하면서 타인의 경험을 배우는 전략이 필요합니다. 장사수완에 관한 책과 구두쇠의 고백 같은 책도 상관없습니다. 어쩌면 부자, 성공담, 마케팅과 관련된 책이 읽기 편할 것입니다. 읽은 내용을 머릿속으로 생각하고 말하고 습관으로 만들어 성격이 되면, 예비 사업가에겐 아주 훌륭한 자산이 될 것입니다.

창업할 업종을 미리 공부하기 위해 도서관에서 1개월 동안 파묻혀 지냈어요! 그랬더니 그 업종의 장단점을 모두 터득하게 되더라고요!

SECTION 13 반드시 알아야 할 창업과 세금에 대한 6가지 상식

이제 창업을 결정했다고 가정합시다. 창업은 매장 등의 형태로 하나의 사업체를 내는 작업입니다. 사업체를 내기 전 사업체가 어떻게 돌아가고 세금에는 어떤 것이 있는지 알아봅니다.

▎신용카드 고객을 받으려면 사업자등록이 우선

신용카드를 사용하는 고객을 받으려면 카드회사의 가맹점으로 가입해야 합니다. 카드 가맹점은 사업자등록을 한 업소만 가입할 수 있습니다. 사업자등록증이 없는 사업자는 카드 가맹점으로 가입할 수 없으므로 신용카드 고객을 받을 수 없습니다.

제가 이번에 의류매장을 창업했어요. 신용카드를 받으려고 하는데 어떻게 해야 하죠?

세무서에 사업자등록은 하셨나요?

아뇨? 작고 영세한 매장이라서 사업자등록을 하지 않고 사업하고 있었는데요.

그럼 먼저 사업자등록증을 내세요. 그런 뒤 사업자등록증 사본 1, 신분증 사본 1, 통장 사본 1, 통장 인감도장 등을 준비해 신용카드회사에 가맹신청을 합니다. 카드단말기는 VAN사에서 설치해줍니다. 빠르면 1일 늦으면 6일 안에 가맹점 등록이 되고 그 후에는 신용카드 고객을 받을 수 있습니다.

사업자등록은 개인 혹은 법인으로

사업자등록이란 사업을 개시했음을 정부(세무서)에 등록하는 증서라고 할 수 있습니다. 세무서 입장에서는 사업자를 관리하는 관리대장이라고 할 수 있습니다. 세무서는 사업자 관리대장을 관리하면서 매년 사업자의 소득 중 일부를 세금으로 받습니다.

예비 창업자는 사업자등록을 할 때 개인 또는 법인으로 할 수 있습니다. 개인 사업자는 자영업자를 말하며 법인 사업자는 기업을 말합니다. 기업 중에서 주식시장에 상장된 기업을 주식회사라고 부릅니다.

개인 사업자를 자영업자라고 부르는 것은 알겠어요. 그런데 개인 사업자도 두 종류가 있다고 하던데 무엇인가요?

세금산정 방식에 따라 개인 사업자 '일반과세자'와 개인 사업자 '간이과세자'로 나누어집니다. 둘 차이는 부가가치세 납부액이 조금 다릅니다. '일반과세자'는 일반적인 개인 사업자를 말하고, '간이과세자'는 사업규모가 조금 영세한 개인 사업자를 말합니다.

법인은 무엇인가요?

법인은 어떤 사업을 같이 하고 싶은 투자자들이 모여 창립발기를 한 뒤 주식을 발행하고, 그 주식을 사업을 같이 하는 투자자들에게 나누어 팔아 사업자금(자본금)을 만든 회사 형태의 기업입니다.

 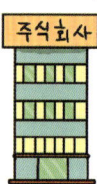 그럼 주식회사는 무엇인가요?

 앞에서 창업한 법인이 예컨대 자본금 100억 원 등의 일정 요건을 갖추면 주식시장 상장요건이 되어 주식시장에 등록할 수 있어요. 이때부터 주식회사 혹은 상장회사라고 부르고, 주식시장에 상장되지 않은 회사를 비상장회사라고 부릅니다.

 그럼 주식시장에서 거래되는 주식들은 원래 최초에 가지고 있던 사람들이 판매한 것인가요?

 일반적으로 그렇습니다. 최초에 창립한 사람들과 회사 대표(창립사의 대표, 사장), 그리고 중간에 그 주식을 구매한 투자자들이 가지고 있던 주식이지요. 주가가 오르면 그동안 투자한 비용을 회수할 목적으로 주식시장에서 일반인에게 주식을 팔아치웁니다.

 개인 사업체는 주인이 사업장을 팔면 주인이 바뀐다고 알고 있어요. 그럼 법인 사장도 바뀔 수 있나요?

 물론입니다. 회사가 돈을 많이 벌면 그 회사를 가지고 싶어하는 투자자가 생깁니다. 그럴 경우 그 회사 주식을 매집하여 주식을 가장 많이 보유하면 결정권이 강해지므로 회사 대표도 갈아치울 수 있습니다. 따라서 창립자(사장)는 회사 경영권을 빼앗기지 않기 위해 항상 더 많은 주식 수를 보유하고 있어야 한답니다.

■ 사업 영위에 사용한 지출/매출 영수증 빠짐없이 보관하기

사업자등록을 한 사업주는 연간 벌어들인 자신의 수입을 증빙하기 위해 사업 영위에 사용한 모든 지출/매출영수증(세금계산서, 전자세금계산서, 간이영수증 등)을 빠짐없이 모아 놓아야 합니다. 의류점일 경우 도매의류 매입 영수증은 물론 인테리어 시공비용, 사무 잡기 구매 영수증, 식비, 교통비 등이 있는데 사업 영위에 사용한 것이므로 모두 모아놓아야 합니다. 또한 물건을 판매했을 때 발행한 판매영수증도 빠짐없이 모아 놓아야 합니다.

왜 사업 영위에 사용한 지출/매출 영수증을 모두 모아야 하죠?

연간 발생한 소득 계산과 그 소득에 소득세(세금) 산정을 정확히 하기 위해서입니다.

아하! 세금을 정확히 계산할 목적 때문이군요?

그렇습니다. 자신이 내야 할 소득세는 350만 원인데 세무서가 계산을 잘못해 600만 원을 내라고 할 수도 있습니다. 그럴 경우 세무서의 결정이 틀렸음을 증빙해야 하는데 지출/매출 영수증을 모아놓지 않으면 증빙을 못하므로 결국 세무서가 결정한 대로 내야 합니다. 따라서 사업주는 소득세 산출에서 불이익을 당하지 않고 정확히 하기 위해 모든 지출/매출 영수증을 모아 놓는 습관을 지녀야 합니다.

▌개인 사업주의 세금– 소득세, 지방소득세, 부가가치세

국민의 4대 의무에 세금납부의 의무가 있듯 우리나라의 개인 사업자는 매년 소득세, 지방세, 부가가치세 등의 세금을 납부해야 합니다. 창업 초보자들은 그 사실을 모르고 1년 동안 벌어들인 돈을 생활비로 다 쓰는 경우가 많은데 그러다가 세금 낼 때 쩔쩔매므로 유념하기 바랍니다.

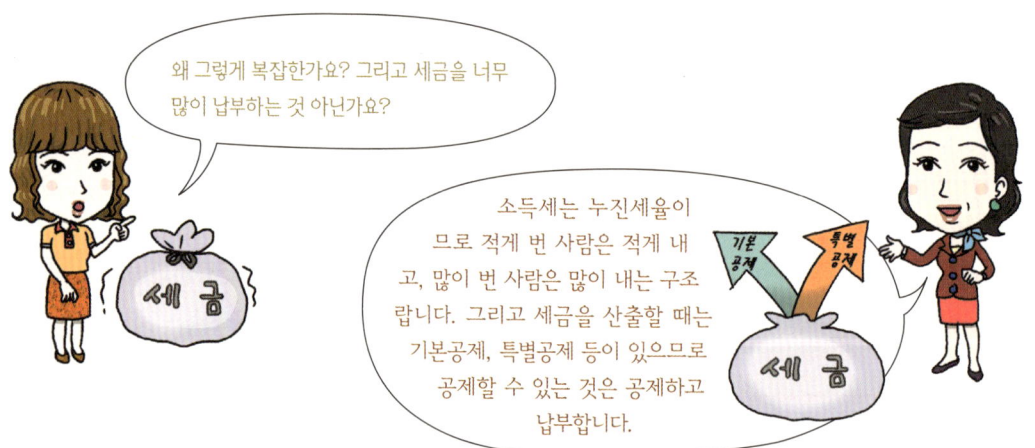

 지방소득세는 무엇인가요?

 지방자치단체 운영에 사용하라고 납부하는 세금으로, 통상 소득세의 10%가 지방소득세입니다. 예컨대 소득세가 300만 원이면 그것은 국세로 납부해 국가운영에 사용하고, 그 금액의 10%인 30만 원을 지방소득세라는 명목으로 추가 납부해 지방자치단체 운영에 사용합니다.

 부가세(부가가치세)는 무엇인가요?

 상품이나 용역 제공에 붙은 세금을 말하며 부가세율은 10%입니다. 예컨대 과자 같은 상품에는 이미 10%의 부가세가 포함되어 있습니다. 과자 가격이 1,100원이라면 1,000원이 과자의 실제 정가이고, 100원은 부가세입니다. 사업주가 1년 동안 판매한 과자나 전자제품, 의류 등에서 부가세 금액을 떼어서 세무서에 납부하는 것이 부가세 납부입니다.

 부가세가 없는 상품도 있나요?

 채소 같은 농축산물, 도서 등의 학술 관련 상품, 비영리목적의 상품 등 극히 일부 상품에만 부가세가 없고 나머지 전 산업에 걸쳐 모든 상품에 부가세 10%가 붙어 있답니다.

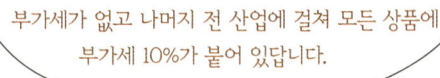

업체 이름으로 사업용 통장 만들기

사업주는 업체 이름으로 사업용 통장을 개설해야 합니다. 말 그대로 사업 영위에 사용하는 사업자금이 입출금되는 전용 통장입니다.

왜 사업용 통장을 만들어야 하죠? 개인통장으로 사업자금을 관리하면 안 되나요?

개인통장으로 사업자금을 관리하면 급할 때 생활비로 전용하는 경우가 많답니다. 사업자금을 생활비로 빼 쓰다 보면 당연히 회사 관리가 제대로 될 리 없습니다. 따라서 사업자금을 전용으로 관리하는 사업자용 통장이 필요합니다.

꼭 그렇게 할 필요가 있나요?

개인통장으로 사업자금을 관리하다가 생활비가 없어 친척에게 300만 원을 입금받았다고 가정해보세요. 세무서는 그게 사업 이득인지 생활자금을 빌린 것인지 출처를 모르므로 사업 이득인 줄 알고 세금을 물릴 수도 있습니다.

아하! 무슨 말인지 알겠어요. 사업자금은 반드시 사업자용 통장으로 입출금해야 하는군요?

그렇지요. 사업자금은 사업용 통장으로 관리하고 생활비 등은 개인통장으로 관리하는 습관을 길러야 합니다. 참고로, 사업자등록을 한 사업주는 은행에서 사업용 통장을 자유롭게 개설할 수 있습니다.

▌사업자등록증 없이 할 수 있는 사업도 있을까?

돈이 없고 궁색하다 보면 사업자등록 없이 할 수 있는 사업을 찾는 경우도 있습니다. 원칙적으로 사업자등록 없이 사업하면 영업정지 및 과태료 대상입니다. 그러나 전통시장에서 채소나 생선을 팔거나 거리에서 노점상을 하는 경우는 사업 규모가 워낙 영세하거나 사업장 주소가 불분명하므로 사업자등록 없이 사업하는 경우가 왕왕 있습니다. 세무서가 이들 영세 장사꾼까지 쫓아다니며 단속하기에는 인력이 부족하므로 일견 눈감아주는 실정입니다.

오호? 사업자등록 없이 사업하는 사람들도 있군요? 그럼 번듯한 매장을 내고도 사업자등록 없이 사업할 수 있을까요?

불가능합니다. 사업자등록 없이 하는 사업임이 적발되면 경찰서를 왔다갔다하다가 과태료로 월매출액에 해당하는 금액을 추징당할 수도 있습니다. 또한 사업자등록을 낼 때까지 사업을 중단해야 합니다.

무슨 말인지 알겠어요. 그럼 뒤늦게라도 사업자등록을 하려면 언제까지 해야 하나요?

사업을 개시한 후 20일 안에 사업자등록을 하면 법적으로 하자가 없으므로 과태료를 물지 않습니다. 그러나 20일 이후에도 사업자등록을 하지 않으면 과태료 및 영업정지를 당할 수 있으므로 주의하세요.

엄마라는 이름으로 창업에 성공하기 위한 9가지 조언

이제 그녀는 성공을 향해 뛰기 위해 창업을 결정했습니다. 어떻게 해야 자신의 사업에서 성공할 수 있을까요? 여성 예비 창업가가 성공하기 위한 여러 가지 조언을 들어봅니다.

▌충분히 준비한 뒤 도전하기

충분히 준비하고 도전하라는 말처럼 쉬우면서도 추상적인 말은 없을 것입니다. 과연 어떻게 해야 충분히 준비하고 도전할 수 있는 환경이 만들어질까요? 아무래도 경제가 돌아가는 모습인 경제상식을 익히는 것이 가장 중요할 것입니다.

1 : 여성의 성공 스토리 읽기

성공한 여성의 스토리를 읽는 것은 가장 중요한 창업 준비 중 하나입니다. 비즈니스 분야는 물론 정치 분야에서 성공한 여성들의 스토리, 전기, 회상록, 블로그, 신문기사 등 종류는 많습니다. 예컨대 힐러리 클린턴 같은 성공한 여성을 연구하고 그녀들의 경로에 대해 학습하는 것은 창업에 아주 도움이 됩니다. 성공녀의 스토리를 읽으면 그녀가 성공할 수밖에 없었던 영감, 아이디어를 알 수 있고 그것을 동기로 삼아 추진력을 얻을 수 있습니다.

2 : 다른 분야의 성공담 경험하기

비즈니스 분야의 성공담에서는 경영을 배울 수 있고, 정치 분야의 성공담에서는 수완을 배울 수 있습니다. 그럼 여성 과학자의 성공담에서는 무엇을 배울 수 있을까요? 여성 과학자나 여성 문명학자의 성공담도 읽을 필요가 있다고 말하면 당신은 사업에 도움이 안 된다며 외면할지도 모릅니다. 그것은 틀린 생각입니다. 성공담은 분야와 관계없이 성공의 경로와 맥이 닿아 있습니다. '남자들의 세계'라는 철의 장막을 이겨낸 수많은 여성의 성공담은 결국 사업에 많은 도움이 될 수밖에 없습니다.

3 : 주기적으로 정보 업데이트하기

자신의 업종을 항상 들여다보면서 정보를 업데이트하는 습관을 길러봅니다. 창업 전은 물론 창업 후에도 자신의 업종을 들여다보며 새로운 정보로 업데이트해야 합니다. 업데이트 방법으로는 자신의 업종과 관계된 인터넷 정보, 신문기사, 책, 경험자나 석학의 이야기, 소문은 물론 경쟁업종

소식 등이 있습니다. 끊임없이 들여다보며 연구하고 최신정보로 업데이트하면 자신의 업종을 꿰뚫어보는 능력이 키워지는 동시에 조합능력도 생기고 새롭게 동기부여가 계속될 것입니다. 요즘은 다 같은 업종끼리 경쟁하므로 라이벌의 영업 상태나 제품 진열 등을 들여다보는 것도 게을리하면 안 될 것입니다.

가정과 사업 사이의 균형 잡기

돈맛을 아는 남자들은 성공을 위해 물불을 가리지 않고 달립니다. 남자들이 사업에 올인할 수 있는 이유는 자녀교육을 부인에게 맡길 수 있기 때문입니다. 이와 달리 여성사업가는 자녀교육과 가정이라는 울타리에 얽매인 채로 사업해야 합니다.

1 : 자녀양육 포기하지 않기

성공을 위해 자녀양육을 포기하는 것만큼 바보 같은 일은 없을 것입니다. 여성사업자가 가족을 등한시하고 사업에만 매진한다면 산에 있는 토끼를 잡기 위해 집토끼를 포기하는 것과 같은 이치일 것입니다. 창업 전 가족과 충분히 논의하여 자녀양육에 대한 대비책을 충분히 마련하고 사업을 시작하는 것이 좋습니다.

2 : 자녀의 정서가 방치되는 것 막기

아버지와 어머니가 사업 때문에 바쁘면 자녀는 방치됩니다. 자녀의 정서에 나쁜 영향을 줄 수 있으므로 자녀가 방치되지 않도록 정서 면에서 섬세하게 신경을 써야 합니다. 여성사업가들은 가정과 사업 사이의 균형을 잡은 뒤 사업을 준비하는 것이 좋다는 뜻입니다. 자녀가 엄마의 일을 이해 못하면 간혹 사업체로 자녀를 초대해 직원들에게 인사시키는 방법도 좋을 것이고, 직원들의 야유회에 자녀를 동반하는 것도 좋은 생각일 것입니다. 물론 이러한 방법은 자신의 사업을 이해해달라는 뜻이므로 그와 반대급부로 자녀의 정서를 이해하는 것도 매우 중요합니다.

사회적 불평등 이겨내기

통계로 볼 때 우리나라의 여성은 남성에 비해 임금이 적습니다. 이것은 세계적으로 같은 현상입니다. 아직 세계는 남녀의 임금에 성차별이 사라지지 않은 구조입니다. 사회적 불평등 구조 때문에 어떤 거래나 계약을 할 때 차별을 받을 수도 있습니다.

1 : 자신의 능력을 의심하지 않기

남성 위주의 사회에서 경쟁하다 보면 여성사업가는 때때로 불평등하고 상처를 받는 상황에 직면합니다. 크게 실망한 여성사업가는 자신의 능력에 의문을 가지기도 합니다. 이때 절대 자신의 능력을 과소평가하지 않는 것이 좋습니다. 남자와 동등하다는 각오로 자신의 제품을 경쟁회사와 비교 평가하는 것을 주저하지 마십시오. 자신의 제품이 경쟁사보다 뛰어남을 인지시키는 전략을 취하는 것이 좋습니다.

2 : 나는 남성사업자와 동등하거나 더 뛰어나다

연구에 의하면 여성은 남성보다 설득력이 우세합니다. 또한 역경이 있을 경우 그 역경을 이겨내고자 하는 의욕이 남성에 비해 뛰어납니다. 또한 조직 융화 면에서도 여러 사람의 의견을 청취하는 경향이 뛰어납니다. 단, 여성사업자는 남성에 비해 규칙을 무시하고 위험을 감수하는 경향이 강한데 이것은 장점이자 단점이므로 사업에 대한 의사결정을 할 때는 이성적 판단을 하는 것이 좋습니다.

자신감 갖기

여성사업가의 자신감 문제는 세계적으로도 비슷한 상황입니다. 가정이라는 울타리를 벗어나 처음 사업에 뛰어드는 행위가 두려운 일이기 때문입니다. 사실 여성들은 가족의 보호하에 직장에 다닙니다. 아버지나 어머니는 어린 딸의 직장생활을 마음속으로 보호하는 경향이 있습니다. 예를 들어 젊은 여성이 직장에서 회식자리에 참석한 뒤 자정까지 안 들어올 때 딸을 걱정하며 기다리는 것은 아마 이런 이유 때문인데, 이건 동양적인 사고방식이 아니라 서양에서도 흔한 사고방식입니다. 아직은 딸이 돈 벌어오기에는 어린 나이라는 믿음 때문일 것입니다. 물론 여성직장인이 30, 40대가 되면 아버지도 자기의 생각이 잘못되었음을 깨닫고 딸의 성공을 대견하다고 생각할 것입니다.

하지만 창업은 그렇지가 않습니다. 성공하건 부도를 내건 창업자가 해결해야 할 문제이니 가족의 보호막도 없습니다. 따라서 여성 창업자는 스스로 자신감을 갖는 것이 무엇보다 필요합니다.

1 : 자신감 잃지 않기

거래처와 만날 때 잠시 자신감을 잃었다 하더라도 그것을 감추고 활짝 웃는 미소로 악수하는 것이 가장 좋은 방법입니다. 상대는 당신을 자신감을 잃은 사람으로 보지 않습니다.

2 : 키 높이기

남성들은 키가 큰 여성들을 능력 있다고 생각하는 경향이 있습니다. 따라서 중대한 거래처를 만날 때는 하이힐을 신어 키를 높이는 전략이 좋습니다. 물론 오랫동안 거래했던 관계라면 서로 오해하는 일은 발생하지 않습니다. 단지 처음 거래선을 만들 때는 외모가 판단에 영향을 끼치는 경향이 있으므로 키를 높이고, 헤어스타일을 가꾸고, 복장을 단정히 하면 더 좋을 결과가 있을 것입니다.

3 : 마인드 컨트롤하기

용기를 주는 영화나 음악을 들으면서 마인드 컨트롤을 자주 하는 것도 좋습니다. 영화와 음악을 이용해 긍정적인 생각을 하며 기분을 풀어주는 것입니다.

대학가에서 데모할 때 부르는 여러 가지 노래들은 마음에 힘을 주는 좋은 음악들인 경우가 많습니다. 경제경영의 내용을 다룬 할리우드 영화들은 사업에 동기를 부여할 뿐 아니라 경제감각을 키워줍니다. 예컨대 〈더 브레이브(True Grit, 2010)〉라는 영화는 경제관이 투철한 10대 소녀의 놀라운 경험을 다룬 영화이므로 경제에 관한 동기를 부여받을 수 있습니다. 돈의 흐름은 인간의 본능으로 움직이는 경향이 있으므로 인간심리를 익히는 데도 도움이 될 것입니다.

10대 소녀의 투철한 경제관을 배울 수 있는 영화 〈더브레이브〉

또한 매일 아침 거울을 보면서 "나는 주부가 아니라 사업가다!"라고 외치는 것도 좋은 마인드 컨트롤 방법이라 할 수 있습니다.

▌ 자신의 생각 주장하기

남성들은 보통 여성을 자기주장이 약하고 프로정신이 없다는 편견을 가지고 있습니다. 이것은 사실 굉장한 편견입니다. 필자는 잡지사에도 투고를 하므로 여성편집장을 많이 알고 있는데 그녀들을 만날 때마다 강력한 프로정신에 혀를 내두를 정도입니다. 학원계통이나 금융계통에도 프로정신으로 무장한 여성들이 매우 많습니다. 그녀들의 특징은 자기 생각을 주장하고 설득하는 능력이 뛰어나다는 데 있습니다.

1 : 당신의 주장이나 견해가 무시되는 것 방지하기

당신은 사업장의 대표이므로 자기 목소리를 내야 합니다. 필요하면 동작을 크게 취하여 자기의 주장이 무시되는 것을 방지해야 합니다. 이는 거래처와 상담할 때 필요하며, 직원들을 대상으로 그렇게 하는 것은 자제하는 것이 좋습니다. 직원과는 다소 가족 같은 관계를 유지하는 게 필요하므로 직원에게 고깝게 보이는 것은 좋지 않습니다.

당신의 주장이나 견해가 무시되는 것을 막는 방법 중 가장 쉬운 일은 아무래도 옷차림에 있을 것입니다. 물론 고급의 값비싼 옷을 입으라는 게 아닙니다. 성실하고 단정하게 보이는 옷차림, 캐주얼하면서도 일하는 여성이라는 느낌을 주는 반 정장 느낌의 옷차림, 자기 일에 전문가처럼 보이는 반 정장 느낌의 옷차림, 성실해 보이지만 빈틈이 없어 보이는 옷차림 등이 좋을 것입니다. 사업 초창기에는 비즈니스우먼 같은 깨끗하고 단정한 정장을 유지하면 거래처에서도 허투루 보지 않겠지요. 옷이 마음을 바꾼다는 말이 있듯 사업을 대하는 자신의 마음가짐도 달라질 것입니다.

2 : 상대가 당신의 능력을 의심하지 않도록 하기

자신의 의견을 상대방에게 정확하게 전달하되, 상대가 자신의 능력을 의심하지 않도록 미연에 방지하는 자세가 필요합니다. 거래처에서 자신의 능력을 의심당하면 그보다 불쾌한 경험은 없을 것입니다. 실력을 의심받으면 사업체의 신뢰성도 하락합니다. 항상 자신의 능력이 의심받지 않도록 뛰어난 실력을 보여주는 것이 중요합니다.

창의력 갖추기

창의력이란 비즈니스 세계에서 가장 흔히 듣는 단어입니다. 발명기술을 훔치거나 남의 제품을 모방하는 것은 창의력이 없기 때문입니다. 과연 어떻게 해야 창의력이 생길까요?

1 : 메모 습관 기르기

창의력의 필수요소는 수첩과 볼펜이라고 해도 과언이 아닙니다. 스마트폰에 메모하는 것도 좋지만 연필로 수첩에 메모하는 습관을 기르십시오. 또는 소형녹음기에 자기 생각을 녹음하는 것도 좋은 방법입니다. 문득 떠오르는 생각들을 바로 메모하거나 녹음하는 것입니다. 필요하다면 도표로 그리십시오. 문득 떠오른 생각들이 거미줄처럼 연결되어 창조적인 생각으로 발전하기 때문입니다. 필자 역시 메모를 자주 하는 편인데 필자가 사용하는 도구는 소형녹음기입니다. 운전 도중 좋은 아이디어가 떠오르면 바로 녹음할 수 있기 때문에 필자는 10여 년 전부터 녹음기를 사용하고 있습니다.

2 : 교육세미나 활동하기

자신의 업종과 관련된 각종 세미나가 있다면 중요도에 따라 참석 여부를 결정하고 가급적 참석하는 것이 좋습니다. 세미나에서 해당 업종의 전문가들이 풀어놓는 고급정보나 석학들이 풀어놓는 미래예측 등을 들으면서 자기 것으로 소화할 수 있습니다.

3 : 자신의 단점 인정하고 배우기

은행원이 실수로 고객의 돈을 100만 원 더 이체했다고 가정해봅니다. 실수를 깨달은 은행원은 지점장에게 보고한 뒤 고객의 손실을 바로 보상합니다. 이 은행원은 거기서 큰 배움을 얻고 다시는 실수하지 않도록 조심할 것입니다. 하지만 만일 은행원이 그것을 감추었고, 고객도 그것을 모르고 넘어간다면 이 은행원은 나중에 어떻게 될까요? 아마도 은행 돈을 횡령하는 사람이 될지도 모릅니다. 바늘도둑이 소도둑 된다는 것과 같은 이치입니다.

사람이 발전하려면 자신의 단점이나 실수가 있을 때 그것을 인정하고 고칠 줄 알아야 합니다. 자신의 단점을 인정하고 그것을 고치는 사람만이 한 단계 더 성숙할 것이고 마침내 수완 좋은 전문 경영인이 될 수 있습니다.

▌업무에 대한 정확성 구축으로 신뢰도 얻기

사업을 시작한 그녀는 이제 소비자의 신뢰를 얻어야 합니다. 소비자의 신뢰를 얻으려면 어떻게 해야 할까요? 아무래도 업무의 정확성을 높이는 방법이 가장 좋을 것입니다. 업무처리를 신속 정확하게 하면 신뢰도는 당연히 높아지기 때문입니다.

1 : 업무의 우선순위 정하기

출근한 뒤 청소를 먼저 할 것인지 E-메일을 먼저 볼 것인지 업무의 우선순위를 정하십시오. 그 뒤에는 매일 그 순서로 일하십시오. 이렇게 하면 혹시 잊고 처리 못 하는 일이 발생하지 않습니다.

2 : 인터넷에서 동종 업종 정보 매일 파악하기

인터넷에서 동종업종과 관련된 정보를 항시 검색하고 읽으십시오. 유사업종 정보와 경쟁업체 동향도 체크하십시오. 이것은 사업 영위에 필요한 새로운 아이템을 발굴하는 지름길이자 경쟁업체의 신무기(신상품이나 새로운 아이디어)를 체크하는 방법입니다.

3 : 경험자의 조언 얻기

학원의 선생님이나 원장들이 술자리에 모이면 항상 하는 이야기는 학원 운영이나 교육방법에 관한 이야기입니다. 무엇을 더 알고 싶기에 동종 업종의 일을 술자리에까지 가지고 올까요? 학원 운영은 학생 수 늘리는 것이 최대 쟁점이므로 상대방에게 좋은 정보를 얻기 위해서라고 볼 수 있습니다. 학생 수를 늘리려면 강사진의 장단점도 논의할 수 밖에 없으므로 경험자의 교육방법까지 토론하는 것입니다.

만일 사업을 처음 시작했다면 동종업종에서 10~20년 사업을 한 사람들의 경험담을 듣는 것이 필요합니다. 흔히 말하는 멘토링(Mentoring)입니다. 분위기가 좋으면 세금납부 방법이나 영업방법까지 세세하게 배울 수 있습니다. 따라서 동종 업종의 경험자에게 조언받는 것을 주저하지 않는 것이 좋습니다.

사업은 열정이다

열정이란 예술창작의 원동력이라 흔히 말하지만 모든 인간에게 있는 공통적인 감정입니다. 사랑에 빠지는 것도, 야구를 좋아하는 것도, 사업에 매진하는 것도 열정이라고 할 수 있습니다.

1 : 사업에 대한 열정 잊지 않기

성공한 사람들은 대부분 자신의 사업에 대한 열정을 가진 사람들입니다. 일할 때는 모든 열정을 퍼부어 성공이란 정상에 올랐습니다. 행여 사업이 어렵더라도 열정이 식어가는 것만큼은 막아야 할 것입니다. 만일 열정마저 잃었다면 당연히 그 사업은 폐업 수순을 밟아야 합니다.

2 : 목표를 확고히 하기

사업하려면 스케줄을 정확히 짜고 목표를 확고히 세우는 것이 좋습니다. 목표가 확고하다면 시간을 허투루 낭비하지 않을 것이며 골치 아픈 문제가 발생하지 않습니다. 오로지 사업목표와 가정에 매진하며 바쁘게 사는 것이 사업가의 올바른 자세일 것입니다.

3 : 용감하기

대부분의 사람은 한번 성공하면 그것을 경험으로 점점 용감한 판단을 하기 마련입니다. 이때 용기를 내는 데 주저하지 마십시오. 당신이 만일 1개월 전 큰돈을 벌었다면, 그와 비슷한 상황이 발생했을 때 이전 성공을 바탕으로 용감한 판단을 내리십시오. 용감한 판단은 때로 실패를 불러일으키기도 하지만 과거의 성공을 바탕으로 한 판단이라면 더 큰 성공의 기폭제가 될 수도 있습니다. 예컨대 배추 도매업자가 1년 전 이상 한파일 때 밭떼기로 큰돈을 벌었다고 가정해봅시다. 1년 후에도 같은 이상 한파, 같은 기상조건이 닥친다면 자금을 있는 대로 긁어모아서 밭떼기를 서너 배로 하는 용감한 결정을 할 수 있습니다.

요즘은 그렇지 않지만 10여 년 전만 해도 환율변동으로 매일 가격이 달라지는 컴퓨터 램 반도체를 사재기하여 큰돈을 버는 램 투기업자들이 많았습니다. 자신의 업종을 완벽히 터득한 사업주들은 남들이 보기에는 투기에는 가까운 용감한 판단을 기꺼이 합니다.

▮ 강줄기와 같은 사업

사업은 강줄기와 같습니다. 한번 뻗어 나간 물길은 누구도 막을 수 없고 자신도 중단할 수 없습니다.

1 : 열심히 하기

사람이 열심히 하는 이유는 그 일을 좋아하거나, 그 일을 하면 보상이 있을 것이라는 믿음 때문입니다. '열심히 해도 남는 것이 없더라'는 자조적인 이야기도 있지만, 창의력이 수반된 사업이 망하는 경우는 없을 것입니다. 설사 어려운 일이 닥치더라도 이미 흐르는 강줄기는 막을 수 없다는 것을 명심하기 바랍니다. 한번 뻗어 흐르는 강줄기는 누구도 막을 수 없습니다. 그리고 그 강줄기가 제대로 뻗어 나가게 하는 사람은 남이 아니라 자기 자신입니다. 강줄기가 번듯하게 뻗어 나갈 수 있도록 열심히 하는 자세가 필요합니다. 그것만이 성공을 보장해줄 것이기 때문입니다.

2 : 끝까지 살아남기

명작을 쓰는 유명 소설가는 수십 년 동안 밑바닥에서부터 포기하지 않고 올라온 사람이라고 합니다. 저명한 저술가도 100만 부 팔리는 책을 집필하는 것이 일생일대 한 번뿐인 경우가 많습니다. 그와 같은 이치로 볼 때 평범한 사람들에게 '성공'은 일생일대 한 번뿐일지도 모릅니다. 성공은 쉽게 오지 않는다고 합니다. 사업은 온갖 고난으로 사람을 테스트할 것입니다. 끝까지 남는 자가 결국 강한 사람이란 말도 있습니다.

한가지 예를 들어보겠습니다. 보험에 가입한 뒤 중도에 해약하면 원금을 못 건집니다. 그러나 보험을 끝까지 부은 사람은 약정된 온갖 혜택을 다 챙길 수 있습니다. 창업하면 1년 뒤 성공을 확인하는 사람도 있지만 그러한 확률은 10%입니다. 나머지 90%의 사람들은 몇 년 또는 몇십 년 뒤에야 성공을 확인할 수 있을 것입니다. 그러므로 중도에 포기하지 않고 끝까지 살아남겠다는 마음가짐이 필요합니다.

바쁘고 시간 없다는 핑계는 그만, 나만의 꿈을 펼쳐보자

사실 대부분은 생활비 때문에 사업을 생각합니다. 결혼생활이 어느 정도 안정되면 꿈꿨던 원대한 일에 도전하고 싶은 포부가 생기기도 합니다. 과연 그녀는 사업을 잘할 수 있을까요?

■ 바오밥나무도 알고 보면 조그맣게 올라온 나무

막상 창업계획을 세우다 보면 은근히 가슴이 두근거리고 앞날이 두렵습니다. 괜스레 적금만 날리고 시댁과 남편에게 걱정을 끼치지 않을까 생각도 합니다. 이는 더 잘할 수 있을 것이라는 생각으로 생겨난 조바심일 것입니다.

생텍쥐페리의 『어린왕자』를 읽으면 이런 구절이 나옵니다.

사막에서 어린왕자를 만난 사흘째 되는 날, 나는 바오밥나무에 관해 말했다.

"이곳의 바오밥나무는 하늘만큼 크기 때문에 코끼리 한 무리도 바오밥나무를 이겨낼 수 없을 것이다."

어린 왕자는 이렇게 대답했습니다.

"그 바오밥나무도 어릴 땐 땅에서 조그맣게 올라옵니다……."

누구나 처음에는 조그맣게 땅에서 올라옵니다. 그리고 모진 비바람과 사막의 열기를 이겨낸 조그만 나무가 커다란 바오밥나무로 자랍니다. 인터넷에서 찾아본 '마다가스카르 바오밥나무'는 황홀하기 그지없습니다. 마다가스카르의 바오밥나무도 땅에서 조그맣게 올라온 나무라는 것이 믿어지지 않습니다.

■ 내가 내린 결정이 백배 옳음을 증명하기

성공한 사람들은 과거를 회상할 때 자신의 결정들이 백번 옳은 결정이었다고 말합니다. 오직 실패한 사람만이 자신이 했던 결정이 틀렸음을 훗날 알게 됩니다. 만일 마음속으로 창업을 생각하고 있다면 아직 실패인지 성공인지 가늠할 수 없는 상황입니다. 그러므로 지금 이 순간 내리는 결정은 성공을 위한 옳은 결정이라는 생각을 하는 것이 좋습니다.

사실 성공한 사람들이 했던 결정들이 백번 옳은 결정이라는 것은 터무니없는 생각입니다. 그들은 자신의 결정이 옳았음을 증명하기 위해 노력했기 때문에 결과를 얻은 것입니다. 옳은 결정인지는 그 상태에서 모르므로, 그것이 옳은 결정임을 증명하기 위해 노력하는 자세가 필요합니다.

▎동종업종에서 상위 20% 안에 들기

어느 업종이건 해당하는 파레토(Pareto) 법칙 이야기입니다. 파레토 법칙은 상위 20%가 전체 수입의 80%를 벌어들인다는 법칙으로, 흔히 '80대 20법칙'이라고 말합니다. 예컨대 음식점업종을 살펴보면, 장사 잘되는 상위 20%의 음식점들이 요식업 시장에 굴러다니는 전체 돈의 80%를 벌어가는 구조입니다. 실제로 상위 20% 그룹에 드는 요식업 사장들의 주머니 사정을 살펴보면, 월 500만 원 이상의 월수익을 챙겨가는 사람이 수두룩합니다.

그럼 자신의 사업체가 상위 20% 안에 들게 하는 방법은 어떤 것이 있을까요?

음식점 사업을 예로 들어봅니다.

음식맛	상위 20% 안에 드는 음식맛 제공하기
음식 비주얼	상위 20% 안에 드는 음식 비주얼 제공하기
서비스	상위 20% 안에 드는 직원 서비스 제공하기
인테리어	상위 20% 안에 드는 인테리어 시공하기

이번에는 의류 소매업 사업을 예로 들어봅니다.

의류	상위 20% 안에 드는 빠른 속도로 트렌드 읽기
서비스	상위 20% 안에 드는 직원 서비스 제공하기
인테리어	상위 20% 안에 드는 인테리어 시공하기

그러나 인테리어를 음식점업종의 상위 20% 수준에 맞추어 시공하려면 비용이 많이 들므로 소자본 창업으로는 엄두를 못 낼 것입니다. 그러므로 인테리어 만큼은 상위 30~40%쯤에 맞추어 시공해봅니다. 부족한 인테리어 부분을 음식 맛으로 채워, 상위 20%가 아닌 상위 10%에 맞추려고 노력해야 합니다. 음식 맛이 상위 10% 안에 드는 맛집이고, 음식 비주얼은 상위 20%라면, 당연히 상위 20%에 해당하는 수입이 저절로 들어오지 않을까요?

 그게 가능할까요? 음식의 맛이 상위 10% 안에 드는 음식점이면 맛집 수준 아닌가요? 그 정도 음식을 만들려면 손맛이 타고나야 하지 않을까요? 초보자에겐 너무 어려운 특명입니다.

 이 이야기는 매우 간단한 이야기에요. 상위 20% 안에 들지 못하는 사업체는 사업체로 볼 수 없다는 뜻입니다.

 무슨 뜻인지 모르겠어요. 다시 한번 설명해주세요.

 학창시절 때는 반에서 20% 안에 못 들어도 살아남았지만, 사업체는 20% 안에 들지 못하면 살아남지 못한다는 뜻이지요.

 무슨 말인지 이제 이해했어요. 하지만 상위 10% 안에 드는 맛있는 음식을 만드는 것은 아무래도 어려운 과제인 것 같아요.

 만일 음식 맛이 상위 10% 안에 들 자신이 없으면, 음식의 비주얼을 10% 더 올려 보완하면 되지 않을까요?

변화에 적극적으로 대응하기

소매업 매장은 사업 초기에 승패가 결판납니다. 예컨대 음식점 창업은 창업 한 달 후 사업 승패를 바로 알 수 있습니다. 창업 후 첫 한 달 동안의 월수익이 200만 원 이하이면 실패한 사업이라고 간주할 수 있습니다. 이런 경우 입지조건 등을 따져본 뒤 인테리어를 최소한 변경하는 한도 내에서 호프집 등으로 재오픈하는 발 빠른 대응책이 필요합니다. 이는 소 잃고 외양간 고치는 꼴이므로 창업 전부터 변화에 적극 대응하여 기어이 성공하겠다는 자세가 필요합니다.

 변화에 적극 대응하여 기업가로 성공한 이 일화는 일본 여성기업가의 경험담을 발췌한 내용입니다.

▍나는 내 미래를 대비한다

    2013년 현재 우리나라의 노령화 지수는 83%에 달합니다. 노령화 지수 83%의 뜻을 쉽게 말하면, 15세 이하인 초등학생 이하 인구를 100만 명이라고 가정할 때, 65세 이상 인구가 83만 명이란 뜻입니다. 즉, 65세 이상의 인구가 15세 미만 인구의 83%를 차지할 정도로 노령화되었다는 뜻입니다. 아무래도 노령화 시대를 대비한 대책이 필요하겠죠?

    여러분은 자신이 노인이 되었을 때 어떤 모습일까 생각해본 적이 있을 겁니다. 유명인이 남긴 묘비명이 많은 것을 생각하게 합니다.

프랭크 시나트라는 묘비명에 이렇게 적었다고 합니다.
"가장 좋은 파트는 아직 시작조차 하지 않았다."

빅토르 위고는 임종 전 이런 말을 남겼습니다.
"그것은 낮과 밤의 전투였다."

수많은 위인이 묘비명과 임종의 말로 멋진 말을 남겼지만 여성들에겐 '필요 없는' 사내들이 남긴 말입니다. 그래서 우리나라의 유명 여성인이 남긴 말들을 찾아보았습니다. 이 책은 창업 안내 책이므로 창업과 관련된 말들을 주로 찾아보았습니다.

김치제조업으로 승승장구하고 있는 어느 여성기업인이 남긴 말입니다.
"최소한 김치만큼은 우리 엄마 손맛이 전국 1등이라는 것을 보여주고 싶었어요!"

작은 도시의 엄마들이 모여 국산 먹거리를 먹이고 좋은 교육을 할 수 있는 양질의 어린이집을 차렸습니다. 그 엄마들이 남긴 말입니다.
"사회구성원으로 이 나라 경제발전과 공정무역에 일조하고 싶었어요."

주부 희극배우가 마침내 유명해진 뒤 이런 말을 했다고 합니다.
"나도 날 수 있다는 것을 보여주고 싶었어요."

귀촌한 뒤 농산물기업을 차린 어느 여성기업인이 남긴 말입니다.
"엄마로, 여자로, 소비자의 마음을 잘 이해하는 한국 여성경제인이 되었어요."

이 말들을 남긴 여성들의 공통점이 무엇인지 혹시 생각해보셨습니까? 모두 완벽하게 노후대비를 마친 여성들이라는 점입니다.

2강

엄마들의 창업 준비는 이렇게 달라요!

주변 사람들에게 이해와 도움 구하기

'주부', '어머니', '아내'가 사업가가 되려면 가족의 이해와 협력이 가장 절실합니다. 이것은 동양적 사고방식 때문이 아니라 동서양 어디에서나 같습니다. 아무래도 아내의 창업은 남편 입장에서 볼 때 불안하기 때문일 것입니다.

■ 가족의 이해 구하기

누구나 그렇듯 직장을 잘 다니던 남편이 어느 날 직장을 그만두고 사업한다고 하면 아내가 일단 태클을 겁니다. 그리고 둘은 여러 날 동안 의견대립을 벌이다가 협상하고 아내는 남편의 의견을 따르는 경우가 대부분입니다. 이와 달리 주부의 창업은 남편의 저항이 더 거세고 길기 마련입니다. 그러므로 남편의 이해와 협력이 무엇보다 필요합니다. 최소한 창업 준비 전 남편을 충분히 설득하여 찬성을 이끌어내는 것이 중요합니다.

만일 현재 보험 판매 같은 영업직에서 실적이 좋은 직장인 주부라면 아무래도 남편의 이해를 얻기가 쉬울 것입니다. 그러나 현재 직업을 갖지 않은 전업주부라면 남편의 이해를 얻는 것이 힘들기 마련입니다. 남편과 창업에 대한 이야기를 전혀 하지 않았다면 지금이라도 협력을 이끌어내기 위해 대화의 문을 열어야 합니다.

▌창업을 도와줄 인맥 물색하기

　창업을 준비하다 보면 어떤 업종에서 자신은 약하지만 친구나 지인 중 강점이 있는 사람이 있을 수 있습니다. 예컨대 서류 발급이라면 공무원 친구가 대신 알아줄 수 있을 것입니다. 커피숍 창업이라면 커피에 전문가인 친구가 있을 것입니다. 깨알 같은 정보들이지만 정보를 주거나 금전적 도움을 줄 수 있는 인맥이 있다면 창업 시 도움을 받을 수 있습니다.

02 SECTION
업종과 관련된 자기계발하기

조용하고 내성적인 여성은 영업직을 소화하지 못하는 경우가 많습니다. 그러므로 창업을 준비하고 있다면 그 업종에 맞는 자기 계발 과정이 필요합니다.

예를 들어 화장품숍 같은 영업력이 필요한 업종에서 창업을 준비하는 경우가 있습니다. 이럴 경우를 대비해 창업업종에 맞는 자기 계발의 시간을 가져야 합니다. 해당 업종에 맞는 관련 서적을 읽거나 인맥의 자문을 구한다면 자기 계발의 가치가 높아집니다. 즉, 음식점을 창업하려는 사람들이 1~6개월 시간을 두고 음식 조리법을 스스로 연구하거나 공부하는 것입니다. 만일 창업을 준비하고 있다면 해당 업종에 맞는 정보를 수집하고 그 정보를 읽으면서 자기 계발의 시간을 가지기 바랍니다.

창업과정에 대한 종합정보를 최단시간에 공부할 방법이 없을까요?

소상공인진흥센터는 물론 각 지역이나 관공서에 창업 관련 스쿨이 있기도 합니다. 창업스쿨은 보통 1개월 과정이므로 창업스쿨에 등록하고 배우는 것도 창업에 대한 종합 정보를 입수하는 면에서 유리하지요. 교육을 받다 보면 마음가짐을 다질 수 있을 뿐 아니라 창업업종을 변경할 수도 있을 것입니다.

그 외 자기 계발 방법에는 어떤 것이 있을까요?

도서관을 한 달가량 출근하면서 창업 관련 서적을 탐독하세요. 창업할 업종 발굴이나 견문을 쌓는 데 도움될 것입니다.

전문가의 노하우는 어디서 배워야 할까요?

현재 그 업종에서 잘나가는 매장이 있다면 사업주를 만나 문의해 보기 바랍니다. 예컨대 요식업 중 스파게티 전문점을 창업하고 싶다면 스파게티 전문점 주인과 말문을 터놓으면 여러 가지 요긴한 정보나 노하우를 입수할 수 있답니다.

그 외 자기 계발할 요소에는 어떤 것이 있을까요?

창업할 업종에서 자격증이 필요하다면 자격증 공부도 미리 하는 것이 좋습니다. 자격증 공부는 그 업종을 이해하는 가장 기초 과정이기 때문입니다.

그러므로 창업을 하려면 업종조사는 물론, 필요하면 자격증도 취득하는 것이 좋다는 뜻인가요?

당연하지요. 돈 들어가는 창업인데 서푼 짜리 지식으로 결단을 내릴 수는 없습니다. 창업은 무엇보다 안전을 위주로 해야 하므로 더 면밀한 업종 조사가 필요합니다. 무엇보다도 책을 많이 읽다보면 엄청난 지식을 얻을 수 있을 것입니다.

03 SECTION
첫 손님에게 영업하기

의류매장을 개업하거나 제조업을 창업한 뒤 어떻게 첫 번째 고객을 만들어야 하는지 알아봅니다.
아울러 실제 사례를 통해 어떻게 첫 번째 고객을 만들었는지 알아봅니다.

▌매장 창업 후 첫 번째 고객 만들기

매장을 오픈한 창업자는 첫 고객이 방문하기를 기다립니다. 물론 감나무 밑에서 입을 벌리고 감이 떨어지기만을 기다리면 감이 언제 떨어질 지 아무도 모릅니다. 고객의 관심을 불러일으켜야 뭐라도 액션을 취할 수 있다는 점을 명심하십시오. 쉬운 방법으로는 매장 오픈 약 일주일 전부터 홍보 전단지를 뿌리는 방법이 있습니다. 아울러 오픈 당일에는 떠들썩한 개업 쇼를 보여주는 것도 좋은 방법입니다. 통상 다음 방법으로 매장의 오픈을 알리는 것이 좋습니다.

1 : 오픈 일주일 전부터 광고 전단지를 반경 500~1,000미터 안에 뿌리기

오픈 일에 맞추어 최소 일주일 전부터 광고 전단지를 반경 500~1,000미터 안에 뿌립니다. 요식업, PC방, 중대형 슈퍼마켓, 잡화점, 의류점, 등산용품점, 가구점 등의 개업에 사용할 만한 홍보방법입니다.

2 : 오픈 당일 떠들썩한 개업 쇼하기

오픈 당일 나레이터 모델로 이벤트하는 것은 지역에서 할 수 있는 홍보 중 가장 좋은 방법입니다. 거리에는 수많은 점포가 있으므로 오픈 당일만큼은 주변 사람들에게 신장개업한 매장을 알리는 자세가 필요합니다. 요식업, 호프집, 휴대전화숍, 주유소 등의 소비가 왕성한 매장의 개업식에 좋은 홍보방법입니다. 비용이 많이 들지만 객단가 1만 원 이상 발생하는 매장 창업이라면 일단 해야만 하는 홍보방법입니다.

3 : 오픈 며칠 동안 미끼상품을 매장 앞에 쌓아두기

의류매장, 화장품매장의 오픈 행사일에 사용할 수 있는 홍보 방법입니다. 2만 원 상당 저가 청바지나 3~4만 원 상당 오리털 패딩점퍼 등 철 지난 상품들을 미끼상품으로 매장 앞 매대에 쌓아놓는 방법입니다. 고객이 저절로 유입될 수밖에 없습니다.

4 : 플래카드 광고

지방 중소도시 상권에서 흔히 하는 홍보방법입니다. 오고 가는 차량과 버스 승객을 대상으로 가구점, 컴퓨터숍, PC방, 미용실, 사우나, 모텔, 대형음식점 등의 신장개업 소식을 알릴 수 있습니다. 도시에서는 소매점 오픈식에 쓰는 방법이며 매장 진열장 상단에 걸어둡니다. 대략 한 달 이상 걸어 두어야 효과가 있습니다.

5 : 생활정보지 광고

가구점, 중고재활용센터, 웨딩숍 등 고가 물품을 파는 업체를 홍보할 때 유리한 홍보방법입니다.

6 : 오픈기념 세일

미장원 등이 오픈할 때 사용할 수 있는 홍보방법입니다. 미장원 등은 단골로 다니는 사람이 많으므로 다른 미장원에 다니는 고객을 끌어오려면 적절한 가격의 오픈기념 세일이 필요합니다.

▌사무실, 제조업 업종의 첫 번째 고객 만들기

사무실이나 제조업을 창업한 경우에는 매장처럼 고객이 찾아오지 않습니다. 따라서 창업 준비 전부터 고객을 발굴하는 방법을 미리 연구해야 합니다. 제조업 창업일 경우 판로를 미리 파악하고 창업해야 하며, 귀농창업일 경우 홈페이지나 블로그를 만들어 농산물 전자상거래 환경을 만들고 농협마트 등에 납품하는 방법을 미리 파악해야 합니다. 즉, 사무실이나 제조업 창업자는 거래처나 판로를 발굴하는 과정이 필요합니다.

1 : 농산물 가공업 창업자의 거래선 발굴하기

블로그, 홈페이지, 오픈마켓, 홈쇼핑 등의 인터넷 환경이나 농산물 전자상거래 환경을 만든 뒤 입소문으로 고객 방문을 유도하는 방법을 흔히 사용합니다. 신문이나 TV에 자주 노출되도록 취재요청이 오면 흔쾌히 받아주어야 합니다. 아울러 농협 같은 오프라인 마켓에서 팔 수 있도록 거래선을 개척하는 것이 좋습니다. 마트나 전통시장에 단독 매장을 소유하는 것도 좋은 방법입니다.

2 : 사무업종 창업자의 거래선 발굴하기

사무업종 창업자는 해당 거래선을 미리 확보한 뒤 창업하는 것이 좋습니다. 예컨대 디자인업종 창업자라면 디자인이 필요한 출판사 등과 미리 연계한 상태에서 창업하는 것이 초기부터 이익을 낼 수 있는 방법입니다.

3 : 컴퓨터, 콘텐츠 개발 업종 거래선 발굴하기

가장 좋은 방법은 미리 하청받는 조건으로 창업하는 것입니다. 물론 프리랜서들이 많이 활동하는 분야이므로 경쟁이 심할 것입니다. 따라서 발주자와의 계약하에 창업하는 것이 좋습니다. 만일 독특한 콘텐츠 아이템이 있다면 개발 후 그것을 소화할 업체를 영업으로 뛰어 알아내야 할 것입니다. 이 경우 콘텐츠 개발까지 사무실을 유지할 유지비가 필요합니다.

4 : 공산품제조업의 고객 발굴하기

국내에는 무수히 많은 공산품제조업이 있고 그 고객도 천차만별입니다. 소비자에게 직접 판매할 수 있는 제품이라면 대형마트, 편의점, 잡화 전문점에 입점하는 것이 가장 좋을 것입니다. 물론 이들 업체는 회사별로 입점 조건이 다르고 취급하는 물품도 다르므로 각 회사에서 일일이 납품 가능 여부와 납품 조건을 확인해야 합니다. B2B 제품이라면 해당 제품이 필요한 공장을 거래처로 발굴해야 할 것입니다.

5 : 인터넷 소셜커머스(반값 할인쿠폰 공동구매)

제조업체는 첫 번째 출시한 상품을 못 팔면 바로 도산위기에 빠질 정도로 타격이 큽니다. 일단 어떻게든 팔아서 원가 이상을 건져야 합니다. 이 경우 인터넷 소셜커머스(반값 할인쿠폰 공동구매 사이트)에 연락해 반값으로 팔아치우는 전략을 세우기 바랍니다. 일단 원가 이상을 회수하면 다음에 다시 기회가 있기 때문입니다. 아예 처음부터 소셜커머스용 반값 제품을 개발해 판매하는 전략도 한번 생각해볼 만합니다.

 B2B : 기업 간의 전자상거래를 말합니다. 공사 자재, 기계, 재료, 부품 등 기업, 공장, 공사현장에서 필요한 제품들을 인터넷에서 거래하는 것을 말합니다.

04 SECTION

고객을 찾아라 ①
: 여성용 패션 노트북 가방으로 대박나다

가방제조나 피혁업종은 일견 사양사업이자 경쟁자가 많은 치열한 업종입니다. 이 업종에서 PC용 가방을 제조하여 성공한 일본 어느 여성사업가의 일화입니다.

특색 있는 가방을 만든 일본 어느 여성사업가의 성공담입니다. 노트북을 넣는 가방을 만들되 여성들이 좋아하는 스타일의 패션 노트북 가방을 만들고자 했던 이 여성은 감각이 뛰어난 여성용 노트북 가방을 30여 종 만들었습니다.

평소 손재주가 뛰어났던 터라 수준급의 노트북 가방을 만들었지만 막상 사업을 시작하고 나서는 어디에서 팔아야 할지 판로조차 잡을 수 없었습니다. 그녀는 원점부터 차근차근 생각했습니다. 아름답고 멋진 노트북 가방을 원하는 여성들은 어디에 많이 있을까? 그들에게 어떻게 접근해야 할까? 고민이 끝나자 직접 실천에 옮겼습니다. 일단 부딪혀 보기로 한 것이죠.

05 SECTION

고객을 찾아라 ②
: 남성만의 전유물이던 해충박멸 사업으로 성공하다

미국의 해충박멸 회사는 보통 백인 남성 사업가들의 전유물입니다. 그런데 이 업종에서 흑인 여성인 R. H 씨가 성공했습니다. 이 일화는 그녀의 소문난 일화입니다.

기존 시장에서 절대 강자가 있을 때, 그 틈을 비집고 들어간다는 것은 보통 어려운 일이 아닙니다. 게다가 오랜 기간 사회적 약자였던 여성들이 남성들이 독식한 시장에 진출한다는 것은 상상하기 어려울 만큼의 난관이 있지요. 이런 난관을 뚫고 나가는 힘은 독창적인 아이디어와 실행력에 있습니다.

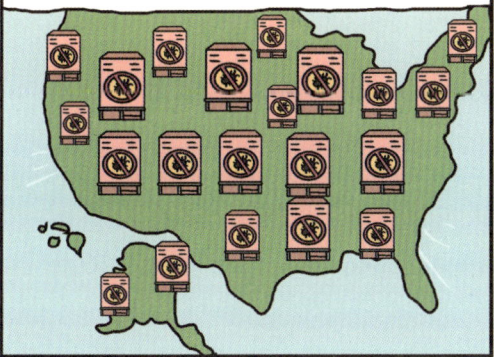

창업 절차 익히기

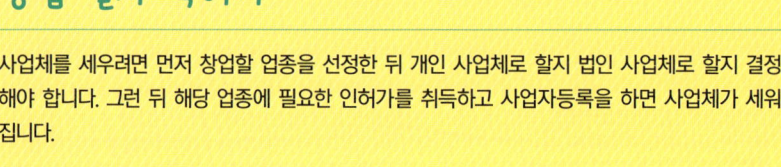

사업체를 세우려면 먼저 창업할 업종을 선정한 뒤 개인 사업체로 할지 법인 사업체로 할지 결정해야 합니다. 그런 뒤 해당 업종에 필요한 인허가를 취득하고 사업자등록을 하면 사업체가 세워집니다.

▌ 개인 사업체 창업 절차 (점포업종, 개인공장, 쇼핑몰, 개인회사 등)

자기 돈으로 창업할 경우 개인 사업체로 창업합니다. 개인 사업체는 회사 이익을 사업주 혼자 다 가져갈 수 있다는 장점이 있습니다.

```
창업할 업종 선정
        ↓
사업 타당성 검토 ────── 사업계획서 작성
        ↓
사업에 필요한 인허가 사항 조사 ────── 인허가 사항은 업종마다 다름.
                              ※ 관할 시군구 민원실에 문의
        ↓
점포 발굴 및 임대차 계약 ────── 점포 담보권 설정 조사
                         ※ 인허가 사항이 있는 사업은 인허가 취득
        ↓
개인사업 과세자 유형 선택 ────── 일반과세자 또는 간이과세자 중 택 1
        ↓
사업자등록 신청 ────── 관할 세무서 혹은 인터넷 홈택스
```

법인 사업체 창업 절차 (대형매장, 법인공장, 법인 쇼핑몰, 법인회사 등)

사업성이 높고 투자하겠다는 사람이 많은 경우 법인 사업체로 창업하길 권장합니다. 법인 사업체는 발행한 주식을 투자자들에게 판매하여 회사설립 자본금으로 사용합니다. 추후 회사 수익은 주식을 가진 투자자들과 분배합니다. 투자자가 없을 경우 개인 혼자로도 창업할 수 있습니다.

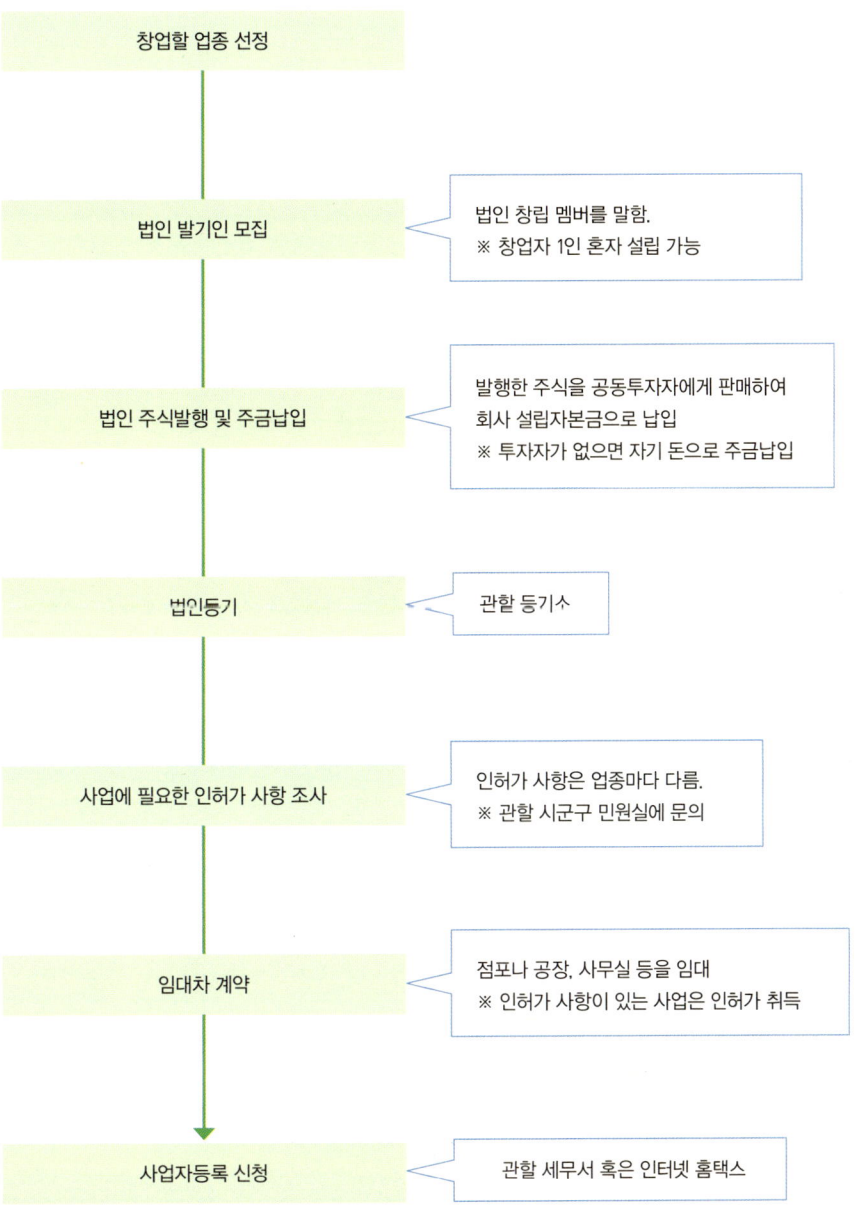

07 SECTION — 창업계획의 첫걸음: 사업 타당성 분석하기

이제 창업할 업종을 선정했다고 가정해봅시다. 그런데 선정한 업종이 과연 사업 타당성이 있을까요? 만일 사업 타당성이 없다면 다른 업종을 선택해야 합니다.

사업 타당성 검토는 다음 방식으로 진행합니다.

사업 타당성 검토 착수				
사업(창업)업종 선정				
시장 분석	수익성 검토	기술성 검토	생산(공급) 검토	검토 후 사업 타당성이 없으면 다른 업종을 선정하여 재검토
1. 시장조사 2. 경쟁업종 검토 3. 사무업, 제조업은 시장성 및 도매망이나 납품처 검토	1. 수익성 검토 2. 안정성 검토 3. 시너지 있는 부업종 검토	1. 사업 영위에 필요한 기술을 소유하고 있는지 검토 2. 기술인재를 고용할 수 있는지 검토 3. 혁신인지 검토	1. 소매업은 상품 구매망 검토, 구매가격 비교, 안전한 구매처인지 검토 2. 제조업은 생산설비 도입가, 생산설비 설치기간, 원재료 도입처, 도입가 등 검토 외	

자금조달 검토
자기자본 검토(자기가 조달할 수 있는 돈) & 투자자 검토(은행, 가족, 친구의 투자 등)

창업(사업)계획서 작성

OK
창업 확정 & 창업비용 마련

창업 준비 착수
점포(사무실 혹은 공장) 계약 & 직원 구인

사업자등록 신청
업종별 관련 인허가서류 발급 & 사업자등록 신청

사업 개시

08 SECTION 창업계획서 작성하기

사업 타당성 조사가 끝나면 창업계획서 작성을 시작합니다. 창업계획서는 창업 업종을 면밀히 분석하는 용도이지만 타인에게 보여주어 투자를 따는 경우도 있으므로 깔끔하게 작성합니다.

▌창업계획서에 넣어야 할 항목

창업계획서는 창업할 업종을 세세히 분석하는 용도이지만 투자나 창업자금 융자를 받을 때도 활용합니다. 큰 글씨, 요점 위주, 논리성, 객관성, 정확성을 부여하여 작성합니다. 시장조사 등을 한 경우 설득력을 높이기 위해 조사자료를 첨부하는 것이 좋습니다.

창업계획서는 일반적으로 다음 내용을 중점으로 작성합니다. 이때 자신이 조사한 내용이 자연스럽게 녹아들도록 작성합니다. 한글 문서편집기로 작성하거나 파워포인트로 작성합니다.

항목	내용
표지	창업할 업체명, 작성일, 작성자, 연락처
목차	창업계획서 목차
창업동기	창업목적, 동기, 창업배경, 사회환경, 시대환경, 경쟁업체 환경 등 작성
사업경험	자신의 사업경험, 자격증 등 작성
사업내용	구체적인 사업내용 또는 취급상품, 홍보 마케팅 방법
상품조달	상품조달 거래처, 조달 예상 가격
상품판매	상품 판매가, 시장분석, 타깃 고객층
차별화	다른 업체와 비교해 차별화되는 요소나 경쟁이 되는 요소 경쟁업체와 차별화된 요소의 강점 설명
시나리오	창업 후 사업이 안정화될 때까지의 예측 시나리오(1~5년) 대출금이 있을 경우 대출금 상환을 사업 1년 후부터 설정
조직/인력 계획	인력 고용 계획 및 조직계획
매출계획	예상매출, 매출원가, 사업경비, 대출금 이자
손익분기	손익분기, 영업이익 예상
시설자금	시설 및 각종 시공비 예상
운전자금	사업체 운영자금 예상, 최하 6개월 운전자금 계획 작성
자금조달	창업자금 또는 운영자금 조달 방법 작성 자기자본, 타인자본 등
부록	각종 조사자료 첨부 및 설명

창업계획서 1 - 창업동기 & 사업경력(업체 연혁)

창업하게 된 동기, 사업경력, 자격사항, 포부 등을 작성합니다.

> 업종명은 국세청 홈페이지에서 검색합니다.

> 창업 초기에는 최소 인원의 직원을 고용하는 것이 좋으며 가능하면 가족의 손을 빌리는 것이 좋습니다.

업체명	블루커피카페	업종	비알콜 음료점업	창업예정일	2014. 5. 5
대표자	김미영			종업원 수	3명
				결산일	
주소	본사	서울 종로구 20122번지			
	사업장	서울 종로구 20122번지			
자본금	1억 원	자기자본 (부채)	7,000만 원 (3,000만 원)	연매출액 (연순이익)	3억 원 (5,000만 원)
사업장 현황	임대	사업장 규모	1층, 66㎡		
사업동기 (법인비전)	여대생 시절 꿈이었던 커피숍 창업의 꿈을 펼치고 싶었습니다.				
	시대에 맞게 유기농 전문 커피매장을 준비 중입니다.				
	작은 꿈에 머물지 않고 전국 100개의 가맹점이 있는 커피 프랜차이즈 업체로 만들겠습니다.				
자격사항	바리스타 2급 자격증				
	제품디자인 기사 자격증				
	운전면허증				
사업경험 (법인연혁)	월간 여성잡지사 디자인 기자 5년 근무				
	유명 프랜차이즈 커피숍 바리스타 2년 근무				

> 사업동기와 사업포부를 작성합니다.

 자기자본은 자기가 만들 수 있는 자기 돈을, 부채는 투자나 은행 돈을 융자받을 경우를 말합니다.

창업계획서 2 – 사업내용 & 취급제품

사업내용(제조업, 사무업)이나 주요 취급제품(소매점, 요식업)을 작성합니다. 아울러 상품 구입처(공급처), 고객층에 대해서도 작성합니다.

> 가격 대신 객단가를 넣을 수도 있습니다. 객단가는 손님 1인당 평균 구매가(평균 매출액)입니다. 테이블 객단가는 테이블 하나를 차지한 손님들이 구매하는 테이블 하나당 평균 구매가(평균 매출액)입니다.

취급상품 (사업 내역)	커피류(평균가 5,000원)
	주스류, 유기농(평균가 7,000원)
	베이커리, 비스킷, 유기농(평균가 7,000원)
	유기농 아이스크림 & 빙수류(평균가 8,000원)
	그 외 음료수(평균가 4,000원)
공급처 (상품조달방법)	커피류(동운상사 Tel 02-2500-XXXX)
	주스류(경동상사 Tel 02-3221-XXXX)
	아이스크림류(뉴질랜드유기농 Tel 02-6522-XXXX)
	베이커리 재료(삼익베이커리 Tel 02-7777-XXXX)
	음료수류(칠선상사 Tel 02-5111-XXXX)
고객층	삼청동 관광객, 직장인 20~30대 남녀 삼청동 지역주민, 외국인 관광객 등

> 타깃이 될 고객층 분석 및 시장 조사를 세밀하게 한 뒤 작성하는 것이 좋으며 자료 조사한 내용을 첨부하는 것도 좋습니다. 각종 조사자료를 첨부하면 투자자를 설득할 때 유리합니다.

> 거래처 전화번호가 기입된 경우 창업계획을 세밀하게 했음을 보여주므로 투자자에게 좋은 점수를 받습니다.

▌ 창업계획서 2 – 설비자금 & 운영자금

설비자금 항목은 인테리어, 간판, 주방설비 등의 설비 도입이나 설치 비용에 대한 계획을 작성합니다. 운영자금은 월간 운영자금을 예측해 작성합니다.

설비자금	임대 보증금	3,000만 원
	인테리어 공사	3,000만 원
	기기설비	1,500만 원(에스프레소 머신, 온수기 등)
	포스 시스템	200만 원
	의탁자	400만 원
	간판	600만 원
	개업 판촉비	
	기타 물품	200만 원(에어컨)
운영자금 (월간)	예비 사업비	500만 원
	인건비	450만 원(직원 3명)
	복리후생비	직원 4대 보험료 등
	임대료	150만 원
	은행 상환금	100만 원(창업 1년 후부터)
	수도광열비	80만 원
	초도재료 구입비 (재료 구입비)	600만 원

> 초도 물품비는 개업 초 영업에 필요한 재료비 (커피, 주스 등) 일괄 구입가입니다.

> 개인 사업자는 직원의 4대 보험을 들지 않는 경우가 많으므로 복리후생비에 직원 4대 보험료 대신 직원 야유회 비용 등을 넣을 수 있을 것입니다.

창업계획서 3 - 판매, 운영, 손익예측, 자금조달 계획

창업계획서 제일 아래쪽에는 판매예측, 운영자금 예측, 손익예측, 자금조달 계획을 작성합니다. 커피숍의 재료비는 커피값의 20~35% 수준이므로 2가지로 작성했습니다.

월 판매예측		사업 초기				
	월매출	2,200만 원				
	월매출 원가	660만 원				
월 운영자금		사업 초기				
	인건비	450만 원(3인)				
	임대료	150만 원				
	수도광열비 등	100만 원				
	재료비(원부재료)	660만 원				
	합계	1,360만 원				
손익예측	월매출	2,200만 원(일매 80만 원/월 4일 휴무 기준)				
	월매출 원가 (재료비)	70% 마진	660만 원	80% 마진	440만 원	
	월매출 총이익 (월매출-재료비=마진)	70% 마진	1,540만 원	80% 마진	1,760만 원	
	영업이익 (사업주의 이익)	70% 마진	180만 원	80% 마진	400만 원	
자기자본 조달계획	보통예금	2,000만 원				
	정기적금	5,000만 원				
	펀드					
	주식예수금					
	퇴직금					
대출계획	은행 담보대출					
	은행 신용대출					
	정부기관 창업대출					
	친정 엄마 투자금	1,000만 원, 연리 5%				
	남편 모민윤 투자금	2,000만 원, 연리 1.5%				

- 작은 커피숍이 일매 80만 원 정도 나오려면 역세권, 아파트, 오피스텔을 끼고 있는 약간 바글바글한 곳이어야 합니다.
- 커피숍의 재료비는 커피값의 20~35% 수준이므로 2가지로 작성했습니다.
- 카페 베이커리류의 마진률은 50% 내외이므로 커피, 주스, 계절빙수로 돈을 벌어야 합니다.
- 영업이익은 총매출에서 재료비, 직원봉급, 매장 운영비를 제한 이익으로 사장이 가져가는 이익입니다.

창업 대출자금 알아보기

은행융자는 부동산 담보융자와 신용보증서 담보융자가 있습니다. 사업성이 높을 경우 신용보증기관에서 신용보증서를 발급하므로 신용보증서를 은행에 담보로 잡히고 융자받을 수 있습니다.

▌ 신용보증기관의 신용보증서

은행에서 융자가 불가능한 사람이 사업성 높은 사업을 창업할 경우 신용보증기관과 상담하여 신용보증서 발급이 가능한지 확인 바랍니다. 만일 신용보증서 발급이 가능하면 발급받은 신용보증서를 은행에 저당 잡히고 해당 금액만큼 담보를 받을 수 있습니다. 예비 창업자의 경우 점포 임대 목적으로 최대 5,000만 원을 융자받을 수 있는 신용보증서를 발급받을 수 있습니다.

1 : 국내 유명 신용보증회사

신용보증서 상담은 각 지역 본부나 신용보증기관 홈페이지에서 합니다.

신용보증기금(www.kodit.co.kr)	정부 설립기관. 중소기업 혹은 창업자 선별 보증 신용보증재단과 중복 신청 가능
신용보증재단(www.koreg.or.kr)	지차제 설립기관. 중소기업 혹은 창업자 선별 보증 신용보증기금과 중복 신청 가능
기술보증기금(www.kibo.or.kr)	기술력이 뛰어난 중소기업 혹은 창업자 선별 보증 신용보증재단과 중복 신청 가능

2 : 신용보증서 신청 시 준비서류

일반적으로 준비해야 할 서류입니다. 업종별 추가서류는 각기 확인 바랍니다.

신용보증신청서	관계 은행, 보증회사, 홈페이지에 비치
사업장 임차계약서 사본	사업장이 있는 경우
금융거래확인서 & 재무제표	잔액이 가장 많은 계좌
사업자등록증	사업자등록증이 있는 경우
납세증명서	소득세 납부를 증명할 수 있는 서류 등
창업교육이수 확인서	창업자의 경우
주민등록등본	주민등록등본

■ 여성 가장 창업자금 대출(한국 여성경제인협회)

배우자의 사망, 이혼 및 1년 이상 장기실직으로 가족을 사실상 부양하는 여성 가장으로서 창업을 준비 중인 예비 창업자가 대상입니다. 지원 한도는 1인당 최고 3,000만 원(점포임차금 용도)입니다. 한국 여성경제인협회(www.womanbiz.or.kr)에 문의 바랍니다.

■ 햇살론 창업대출(www.sunshineloan.or.kr)

무등록, 무점포 자영업자가 점포를 구비하여 사업자등록을 할 경우 신청합니다. 무등록 창업자는 개업 3개월 이내에 신청해야 합니다. 정부, 공공기관 창업과정을 이수한 신규 창업자여야 하며 사업자등록 및 점포 마련 1년 이내 자도 신청할 수 있습니다. 창업자금(최고 5,000만 원), 사업운영자금(최고 2,000만 원)이 가능합니다. 단, 신용보증재단(지역신용보증재단)의 신용보증서를 발급받아야 대출받을 수 있습니다. 가까운 농협 햇살론, 신협 햇살론, 산림조합 햇살론, 새마을금고 햇살론에 문의하기 바랍니다.

■ 미소금융 프랜차이즈 창업대출(www.smilemicrobank.or.kr)

청년, 대학생, 전통시장 상인의 생계를 위한 소액대출과 창업자 대상의 대출이 있습니다. 창업자 대상의 대출은 프랜차이즈 창업대출, 임차보증금대출, 운영자금대출, 시설개선자금대출, 무등록사업자대출이 있습니다.

가까운 국민, 우리, 신한, 하나, 기업은행 창구에 문의하여 각 은행의 미소금융을 담당한 지점 위치를 알아보기 바랍니다. 미소금융담당 은행지점에서 1차 상담을 하여 심사를 통과하면 창업 컨설팅 등을 받고 서류를 정식 준비해 2차 심사를 통과해야 자금을 융자받을 수 있습니다.

■ 기업은행 – IBK 시니어전용 창업대출

창업 3년 이내, 만 40세 이상, 지식 서비스업, 문화 콘텐츠업, 제조업 사업자 대상 대출상품이며 최대 5,000만 원까지 융자받을 수 있습니다. 지역신용보증재단에서 신용보증서를 발급받은 창업자에 한해 대출받을 수 있습니다. 가까운 기업은행 창구나 지역신용보증재단과 상담하기 바랍니다. 해가 바뀌면 이 대출 상품의 이름이 바뀔 수 있으므로 기업은행 홈페이지나 지점 창구에서 유사한 상품이 있는지 확인 바랍니다.

■ 기업은행 – IBK 청년전용 창업대출 II

만 39세 이하 청년사업자로서 지식 서비스업, 문화 콘텐츠업, 제조업을 영위 중인 창업 3년 이내의 사업자를 대상으로 한 융자입니다. 지역신용보증재단에서 신용보증서를 발급받은 창업자에 한해 대출받을 수 있습니다. 이 대출 상품 이름 역시 해가 바뀌면 이름이 바뀌므로 기업은행 홈페이지나 지점 창구에서 유사한 상품이 있는지 확인 바랍니다.

▌기업은행 – IBK 창업섬김대출

중소기업의 창업 5년 이하 사업자와 예비 창업자 대상의 대출입니다. 신용보증기금 또는 기술보증기금의 보증하에 대출을 받을 수 있습니다. 역시 해가 바뀌면 대출 상품의 이름이 바뀔 수 있으므로 기업은행 홈페이지나 지점 창구에서 유사한 상품이 있는지 확인 바랍니다.

▌외환은행 – 청년드림대출

만 39세 이하 청년사업자, 예비 창업자를 대상으로 한 대출 상품입니다. '은행권청년창업재단'에서 발급한 '창업지원신용보증서'를 담보로 하여 자금을 대출받을 수 있습니다. 기업은행 IBK 청년전용 창업대출 Ⅱ 상품과 거의 비슷하지만 대출기간과 신용보증서 발급단체가 다릅니다. 가까운 외환은행 지점과 상담하기 바랍니다. 참고로 이 대출 상품 역시 해가 바뀌면 이름이 바뀔 수 있으므로 외환은행 홈페이지나 지점 창구에서 유사한 상품이 있는지 확인 바랍니다.

그 외 창업 대출 정보는 소상공인진흥원(www.seda.or.kr)의 창업 관련 대출 안내를 확인 바랍니다. 은행에서 대출받을 수 있는 또 다른 방법은 아파트담보대출, 주택담보대출, 전세담보대출이 있습니다. 담보대출은 몇천만 원 정도는 쉽게 받을 수 있지만 그만큼 책임이 크다는 점을 명심하기 바랍니다.

SECTION 10 알짜 창업정보를 얻을 수 있는 곳

창업하기 전 각종 창업정보를 입수하고 창업보육교육이나 컨설팅을 받는 것도 좋은 생각입니다.
창업 정보를 입수할 수 있는 사이트를 알아봅니다.

■ 소상공인진흥원(www.seda.or.kr)

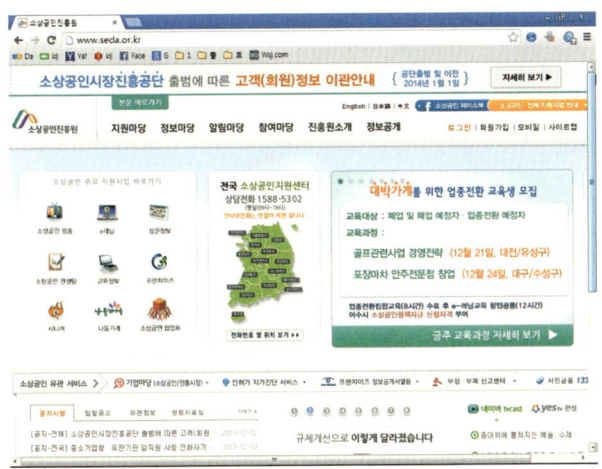

정부의 소상공인진흥공단에서 운영하는 공식 사이트입니다. 소상공인(자영업자, 개인 사업자, 중소기업운영자)을 대상으로 하여 각종 정보를 입수할 수 있습니다. 창업자금 융자 및 프랜차이즈 창업자금 융자 등의 상품도 안내하므로 융자가 필요할 경우 확인 바랍니다.

■ 한국 여성경제인협회(www.womanbiz.or.kr)

한국 여성경제인들이 모여 만든 공식 사이트입니다. 여성기업인들의 판로개척 사업, 여성기업인 연수 등의 정보를 입수할 수 있습니다.

■ 창업넷(www.changupnet.go.kr)

중소기업청 창업지원과에서 운영하는 각종 창업 정보를 알 수 있는 사이트입니다. 주로 1인 창조기업 창업과 관련된 정보를 입수할 수 있고, 1인 창조기업 창업을 할 때 각종 상담과 컨설팅을 받을 수 있습니다.

■ 창업보육센터(www.bi.go.kr)

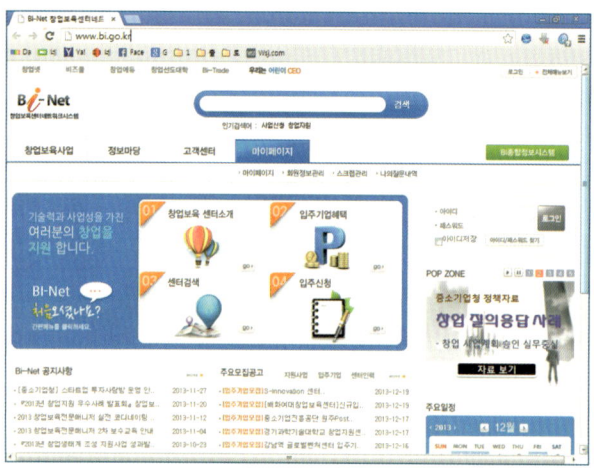

중소기업청 창업지원과에서 운영하는 창업보육센터입니다. 사무업 창업 시 아이디어는 있으나 점포 임대 비용이 없을 경우 창업보육센터의 각 지역 센터 사무실을 무료 임대 사용할 수 있습니다.

 인터넷에는 창업 관련 사이트가 많이 있습니다. 사이트를 이용할 때는 정부기관 사이트인지 협회 사이트인지 반드시 확인해야 하며 그 외 사설 사이트인 경우 이용을 피하는 것이 좋습니다.

SECTION 11. 어디에서 창업할까?: 개업장소 선정하기

소매업종은 유동 인구가 많은 곳이 좋으며 반드시 피해야 할 입지조건은 거북이 등 같은 오르막 도로에 위치한 점포입니다.

소매업 점포를 구할 때는 그 지역의 유동 인구나 유동 차량을 보고 결정합니다. 특히 카페, 요식업, 의류점처럼 고객이 머물렀다가 나가는 업종들은 그 지역에서 유동 인구가 많은 지역에 입점하는 것이 무엇보다 중요합니다.

역세권+업무타운+아파트 결합형 상권	세 그룹의 소비세력이 결합한 형태이므로 국내 최고의 상권입니다(강남역 상권).
명동상권	최고의 상권입니다. 서울 명동이나 각 지방의 명동 혹은 종로라 불리는 상권들을 말합니다.
역세권+아파트상권	최고의 상권입니다(노원역 상권 등). SPA 의류, 브랜드 화장품, 요식업, 카페 등
역세권+업무타운상권	최고의 상권입니다(종로 상권 등). SPA 의류, 브랜드 화장품, 요식업, 카페 등
역세권상권	차선의 상권입니다. 출퇴근 직장인 대상 업종 등. 의류, 브랜드 화장품, 요식업, 카페, 주점, 패스트푸드, 메이커 스포츠의류, 잡화양판점 등
업무타운(상가)상권	차선의 상권입니다. 프랜차이즈 음식점, 주점, 멀티숍, 카페 등
대학가상권	차선의 상권입니다. 돈가스집, 우동 전문점, 곱창집, 고깃집, 주점, 카페 등
아파트상권	차차선 상권입니다. 최소 4,000세대 이상의 아파트상권 권장. 요식업종, 의류 멀티숍, 슈퍼마켓 등
서울 B급 동네 번화가	1,000㎡ 안에 1만 세대 정도인 주택가 밀집지역의 번화가입니다. 메이커 스포츠의류는 통하지만 SPA 의류는 통하지 않습니다. 등산복 멀티숍, 프랜차이즈 음식점, 패스트푸드점, 주점, 슈퍼마켓, 잡화양판점 등
대로변	교통 유동량이 많고 배후에 아파트가 있으면 대형음식점, 대형양판점, 대형할인판매점 등. 배후에 주택가가 있으면 카센터, 인력사무소, 기사식당, 도매유통점 등
오르막길 도로변 점포	웨딩숍같이 꼭 필요한 사람만이 찾아오는 업종이나 도매유통점, 인터넷 쇼핑몰 창고 등

SECTION 12 창업 전후, 관리·운영체제 점검하기

막상 사업체가 세워지면 이때부터 회사의 모든 책임이 자신의 어깨에 달려 있다는 것을 알게 됩니다. 직장인과 사장의 차이가 이렇게 크다는 것을 새삼 깨달을 것입니다.

▍초기 투자를 과하게 한 것이 아닐까?

초보 사장이 되면 가장 힘든 것이 직원의 급료를 책임져야 한다는 점입니다. 사업이 잘되면 쉽게 풀리는 일이지만 사업이란 잘되기도 하고 안되기도 합니다. 그래서 직원의 급여를 체불하지 않고 잘해나갈 수 있을까 하는 의구심이 들기도 합니다. 그것이 초보 사장을 불안하게 만들기도 합니다.

그래서 창업 시 직원 고용은 최소화하는 것이 좋습니다. 자신이 할 수 있는 일은 스스로 뛰어다니며 한다면 직원 한 명의 인건비는 줄일 수 있습니다. 사업 초창기에는 가족 체제를 권하는 경우도 그와 같은 이유 때문입니다. 사업이 정상화되면 직원이야 얼마든지 채용할 수 있습니다. 혹 자신이 초기 투자를 과하게 한 게 아닌가 돌아보는 자세가 필요합니다. 예컨대 시어머니나 친정어머니가 일을 하지 않고 있다면 사업을 같이 할 수 있을 것입니다. 동생이나 언니와 함께 사업할 수도 있습니다. 창업한 후에는 사업체가 어떻게 돌아갈지 아무도 모릅니다. 과한 욕심으로 초기 투자를 많이 하는 것은 피하는 것이 좋습니다.

▍사업 초창기 진단하기

예상보다 매출이 적으면 손님 모집에 실패한 것이라 할 수 있습니다. 이 경우 사업체의 서비스나 취급상품에 문제가 있는지 판단해봐야 합니다. 아예 매출이 없다면 그것은 취급상품이 해당 지역의 고객 성향과 맞지 않거나, 너무 쉽게 다른 곳에서도 살 수 있는(공급이 넘치는) 상품이기 때문일 것입니다. 물론 도매업이나 사무업, 제조업이라면 매출이 원활하게 발생하기까지 6~12개월 정도의 시간이 걸릴 수도 있습니다.

그러나 소매업종에서 매출이 발생하지 않고 있다면 이것은 큰 문제입니다. 서둘러 문제점을 찾아 진단을 내리세요. 그런 뒤 회생이 불가능하다고 판단되면 바로 업종 변경을 하고 인테리어를 고쳐서라도 그 지역 주민성향에 맞는 제품을 판매하도록 노력해야 합니다.

■ 마케팅에 실수는 없을까?

사업 초 매출이 예상보다 저조한 가장 큰 이유는 아마 입지선정이 잘못되었기 때문일 것입니다. 그 지역 유동 인구가 선호하지 않는 제품이나 음식을 판매할 때 그런 일이 흔히 발생합니다. 또는 자신은 몰랐던 굉장한 라이벌이 어느 쪽에선가 장사하고 있을 때도 그런 문제가 발생합니다.

이런 경우에는 일단 마케팅을 강화하는 전략이 필요합니다. 마케팅을 강화하는 방법은 전단지 광고를 꾸준히 하여 고객을 모집하는 방법과 오픈 할인행사를 하는 등의 방법이 있을 것입니다.

■ 수익률이 왜 낮은 것일까?

고객 모집은 평균 이상의 점수를 얻었는데 수익률이 낮은 경우도 있을 것입니다. 예컨대 하루 50명의 손님이 오면 월 300만 원 이상의 수익이 발생해야 하는데 그보다 낮게 발생하고 있다면 경영합리화가 필요합니다.

경영합리화는 저가 재료 사용하기, 직원 수 줄이기, 직원 봉급 줄이기 등의 여러 가지 원가절감 방법이 있지만 모두 위험한 방법입니다. 오픈한 지 얼마되지 않아 재료를 바꾸면 있는 손님마저 나가떨어지기 때문입니다. 즉, 대기업에서 흔히 하는 경영합리화는 소비자밀착형 동네 장사에는 어울리지 않는 전략이란 뜻입니다. 퍼주면 남는다는 말을 기억하십시오.

최고의 방법은 재료의 품질을 유지한 상태에서 더 싸게 매입할 수 있는 도입선을 발굴하는 것입니다. 일단 동일 재료를 10~20% 싸게 매입할 수 있다면 수익률은 그만큼 올라갈 것입니다.

두 번째 방법은 판매할 아이템을 새로 추가해 거기서 수익을 거두는 방법이 있을 것입니다.

SECTION 13 창업 후에 한 번은 다가오는 전환기

초보사업가가 창업 후 전환기를 느끼는 순간은 언제일까요?

▌직원봉급을 줄 때 쫓기지 않으면 전환기

　창업 후 전환기를 느끼는 순간은 직원들의 봉급을 맘고생 없이 주는 순간일 것입니다. 매번 봉급을 주기 위해 이리저리 돈을 꾸다가, 몇 개월 지나보니 돈을 꾸지 않고도 봉급을 줄 수 있게 되었던 것입니다. 비로소 돈 걱정이 안 든다면, 그때가 창업의 전환기입니다. 이제 사업은 정상 가도를 향해 달리고 있을 것입니다.

▌정상 가도를 달릴 때 버는 돈은 아끼고 저축한다

　바야흐로 월수익이 500~1,000만 원 정도 나오는 시점이 되면, 마음이 슬슬 편해지기 시작합니다. 매일 같은 업무의 반복이기 때문에 바쁘고 짜증나지만 수입이 어느 정도 발생하므로 일하는 것이 즐겁습니다. 주일 내내 열심히 일하고 쉬는 날에는 여행도 다니기 시작합니다. 평생 이렇게 일하다 보면 적당히 돈도 모을 수 있을 것 같다는 생각이 들기도 합니다.

　이때 자신의 마음을 주의하고 견제해야 합니다. 버는 돈은 알뜰살뜰 절약하면서 모두 저축하는 자세가 필요합니다. 왜냐면 3~5년 내에 분점을 내야 하기 때문입니다. 뾰족하게 튀어나온 못은 언젠가는 망치로 두들겨 맞습니다. 위기는 신호 없이 오므로-예컨대 바로 옆집에 경쟁점포가 들어올 수도 있기 때문에- 돈이 술술 벌릴 때 그것을 쓰지 말고 저축하는 지혜가 필요합니다. 그렇게 저축한 돈은 몇 년 내 분점 하나를 더 내는 용도로 사용하기 바랍니다. 최소한 분점을 두 개 낼 때까지 열심히 사는 것이 좋습니다. 중요한 것은 잘나갈수록 자신을 '버리는 것'입니다.

　마침내 매장이 세 개가 되었다면, 이때부터는 관리형 체제를 만든 뒤 매장 세 개를 돌아다니며 관리하기 바랍니다. 관리형 체제를 만들면 시간도 많이 생기고 그 후 10~20년을 버틸 수 있을 뿐 아니라, 만들어놓은 매장을 권리금을 받고 파는 등 여러 가지 수익을 얻는 방법을 저절로 체득할 것입니다.

SECTION 14 창업에 도전한 엄마들은 무엇이 달라질까

성공한 여성사업가들의 글을 읽거나 인터뷰를 하면 공통적으로 '자아실현을 한 것 같다'는 말이 나옵니다. 그러나 그보다 더 현실적인 말도 많이 나옵니다.

▌어떻게든 해냈다

사업에 성공한 여성기업가들의 얘기를 들어보면 '생각만 하고 우물쭈물하며 시간을 보내지 않았다'는 점에서 공통점입니다. 이 말은 우물쭈물하며 시간을 보내기에는 상황이 위급했고 그래서 어떻게 해서든 해내야만 했다는 뜻입니다. 이것은 남성사업가들에게도 해당하는 이야기입니다.

예를 들어 사업이 어려울 때는 직원들에게 줄 봉급이 부족한 경우가 왕왕 발생합니다. 사방에서 걸려오는 외상매입금 독촉전화 속에서도 직원들에게 줄 봉급을 마련하기 위해 가족, 친구는 물론 학교 선배에게까지 뛰어가서 돈을 꾸리고 발버둥을 칩니다. 봉급을 안 주면 직원들이 실망한다는 것을 누구보다 잘 알기 때문에 어떻게 해서든 해낸 것입니다. 그래서 '어떻게 해서든 해낸다'는 신념이 생깁니다. 그것은 여성뿐 아니라 남성사업가들도 마찬가지 생각일 것입니다.

> 큰일 났어요! 중소기업에 대량납품한 물건값을 다음 달에 준다고 해서 이번 달 월급 줄 돈이 부족해요! 어떻게 해야 하나요!

> 어떻게 해서든 해결해야 합니다. 고교동창은 물론 대학 동기나 친한 선배에게도 전화해보세요! 사업체를 멈추게 할 수는 없으니까요.

▌확실한 목표가 생겼다

사업체를 운영하는 것은, 그 자리에 멈추어 서 있지 말라는 것과 다름없는 이야기입니다. 그 자리에 머뭇거리며 서 있지 말고, 항상 달려야 하는 것이 사업체를 운영하는 사장님들의 공통점일 것입니다. 그러다 보면 마침내 저절로 자신의 강점이 생겨납니다.

어떤 인간이건 자신의 강점이 생기면 그것은 삶을 개척하는 무기가 됩니다. 강점을 기반으로 의지를 세우고 목표를 세웁니다. 어느 날은 거울을 보다가 문득 자신의 강점이 무엇인지 깨닫게 될 것입니다. 자신의 강점을 깨달으면 의지가 정립됩니다. 의지를 세우면 기분도 바뀌고 자기 자신도 바뀌며 자아실현을 한 것 같은 생각이 듭니다.

회사는 내 아이가 성장하는 것과 다름없다

사업하다 보면 사업체가 무럭무럭 성장하는 경우도 있지만, 영양을 제때 공급하지 않아 빈사상태로 간신히 버티는 경우가 많습니다. 매년 연말 회계장부를 확인하며 전년도 실적과 비교하는 것도 자연스러운 이치입니다. 사업체를 여러 해 운영하다 보면 매년 그 해의 실적에 따라 웃기도 하고 기분이 처참하게 망가지기도 합니다. 사업체가 이익을 추구하는 회사가 아니라 동고동락하는 가족 같은 생각이 들다가 마침내 내 아이처럼 성장하는 생물 같다는 생각도 듭니다. 이 무렵이면 책임감이 들기 시작합니다. 가정에서도 일할 정도로 일과 가정의 경계가 무너지는 경우도 있습니다. 돈이 잘 벌리면 잘 벌리기 때문에 집으로 일감을 가져오고, 사업이 안 되면 안 되기 때문에 집으로 일감을 가져오는 것입니다.

이 모든 것은 사업체가 자신의 아이가 성장하는 것과 비슷하기 때문일 것입니다. 아이의 성장을 지켜보는 부모들은 무슨 생각을 가장 많이 할까요? 아마 책임감을 가장 많이 느낄 것입니다. 책임감이 생긴다면, 그때부터 일하는 것이 즐겁다고도 합니다.

매출이 전년도보다 소폭 상승했습니다. 이제 저의 사업체를 지킬 수 있다는 생각이 듭니다. 한때는 사업체를 팔고 싶다는 생각을 했지만 책임감 때문에 포기하지 않았습니다. 내년엔 더 좋은 결과가 있을 것 같습니다.

축하합니다. 좋은 징조입니다. 오랜만에 자녀와 함께 가까운 곳에 여행이라도 다녀오시기 바랍니다.

그래야겠어요. 원기승선도 살 겸 아이들을 행복하게 해주어야겠어요.

장사꾼과 기업가의 작지만 큰 차이

사업체를 운영하는 사람들을 흔히 장사꾼이나 기업가라고 부릅니다. 장사꾼과 기업가는 어떻게 다를까요?

장사꾼은 이문을 남기기 위해 장사하는 사람을 말합니다. 장사꾼을 더 낮잡아 부르는 말로 '장사치'가 있습니다. 기업가 역시 장사꾼과 마찬가지의 상품과 서비스를 판매하는 사업체의 소유주를 말합니다. 기업가 역시 이문을 남기기 위해 사업을 하지만 사회적 통찰력을 가지고 사업을 하는 사람을 말하는 경우가 많습니다. 이 때문에 '사회적 기업가'는 있어도 '사회적 장사꾼'이란 말은 없습니다.

	통찰력	×
	혁신력	×
	개척심	△
	개발력	×
	생산성	△
	고객제일주의	△
장사꾼의 특징	인재양성	×
	사회책임의식	×
	공정경쟁	△
	직원복지	×
	세습	○
	자선사업	×
	목표	개인행복

기업가 정신	통찰력	○
	혁신력	○
	개척심	○
	개발력	○
	생산성	○
	고객제일주의	○
	인재양성	○
	사회책임의식	○
	공정경쟁	○
	직원복지	○
	세습	×
	자선사업	○
	목표	자아실현

※ 공정경쟁 정신마저 없으면 상도 없는 장사치입니다.

'장사꾼'을 낮춰 부르는 말이 '장사치'라고 들었어요. 장사치가 안 되려면 어떻게 해야 하죠?

자신이 약속한 것은 끝까지 지키는 것이 무엇보다 중요합니다. 그리고 '장사도 상도(商道)가 있어야 한다'는 말이 있듯 '상업 활동을 할 때 기본적으로 지켜야 할 도덕'을 잘 지키는 것이 좋습니다. 그럼 신뢰도가 차곡차곡 쌓이므로 '장사꾼'에서 '상인'이 되고, '상인'에서 '사업가'로 올라설 수 있을 것입니다.

인맥이 꼭 필요한가요? 인맥 없는 사람은 홍보자료가 신문기사로 나올 수 없는 건가요? 그건 신문사의 반칙 아닌가요?

그건 그렇지 않습니다. 하루에도 수없이 많은 홍보 의뢰자료가 신문사에 옵니다. 담당기자는 그중 쓸만한 홍보자료를 기사로 써야 하는데 의뢰자료가 많다 보니 일일이 검토할 시간이 없습니다. 이왕이면 다홍치마라고 기자도 조금이라도 인맥이 있는 사람 것을 기사로 써주는 것입니다.

아하, 무슨 말인지 알겠어요. 그럼 저도 친구의 친구를 찾아서라도 기자의 인맥을 통해 홍보자료를 보내는 것이 좋겠군요?

그렇습니다. 아는 사람이 홍보자료를 보내면 기자도 그걸 먼저 검토할 것입니다. 모르는 사람이 의뢰한 홍보자료는 시간이 부족해서 검토 자체가 안되니까 신문에 홍보기사가 나올 확률이 없다는 뜻입니다.

3장

사람따라 천차만별, 지금 나에게 딱 맞는 창업 살펴보기

01 SECTION 나이별로 알아보는 창업 가이드

나이별로 창업할 수 있는 업종을 세분한다는 것은 사실 어불성설입니다. 사람은 나이구분 없이 어떤 일이든 할 수 있기 때문입니다.

하지만 사람들은 트렌드를 읽을 때 자신의 나이대에 맞게 읽기 마련입니다. 디자인을 관조하는 눈은 나이가 많을수록 유리하지만 트렌드를 빠르게 포착하는 눈은 젊을수록 유리할 것입니다. 그러므로 나이대에 따라 창업에 유리한 업종이 있기 마련입니다.

▌20대 여성 창업 가이드

20대 여성은 트렌드에 편승하는 경향이 강하고 그만큼 트렌드를 개척할 힘도 강합니다. 매장이나 제조업을 창업하려면 아무래도 디자인·팬시 관련 쪽이 유리할 것입니다. 또한 한창 왕성하게 일할 수 있는 나이이므로 힘으로 밀어붙이는 업종이 유리합니다.

공부방	- 가정집에서 창업(아파트, 오피스텔은 창업 불가)
도서대여점 & DVD	- DVD 렌탈숍 겸 도서대여점 형태
동식물 계열	- 꽃집, 애견숍 등
디자인 계열	- POP 손글씨 업종 - 아트장식품 제조업 - 디자인사무소 혹은 디자인 프리랜서
문구잡화 계열	- 문구팬시잡화 소매업
식품 계열	- 식료품 도소매점(인터넷 쇼핑몰 포함), 편의점 등
스포츠·댄스 계열	- 댄스강습소 등
액세서리 계열	- 액세서리 도소매, 또는 액세서리 제조업, 수출입업 ※ 제조업은 해당 생산설비 필요
여행업(해외)	- 해외여행사
의류 도소매	- 의류 멀티숍, SPA 대리점, 워너비 의류 전문판매 등
유학원	- 유학알선업
웨딩이벤트 계열	- 웨딩기획, 웨딩야외촬영, 웨딩스튜디오촬영, 웨딩복대여
인터넷 계열	- 홈페이지 제작업, 홈페이지 마케팅 컨설팅 등

음식점(분식)	– 김밥 전문점, 주먹밥 전문점, 국수 전문점, 라면 전문점 등 – 수제버거 전문점, 샌드위치 전문점, 수제돈가스 전문점 등
주점업 계열	– 호프집, 대학가 주점업 등
출판문화 계열	– 출판사, 지역신문사 등
커피숍(테이크아웃)	– 테이크아웃 커피숍, 카페, 아이스크림숍 등
카페·레스토랑	– 파스타 전문점 등
피부미용 계열	– 피부관리숍, 미용실, 네일숍 등(각 업종 자격증 필요)
학원	– 보습학원, 예술학원, 학습지학원 등
화장품업 계열	– 개인 화장품숍, 브랜드숍 등 – 유기농 비누 공방 등

30대 여성 창업 가이드

30대 여성이라면 육아와 식품에 대한 관심이 많아지고 농림업 분야에도 관심이 점차 생길 시점일 것입니다. 또한 복지 문제에도 관심을 두기 마련입니다.

공부방	– 가정집에서 창업(아파트, 오피스텔은 창업 불가)
공예숍, 수예점 등	– 솜씨가 좋은 경우
농림임업 도소매, 가공업	– 농림임업 생산, 가공유통업 등 – 과수원, 허브농장 등
도서대여점 & DVD	– DVD 렌탈숍 겸 도서대여점 – DVD방 등
동식물 계열	– 꽃집, 애견숍 등
떡집, 반찬 전문점	– 손맛이 좋은 경우 창업
디자인 계열	– POP 손글씨 업종 – 아트장식품 제조업 – 디자인사무소 혹은 디자인 프리랜서
보건복지 계열	– 각종 복지 서비스업(해당 복지사 자격증 필요) ※ 관할 지역에 해당 복지업체가 없을 경우 창업 가능
부동산, 임대업	– 부동산 중개업, 부동산 컨설팅, 임대사업자 등
문구잡화 계열	– 문구팬시잡화 도소매, 제조업, 수출입업 ※ 제조업은 해당 생산설비 필요
살림잡화 계열	– 살림잡화 도소매, 또는 살림잡화 제조업, 수출입업

계열	업종
섬유·의류 도소매, 제조업	- 의류 멀티숍, SPA 대리점, 여성복, 신사복 도소매, 수출입업 등 - 워너비 의류제조(그때그때 인기 있는 의류 제조) - 의류 하청업
스포츠·댄스 계열	- 댄스강습소 등
식품 도소매, 제조업	- 식료품 도소매점, 편의점, 슈퍼마켓 등 - 유기능식품, 저자극 알레르기식품 제조업 등 - 전통식품 제조업, 토종농산물 유통업, 식품제조 하청업 등 - 두부제조업, 어묵제조업 등
액세서리 계열	- 액세서리 도소매, 또는 액세서리 제조업, 수출입업 ※ 제조업은 해당 생산설비 필요
아동·육아 계열	- 육아용품 도소매, 제조업 등 - 어린이집(보육사 자격증 및 경력 필요)
여행업(종합)	- 국내여행사 및 해외여행사
유학원	- 유학알선업
웨딩이벤트 계열	- 웨딩기획, 웨딩야외촬영, 웨딩스튜디오촬영
음식점(분식)	- 김밥 전문점, 주먹밥 전문점, 국수 전문점, 메밀국수 전문점 등 - 수제버거 전문점, 샌드위치 전문점, 수제돈가스 전문점 등
음식점(일반)	- 일반한식집, 한식 전문점, 수제돈가스 전문점, 생고깃집 등
장난감 계열	- 장난감 도소매업, 제조업 등
주점업	- 호프집, 대학가 주점업, 일반 주점업 등
전기전자통신 계열	- 휴대전화대리점, 전자양판점, 대리점 등
직업소개소 계열	- 업종에 따라 공무원이나 교직경력자 혹은 직업상담사 자격증이 필요할 수 있음.
출판문화	- 서점 도소매 - 출판사, 지역신문사 등
커피숍 계열	- 커피숍, 카페, 아이스크림숍, 요거트음료 전문점, 주스 전문점 등
카페·레스토랑	- 전문 카페, 음악 카페, 파스타 전문점 등
컨설팅업 계열	- 경제경영 컨설팅, 창업 컨설팅 등 ※ 업종에 따라 자격증이 필요할 수 있음.
피부미용 계열	- 피부관리숍, 미용실, 다이어트숍 등 - 저자극 알레르기 비누제조업 등
학원 계열	- 학습학원, 보습학원, 예술학원, 어학원 등
화장품업 계열	- 개인 화장품숍, 브랜드숍 등 - 유기농비누 공방, 제조업 등

40~50대 여성 창업 가이드

40대를 넘어서면 대개 디자인 감각이 트렌드에서 멀어지므로 디자인 업종에서는 젊은 층에 밀리기 마련입니다. 하지만 인생의 노련미가 생겨 농림수산업과 건강산업의 사업성에 관심이 생길 것입니다. 또한 제조생산업에도 관심이 생기기 마련입니다.

건강산업, 약초산업	- 약초건강원, 약초유통업 등
건설업	- 건설업 계통
공예숍, 수예점 계열	- 솜씨가 좋은 경우
농림임업 가공업 계열	- 농림임업 생산, 가공유통업 등 - 과수원, 허브농장 등
도서대여점 & 노래방	- DVD 렌탈숍 겸 도서대여점 형태 - 노래방 등
동식물 계열	- 꽃집, 애견숍 등
떡집, 반찬 전문점 계열	- 손맛이 좋은 경우 창업
보건복지 계열	- 각종 복지 서비스업(해당 복지사 자격증 필요) ※ 관할 지역에 해당 복지업체가 없을 경우 창업 가능
부동산, 임대업	- 부동산 중개업, 부동산 컨설팅, 임대사업자 등
문구잡화 도소매, 제조업	- 문구잡화 도소매, 또는 문구잡화 제조업, 수출입업 ※ 제조업은 해당 생산설비 필요
살림잡화 도소매, 제조업	- 살림잡화 도소매, 또는 살림잡화 제조업, 수출입업 ※ 제조업은 해당 생산설비 필요
숙박업	- 여관, 모텔, 호텔 등
섬유·의류 도소매, 제조업	- 스포츠의류 멀티숍, 등산의류 멀티숍, 대리점 등 - 스포츠의류, 등산의류 제조, 의류 하청업 등 - 워너비 의류제조(그때그때 인기 있는 의류 제조)
식품 도소매, 제조업	- 식료품 도소매점, 편의점, 슈퍼마켓 등 - 유기농식품, 저자극 알레르기식품 제조업 등 - 전통식품 제조업, 토종농산물 유통업, 식품제조 하청업 등 - 두부제조업, 어묵제조업 등
아동·육아, 제조업	- 육아용품 도소매, 제조업 등 - 어린이집(보육교사 자격증 및 경력 필요) - 유치원(유아교육학사 자격증 및 경력 필요))
어업 계통	- 생선유통업 등
여행업(종합)	- 국내여행사 및 해외여행사

운수, 창고업	– 운수업, 창고임대업 등
유학원, 국제취업	– 유학알선업, 국제취업알선업
음식점(분식)	– 김밥 전문점, 국수 전문점, 메밀국수 전문점, 돈가스 전문점 등 – 햄버거 프랜차이즈점 등
음식점(일반)	– 일반한식집, 한식 전문점, 해물탕 전문점, 고깃집 등 – 일식 전문점, 중식 전문점 등
장난감 계열	– 장난감 도소매업, 제조업 등 ※ 제조업은 해당 생산설비 필요
주점업(유흥) 계열	– 호프집, 일반주점업, 유흥주점업 등
전기전자통신업, 제조업	– 전자양판점, 대리점, 제조업 등 ※ 제조업은 해당 생산설비 필요
직업소개소 계열	– 리쿠르트, 헤드 컨설팅업 등 – 업종에 따라 공무원이나 교직경력자 혹은 직업상담사 자격증이 필요할 수 있음.
카페·레스토랑	– 이태리 레스토랑 등
축산업	– 축산업, 축산유통업, 축산·닭·말·염소·사슴 농장 등
출판문화	– 서점 도소매 – 출판사, 지역신문사 등
컨설팅업 계열	– 경제경영 컨설팅, 창업 컨설팅 등 ※ 업종에 따라 자격증이 필요할 수 있음.
학원 계열	– 학습학원, 보습학원, 예술학원, 어학원 계열
화장품업, 제조업	– 개인 화장품숍, 브랜드숍 등 – 유기농 화장품 제조업 등 ※ 제조업은 해당 생산설비 필요

우리나라는 빠르게 고령화 시대에 접어들고 있기 때문에 시니어층을 대상으로 하는 건강관리업이나 보건 복지업은 향후 유망한 업종이 될 것입니다.

02 SECTION 재능별로 알아보는 창업 가이드

창업은 자신이 좋아하거나 재능이 있는 분야에서 창업하는 것이 가장 좋지만 사업성도 판단해야 합니다. 재능은 가꾸기 나름이므로 재능이 부족할 경우에는 학원에 다니며 공부하는 자세가 필요합니다.

▌요리 재능의 활용 – 반찬가게, 음식점, 식품제조업

초등학생일 때부터 요리하기를 좋아했던 사람이라면 으레 그렇듯 먹거리에 관심도 많고 만들기도 좋아하는 성향이 강합니다. 어머니가 손맛이 좋다면 그 손맛을 익혀두는 것도 식품업 쪽 창업에 유리할 것입니다.

식품업종에 해당하는 사업은 소자본 창업의 반찬가게부터 음식점, 식품제조업까지 무궁무진합니다. 물론 요즘은 태반이 경쟁자이기 때문에 유기농, 자연주의, 허브, 건강 등과 연관된 식품업 창업을 생각하는 것이 사업상 좋을 것입니다.

▌디자인 재능의 활용 – 디자인사무실, 손글씨, 잡화제조업

태어날 때부터 디자인에 재능이 있는 사람은 자라면서 감각이 천부적이라는 칭찬을 종종 듣습니다. 물론 그런 칭찬을 들은 적 없어도 디자인이 좋아서 디자인 학원에 다닌 뒤 뛰어든 사람이 많습니다. 예컨대 홈페이지 디자인 업종을 창업한 사람들은 홈페이지 디자인 학원을 1년 다닌 후 10년 이상 경력을 쌓고 창업한 사람들일 것입니다.

디자인이라는 업종은 대개 직원을 두고 직원의 디자인을 보완해주며 결과물을 만드는 업종이므로 디자인의 전체 흐름을 관조하고 관리할 줄 안다면 사업할 수 있는 업종입니다. 재능이 뛰어난 직원을 두고 그 직원을 컨트롤하는 사업이라고 할 수 있습니다. 사업주에게 필요한 것은 재능 있는 직원들을 먹여 살리기 위해 열심히 영업을 뛰는 자세일 것입니다.

▌창조력·조합능력 우수하면– 공장, 제조업, 광고업에 유리

애초부터 창조력이 뛰어난 사람이 있는 반면 평소에도 호기심이 강한 사람이 있습니다. 이런 사람은 창조력, 조합력이 필요한 디자인 분야는 물론 요식업, 제조업 분야에도 안성맞춤입니다. 창조력이 뛰어난 사람이 일반 소매업종에 종사하면 자신의 재능을 낭비하는 것일지도 모릅니다.

저는 창조력과 조합력이 매우 강한 편이에요. 저에게 안성맞춤의 업종은 무엇일까요?

뭔가 만들어 낼 능력이 있다 해도 생산시설이 없으면 헛일입니다. 창조력과 조합력이 강한 분은 제조업, 요식업, 디자인업, 연구개발업, 광고업, 과학업종, 벤처기업, 이벤트업 등에서 창업하고 싶은 업종을 찾아보시기 바랍니다. 일단 생산시설을 갖추는 게 중요합니다.

▌언변의 재능 - 컨설팅업, 알선업, 이벤트업 창업에 유리

말솜씨가 없고 낯을 많이 가리는 사람은 아무래도 사람을 만나는 영업 업종에는 취약합니다. 물론 언변도 나이가 들면 저절로 생기기 마련입니다.

그와 달리 언변이 타인에 비해 능하고 사교력이 뛰어난 사람은 사람을 만나기를 좋아해서 영업 업종에서도 유리한 경우가 많습니다. 20대에 벤처기업에서 성공한 사람들 대부분의 언변력이 평균 이상인 것을 보면 언변력이 사업에서 중요한 요소라는 것을 알 수 있습니다.

어떤 업종에 대해 해박한 지식이나 경력이 있고 언변까지 있다면 자문업(컨설팅업)이나 직업소개소 같은 알선업, 이벤트업 창업에 유리할 것입니다. 물론 이 직종 특성상 무자본의 맨손이라도 창업할 수 있지만, 깔끔한 복장에 우수한 영업력을 갖추어야 할 것입니다.

▌관리 재능 - 관리형 렌탈숍이나 도매점 창업에 유리

관리능력이 타인에 비해 뛰어나다면 관리능력이 많이 필요한 업종에서의 창업도 생각해볼 만합니다. 물론 소매업종이 아닌 도매업종에 알맞습니다. 예컨대 자동차부품 도매업소를 차린 뒤 소매업자의 전화를 받고 넘기는 업종들이 있을 것입니다.

▌인류애·복지에 관심 - 복지 서비스업에 유리

복지 서비스를 하면서 서비스 용역 대가로 돈을 벌 수 있는 업종이 있느냐고 물으면 사실 대답할 방법이 없습니다. 복지 서비스와 재물은 양립할 수 없기 때문입니다. 그러나 우리나라에는 복지 서비스 용역을 하면서 약간의 대가를 받는 업종이 있습니다. 사회복지사 자격증을 딴 뒤 최소

1~2년 이상 경력을 쌓은 사람의 경우 정부 보조금을 용역 대가로 받을 수 있는 복지센터를 창업할 수 있습니다. 우리 주변에는 쥐꼬리만 한 돈을 받으며 일하는 인권변호사도 많으므로 직업 정신을 가지고 임하면 복지 서비스도 하고 일종의 수익을 얻을 수도 있을 것입니다.

여행·세상견문에 관심 – 여행업 창업에 유리

최근 들어 해외여행업 창업이 많은 이유는 여행을 좋아하는 사람들이 여행도 할 겸 돈도 벌기 위해서일 것입니다. 그런데 여행업을 창업하면 실제로 여행을 많이 할 수 있을까요? 천만의 말씀입니다. 여행을 좋아하는 것과 여행을 알선하는 직업은 엄연히 다르기 때문입니다. 물론 여행업에 종사하면 일반 제조업이나 소매업보다는 여행할 기회가 많은 것은 사실입니다.

> 여행업 창업자들이 여행사고가 발생하면 도망가는 경우가 많기 때문에 관련 법률이 강화되었습니다. 지금은 여행사 창업 시 최저 5,000만 원의 자본금이 필요합니다.

자격증별로 알아보는 창업 가이드

SECTION 03

자격증 소지자는 해당 자격증이 필요한 업종에서 창업할 수 있습니다. 여성이 쉽게 딸 수 있으며 창업에도 유용하게 써먹을 수 있는 자격증을 소개합니다.

▌공인중개사 자격증(부동산자격증)

공인중개사 자격증은 공인중개사시험에 합격하여 그 자격을 취득했을 때 받습니다. 1년 1회 시험을 시행하며 2차에 걸쳐 다섯 가지 과목을 테스트합니다. 시험과목은 '부동산학개론(부동산감정평가론 포함)', '민법 및 민사특별법 중 부동산 중개 관련 규정', '공인중개사의 업무 및 부동산 거래신고에 관한 법령 및 중개 실무', '부동산공시에 관한 법령(측량-수로 조사 및 지적에 관한 법률 제2장 제4절 및 제3장, 부동산등기법) 및 부동산 관련 세법', '부동산공법 중 부동산 중개에 관련되는 규정'이며 응시 자격 제한은 없습니다.

공인중개사 자격증이 필요한 창업 분야는 '부동산 중개업', '부동산 개발업', '경·공매 입찰 신청 대리업', '부동산 관리업', '부동산 컨설팅업' 등이 있습니다.

▌사회복지사 자격증

사회복지사 자격증은 현재 1·2급이 있습니다. 2급 자격증은 대학 사회복지학과 전공자라면 자동 취득됩니다. 그 외 고졸 학력자나 다른 전공자는 2년제 원격대학이나 학점은행, 평생대학에서 사회복지사 교육과정 이수를 통해 시험 없이 2급 자격증을 발급받을 수 있습니다. 2급 자격 취득 후 경력을 쌓으면 1급 시험을 볼 자격을 줍니다.

사회복지사 자격증이 필요한 창업 분야는 '노인복지센터(방문)', '장애인복지센터(방문)', '청소년복지센터' 등이 있습니다.

▌직업상담사 자격증

직업상담사 자격증 역시 1·2급이 있습니다. 고졸 및 다른 전공자는 학점은행, 평생대학 등에서 직업상담사 과정을 이수한 뒤 직업상담사 2급 자격증 시험을 통과하면 취득할 수 있습니다.

직업상담사 2급 자격증이 필요한 창업 분야는 '구인·구직사무소', '직업소개소', '인력사무소', '리크루트업', '직업알선소' 등이 있습니다. 단, 공무원 경력자, 교직 경력자, 노조업무 경력자, 노무사는 직업상담사 2급 자격증 없이 위의 업종을 창업할 수 있습니다.

■ 미용사 자격증 – 일반(헤어) 자격증, 피부 자격증

미용사 자격증은 1년 1회 실기와 필기를 나누어 시험을 보며 헤어 자격증과 피부 자격증으로 나누어집니다. 헤어 자격증 소지자는 '미용실', '메이크업숍', '네일숍' 등을 창업할 수 있고 피부 자격증 소지자는 '피부관리숍', '피부관리 다이어트숍'을 창업할 수 있습니다.

■ 보육교사 자격증

고졸 이상자는 학점은행의 사회복지사 보육교사 학점을 따거나 각 대학 보육교사양성소를 이수(통상 1년)하면 시험 없이 보육교사 2급 자격증을 취득할 수 있습니다. 대학졸업자 중에는 유아교육과 출신자에 한해 자동으로 보육교사 2급 자격증이 발급됩니다. 보육교사 자격증 취득 후 3년 경력을 쌓으면 1급 자격증 시험 응시자가 될 수 있고 1급 자격증을 취득한 뒤 1년 경력을 쌓으면 어린이집을 창업할 수 있습니다. 보육교사 1급 자격증이 필요한 창업 분야로는 '어린이집', '가정 어린이집', '영어 어린이집', '놀이방', '유아방' 등이 있습니다.

■ 요리사 자격증(창업에는 필요 없음)

'한식조리', '양식조리', '일식조리', '중식조리' 등의 요리 자격증이 있지만 음식점 창업 시에는 필요하지 않습니다.

■ 특수운전면허 자격증

굴삭기운전, 공기압축기운전, 기중기운전, 로더운전, 롤러운전, 모터그레이더운전, 불도저운전, 쇄석기운전, 아스팔트피니셔운전, 준설선운전, 지게차운전, 타워크레인운전 등이 있습니다. 영업할 경우 '해당 면허자격증', '1종보통 운전면허증', '적성검사서'를 관할 시군구청에 제출하고 사업 면허를 받아야 영업할 수 있습니다.

■ 그 외 국가자격증과 민간자격증(창업에는 필요 없음)

토목, 소방, 기계, 설계, 스포츠지도사 등의 다양한 국가 자격증이 있지만 소매, 유통업 창업 시에는 해당 자격증이 필요하지 않습니다. 몇몇 건설시공 관련 창업이나 스포츠도장 창업 시 간혹 관련 자격증이 있어야만 창업 허가가 나올 수도 있습니다. 그리고, 창업 업종 중 민간 사단법인에서 만든 자격증을 필요로 하는 업종은 현재 없습니다. 그외 자격증에 대한 상세한 내용은 한국산업인력공단(www.q-net.or.kr)을 참조하기 바랍니다.

04 SECTION 학력별로 알아보는 창업 가이드

취업할 때는 학력차별이 있지만 창업에는 학력차별이 없습니다. 그러나 학원 계통 창업은 약간의 학력이 필요합니다. 자신이 강의도 하려면 최소 전문대 이상의 학력이 필요합니다.

▋유치원 창업 – 4년제 유아교육과 출신자만 가능

유치원 창업의 경우 반드시 4년제 유아교육과나 비슷한 학과 출신자만이 창업할 수 있으며, 창업 전 유치원에서 평균 10년 경력을 쌓아야만 유치원을 창업할 수 있습니다. 이와 달리 어린이집은 보육교사 1급 자격증자도 창업할 수 있습니다.

▋공부방 창업 – 전문대 이상 학력자

공부방 창업은 법적으로 학력제한이 없지만 강사 자격이 전문대졸 이상이어야 하므로 전문대졸 이상 학력자가 공부방을 창업해야 합니다. 고졸자도 학점은행을 이수해 전문대 학력을 갖추면 창업할 수 있습니다. 예외적으로 학력이 낮아도 기술자격증을 가진 사람이라면 공부방을 창업한 뒤 해당 기술 교육을 할 수 있습니다.

▋학원 창업 – 원장은 학력 무관, 강사는 전문대 이상 학력자

학원 창업에도 학력이 필요할 것으로 생각하지만 특별한 학력 없이도 창업할 수 있습니다. 물론 학력이 낮은 사람이 학습학원을 창업하면 아무래도 영업이 잘 안 될 것입니다. 원장이 강의도 하려면 학원협회에 강사로 등록해야 하는데 강사 등록 조건은 전문대졸 이상의 학력입니다. 즉, 고졸이나 중졸도 학원을 창업할 수 있지만 학생을 대상으로 강의는 할 수 없으며, 강의하려면 학점은행을 이수해 전문대졸 이상의 학력을 만들어야 합니다.

▋교습소 창업 – 전문대 이상 학력자

피아노교습소나 미술교습소 등의 예능계 교습소는 강사 없이 원장 1인이 교육하는 시스템입니다. 창업 시에는 피아노, 미술 계통을 전공하지 않은 졸업자도 상관없습니다. 단, 원장이 강사까지 하는 시스템이므로 강사 자격을 충족하려면 원장이 전문대 이상이어야 합니다. 만일 원장이 질병 등의 부득이한 사유로 강의할 수 없을 때는 사유신고 후 보조강사를 임시 고용할 수 있습니다.

■ **유학원, 어학원 창업 – 학력 무관하나 유학생 경력자이면 더 좋음**

유학원이나 어학원도 창업자인 원장의 경우 특별하게 학력 제한이 없습니다. 단, 소규모 유학원을 창업한 뒤 영업을 잘하려면 아무래도 유학 경력을 앞세우는 경우가 많습니다.

■ **취미·스포츠학원 창업 – 학력 무관하나 전문대 이상 학력자**

바둑학원, 권투도장, 체조학원, 태권도학원 등의 체육·취미 학원을 창업할 때는 학력이 필요하지 않습니다. 단, 스포츠학원 창업의 경우 '생활체육지도자자격증'이 필요한 경우가 많으므로 각 단체에 문의한 후 창업하기 바랍니다. 바둑 같은 취미 학원은 학력차별 없이 창업할 수 있습니다.

저는 정말 자격증을 따고 싶어요. 미래를 위해 어떤 자격증을 공부하면 좋을까요?

만일 언젠가는 사업을 하기로 생각하고 있다면, 취업용이 아닌 창업용(창업할 때 도움이 되는) 자격증을 공부하는 것이 가장 올바른 선택일 것입니다. 워드프로세서 자격증을 취업용이라고 본다면, 공인중개사 자격증은 창업용이라 할 수 있죠. 이처럼 따봤자 쓸모없는 자격증보다는, 따서 실전에 써먹을 수 있는 자격증을 목표로 하는 것이 가장 실리적인 방법으로 보입니다.

학점은행이란 전문대나 대학을 졸업하지 않은 사람이 '사이버대학'이나 '대학 부설사회교육원' 등에서 학점을 이수해 '전문학사학위'나 '학사학위'를 따는 제도입니다.
문의: 국가평생교육진흥원 학점은행(www.cb.or.kr)

학원 업종에서 강의할 수 있는 강사 자격은?

아래 자격을 가진 경우에만 학원 업종에서 강사로 활동할 수 있습니다. 바꿔 말하면 원장이 강의까지 해야만 하는 공부방이나 교습소를 창업할 자격 조건이기도 합니다. 학원은 원장이 강의하지 않아도 법적 저촉이 없으므로 중, 고졸자도 창업할 수 있습니다.

1. 교원 자격증자
2. 전문대 이상 졸업자 또는 동등한 학력이 있는 자
3. 학점은행, 사이버대학, 대학 부설사회교육원에서 전문대학학사 이상의 학점을 이수한 자
4. 4년제 대학의 2년 이상 수료 후 중퇴자, 재학생, 휴학생
5. 국가기술자격증 소유자(단, 교습과목과 동일한 종목의 기술자격증자여야 함)
6. 기타 다른 법령에 의해 면허증, 자격증 등을 소지한 자로서 교육감이 강사로 인정한 자
7. 전국 규모의 각종 기능경기대회에서 교습하고자 하는 부문에 입상한 실적이 있는 자
8. 전통공예 또는 예능 등의 중요무형문화재 보유자로서 교육감이 강사로 인정하는 자
9. 대학졸업 이상의 학력이 있는 외국인으로서 체류자격 및 교습활동 허가를 받은 자
10. 예외적으로 고등학교 졸업자 중 99년 5월 10일 이전에 강사로 활동한 자는 강사 활동을 지속할 수 있도록 구제한다. 신규 강사 채용은 전문대 이상이어야 하며 고졸 학력자는 채용할 수 없다.

나이 35세에 고졸학력입니다. 꼭 강사가 되고 싶은데 어떻게 하는 것이 지름길일까요?

2~3년을 잡고 인터넷 학점은행제를 통해 전문대졸에 준하는 전문학사 학위를 따는 것이 가장 지름길입니다. 전문대학 졸업자로 인정을 받으므로 공부방을 차리거나 학원강사 직이 가능합니다.

SECTION 05 지역별로 알아보는 창업 가이드

자신이 농어촌 지역에서 살고 있다면 엄한 데서 창업 아이템을 찾기보다는 그 지역의 숨은 특산물, 농산물, 수산물을 발굴해 유통하는 아이템을 개발하는 것도 좋은 전략일 것입니다.

▌어촌형 지역 – 건해산물, 소금, 염장해산물 가공·유통업

어촌형 지역의 토산물들을 찾아보면 지금도 사업화할 것들이 많습니다. 소금의 경우 천일염, 재제염, 정제염, 미용염, 죽염, 볶은 소금, 꽃소금 등 다양한 제품을 만들 수 있습니다. 요즘 다이어트 식품으로 인기 만점인 함초라는 염생식물도 사업화하기에 좋습니다.

기존의 염장생선 유통은 물론 건해산물 가공업도 눈여겨볼 만합니다. 포장을 예쁘게 하고 유통망을 개선할 뿐 아니라 인터넷 판매를 강화하면 충분히 사업성 있습니다. 괜히 음식점을 창업하는 것보다는 자신의 지역에서 나는 산물을 고급스럽게 가공해 유통하는 전략이 필요할 것입니다. 가내공업 수준에서 창업하면 음식점이나 유통가공업의 창업비용은 서로 비슷할 것입니다.

▌농촌형 지역 – 농축산물, 토산물 가공·유통업

농촌형 지역에서는 아무래도 한우, 한돈, 농산물, 과일작품, 채소작품 유통가공업이 사업화하기에 딱 좋습니다. 농산물 원품을 유통하는 것보다는 부가가치를 높이는 가공방법을 개발하고 이를 유통할 수 있는 판매망 개척 전략이 필요합니다. 유기농 농산물이 요즘 유행하고 있지만 비알레르기 농산물, 건강 농산물, 다이어트 농산물 등의 독특한 아이템으로 가공·유통하는 것도 생각해볼 만합니다.

산촌형 지역 – 산나물, 버섯, 약초, 임산물 가공·유통업

강원도나 지리산 같은 산악지역이라면 산채 나물 세트, 버섯, 약초, 임산물 등을 가공하여 상품성 있게 만들어 유통하는 작업도 생각해볼 만합니다. 냉동 감자떡 같은 제조업은 이미 우리나라에서 한 자리를 차지하는 상품이 된 것만 봐도 이 사업의 장래성을 증명합니다. 메밀국수나 메밀가루, 견과류 소분업 등 다양한 업종군이 있으므로 지역에서 쉽게 구할 수 있는 임산물을 가공·유통하는 사업도 좋은 것입니다. 자영업자들이 쉽게 생각하는 음식점 창업은 이미 포화상태이므로 뛰어난 실력이 없다면 생각을 재고해도 무방합니다. 국내의 음식점 수는 인구 114명당 하나일 정도로 전쟁터나 마찬가지입니다. 지역 임산물을 남다른 독특한 아이템으로 상품화하는 작업이 어쩌면 더 빠른 성공 전략일 수 있습니다.

우리나라의 경쟁률 높은 자영업 업종 상위 10	
음식점	약 110명당 1개
의류점	약 600명당 1개
부동산 중개소	약 650명당 1개
식품소매점	약 720명당 1개
미용실	약 750명당 1개
일반 주점, 호프집	약 770명당 1개
예체능학원	약 1,050명당 1개
학원, 외국어학원, 교습소	약 1,100명당 1개
자동차 수리점	약 1,400명당 1개
노래방	약 1,450명당 1개

※ 이들 상위 10개의 업종은 공급이 충분한 업종이라 할 수 있습니다. 이런 업종에서 창업하려면 상위 10~20% 안에 드는 특별한 기술력을 갖추고 창업해야 승산이 있습니다.

엄마들의 창업 비법노트

일본 탄광촌 이야기

일본 유바라 시의 이야기입니다. 1만 5,000명 규모의 탄광 도시가 파산한 뒤 공무원 감축, 학교 폐쇄 등의 우여곡절을 겪었던 유바라 시. 멜론 재배를 중심으로 한 농업과 관광업 위주의 마을로 바뀌어 한때 회생절차에 접어든 분위기였습니다. 그러나 멜론 재배 산업은 나름대로 성공한 반면, 관광업 육성사업 대실패로 마을의 분홍빛 꿈은 산산이 조각났습니다.

'파산한 탄광촌'이라는 이미 망한 분위기를 내뿜었지만 겉으로는 심금을 울리는 전략으로 관광업 부흥이라는 아이템을 내세웠습니다. 속내는 현실적이고 속히 팔아먹을 수 있는 경쟁력 있는 아이템의 개발이 무엇보다 필요했기 때문입니다. 그러나 결과는 대실패였습니다.

어떤 업종이건 판매로 이어지지 않으면 공장이 망하고 도시가 망한다고 합니다. 탄광 지역에 펜션을 지어 관광객을 모으려는 생각보다는 재배 작품 품목을 몇 개 더 늘렸으면 어땠을까 하는 생각도 듭니다. 작물재배야 1년 뒤면 바로 결과가 나오지만, 관광업은 국가가 카지노를 지어주지 않는 한 언제 결과가 나올지 모르는 빛만 번지르르한 초콜릿 빛 아이템 아니었을까요?

창업 업종을 찾을 때는 빛깔이 번지르르한 업종을 보고 찾기 마련입니다. 한 예로 어떤 분이 식당 창업을 문의하기에 기사식당을 3개 정도 하시라고 권했습니다. 3억짜리 고깃집 하나 차리는 돈보다 기사식당 3개 차리는 것이 창업비가 적을 뿐 아니라, 기사식당 3곳의 수입을 합산하면 고깃집보다 더 클 것이라고 봤기 때문입니다. 그러자 그분은 체면 때문에 못한다는 것이었습니다. 업종 조사를 철저히 하여 내면이 견고한 업종을 찾아내고 그것을 사업화할 줄 아는 것이 사업자의 자세입니다.

위의 사례를 보면 허황된 꿈을 꾸기보다는 현실적으로 생각하라는 뜻 같습니다. 모든 것을 현실적으로 생각하면 과연 사업에 도움이 될까요?

사업에는 목표가 있어야 합니다. 흔히 설정할 수 있는 목표로는 '연간 얼마를 벌어 얼마를 저축하겠다'일 것입니다. '현실적으로 생각하라'라는 말은 바꿔 말하면 '안전을 견실히 하라'는 뜻으로 보입니다.

소자본으로 할 수 있는 제조업 창업 가이드

여성기업가가 제조업을 창업하려면 어떻게 해야 할까요? 제조업을 창업하려면 다음의 여러 가지 사항을 체크하는 것이 좋습니다.

제품 선정

제조할 제품이 혁신적인지 판단합니다. 혁신은 기능, 디자인, 효용성, 가격 등 여러 가지 면에서 찾을 수 있습니다. 만일 제품이 혁신적이지 않다면 기존의 제품과 비교하여 상대적으로 우수한 요소가 있는지 확인하여 경쟁력을 판단하기 바랍니다.

시장조사

시장에서 소비가 가능한 제품인지 시장조사를 합니다. 아무리 혁신적인 제품이라 해도 시장에서 알아주지 않으면 판매할 수 없기 때문입니다.

판로·유통망 조사

제조업자들이 가장 어려워하는 것이 유통망 개척입니다. 시장조사를 할 때는 가능한 유통망이 있는지 조사하는 것이 좋습니다. 정 여의치 않으면 홈쇼핑 TV와 인터넷의 소셜커머스(Social Commerce, 반값 할인쿠폰 공동구매 사이트)로 판매하는 방법도 강구해야 합니다.

제조업체를 설립한 뒤 국내에 없는 아이디어 운동 기구를 개발했는데 홍보가 안 되어 전혀 안 팔리고 있어요! 판매할 방법은 없을까요?

반값으로 팔아도 이문이 남을 수 있도록 적당히 가격을 매긴 후 소셜커머스와 협상하십시오. 일단 소셜커머스에서 판매한 뒤 인터넷 홈페이지와 오픈마켓, 오프라인 도매상에 물건을 뿌리십시오.

창업자금(벤처)

제조업 특성상 생산설비 도입에 많은 자금이 들어갑니다. 따라서 창업자금 지원이 가능한지 확인하기 바라며 가능하면 벤처인증을 따는 회사가 되는 것이 좋습니다. 창업자금이 부족해 생산설비 도입이 불가능하면 외부 하청이 가능한 공장이 있는지 파악하기 바랍니다.

신문홍보

소매업의 성공률이 20% 내외라면 제조업의 성공률은 10% 안팎입니다. 만일 초반에 비용 없이 홍보할 방법이 있다면 성공률은 더 높아질 것입니다. 자신에게 신문사나 방송사 인맥이 있는지 확인해보세요. 인맥을 이용하면 무료 기사가 나올 수 있을 뿐 아니라 기사 후 호응이 좋으면 여러 신문사에서 취재가 올 수도 있습니다.

> 신문사에 홍보자료를 보냈더니 기사로 실어주지 않더라고요. 방법은 없을까요?

> 일단 기자 인맥이 있으면 비교적 홍보자료가 기사로 나올 확률이 높습니다. 예컨대 과학 관련 제품을 만든 뒤 홍보자료를 보내기 전 인맥이 있는 기자에게 전화하십시오. 자신이 담당이 아닐 경우 과학부 기자를 소개해줄 것입니다. 과학부 기자와 통화한 뒤 홍보자료를 E-메일로 발송하면 됩니다.

> 그럼 홍보자료가 신문기사로 나올 수 있을까요?

> 물론입니다. 그 후 그 제품이 획기적인 제품일 경우에는 다른 신문사는 물론 방송국에서도 취재요청이 들어옵니다. 홍보자료를 보내는 것은 광고비 지출 없이 홍보할 수 있는 가장 좋은 방법이지만 일단 인맥이 있어야 신문기사로 나올 확률이 있음을 유념 바랍니다.

4장

돈에 맞춰 시작하는 점포 창업의 이모저모

점포 창업 준비와 홍보하기

자신의 자본규모에 맞는 점포를 구하되 가급적 그 지역에서 유동 인구가 많은 지역을 선점해야 합니다.

점포 상권조사

주변 상권에 분포된 경쟁업체 파악, 배후주민의 소비성향, 점포 앞 유동 인구 평균나이, 시장규모를 조사합니다. 요식업종은 반드시 오르막길에 있는 점포를 피해야 하며, 소매업종도 거의 마찬가지입니다. 오르막 도로에 입점할 수 있는 업종은 도매업과 웨딩숍같이 꼭 필요한 사람만이 찾는 업종들입니다.

잠재구매력 파악	– 반경 0.5~1km 이내의 세대수, 인구수, 소비성향, 평균 나이대를 파악합니다. – 배후에 아파트가 많으면 중산층 소비 성향을 가진 조건으로 파악합니다.
교통접근성	– 입지할 점포를 기준으로 지하철역, 버스정류장, 점포의 주차장 유무 등 교통접근성이 어떠한지 파악합니다.
유동 인구조사	– 입지할 점포 앞의 유동 인구를 조사하되 1주일간 오전 7시~오후 12시까지 요일별, 시간대별, 연령별, 성별을 조사합니다. – 기본적으로 그 지역에서 중앙통로 역할을 하는 지역이 장사가 잘되며 특히 퇴근길로 이용하는 길이 좋습니다.
지대의 높이	– 점포는 오르막길에 있는 점포나 높은 지대에 있는 것보다는 낮은 지대나 평지에 있는 것이 더 좋습니다. – 먹거리업종은 반드시 오르막길에 있는 점포를 피합니다.
점포의 배치	– 점포가 안쪽으로 들어가 있어 튀어나온 다른 점포에 가리는 형태이면 입지를 피합니다.
점포의 크기	– 자금이 부족할 경우 유동 인구가 많은 곳의 좁은 점포나 유동 인구가 없는 곳의 넓은 점포 중 선택하게 됩니다. – 일단 유동 인구가 많은 곳의 좁은 점포를 우선으로 생각하는 것이 좋습니다.
도시계획안 확인	– 관할 시군구에서 도시계획안을 확인하여 현재 계획 중인 개발요소가 있는지 파악합니다. – 개발이 시작되면 상권이 이동할 수도 있기 때문입니다.

점포조사

입점할 점포를 마음속으로 결정했다고 가정합시다. 이제 점포 조사를 시행하여 사업 용도에 맞는 점포인지 확인해야 합니다.

항목	내용
유동 인구량	- 점포의 정면부 도로변 유동 인구량을 조사합니다. - 오전, 오후 각각 조사합니다. - 유동 인구 연령층 조사. 예를 들면 일반인, 직장인, 학생 - 유동 인구의 남녀성별을 조사합니다.
위치	- 점포의 위치가 자택에서 가까운 위치인지 확인합니다. - 출퇴근 시간을 아끼려면 가까울수록 좋습니다.
보증금 및 권리금	- 점포의 보증금, 월세, 권리금 사항을 조사합니다.
방향	- 점포의 정면이 동서남북 어느 방향인지 조사합니다.
면적	- 점포의 전용면적을 실측 조사합니다.
길이	- 점포의 정면부, 측면부 길이 및 높이를 조사합니다.
외형, 방해물	- 점포의 외형 조사. 계단 등이 영업을 방해하는지 조사합니다.
노후도	- 노후되어 보수를 해야 하는 점포인지 조사합니다.
층간소음	- 위아래층을 임차한 다른 업종의 점포에 층간소음이 들리는지 확인함(학원으로 사용할 점포 임차 시 반드시 확인해야 함).
층고	- 점포의 내부의 천장 높이를 조사합니다.
기둥	- 점포 내부에 기둥이 있을 경우 기둥 위치 등을 조사합니다.
전기용량, 수도, 가스	- 사용가능 전기용량, 증설 가능 여부를 조사합니다. - 수도, 가스 공급이 원활한지 조사합니다.
환기시설	- 요식업의 경우 환기시설 조사, 또는 환기구 설치가 가능한 구조인지 조사합니다.
주차장	- 주차장 사용 여부를 조사합니다.
화장실	- 화장실 위치, 청소당번, 월 청소횟수를 조사합니다.
정화조 용량	- 요식업, 학원 등의 창업자일 경우 정화조 용량을 확인합니다.
인허가사항	- 창업 인허가를 받을 때 인허가를 받을 조건이 있는 점포인지 조사합니다.
입점업체 조사	- 같은 건물에 입점한 업체와 업종 조사. 동반 상승하는 업종인지 조사합니다.
경쟁업체 조사	- 인근 경쟁업체를 조사합니다. - 경쟁업체의 경영상태를 조사합니다. - 경쟁업체의 면적, 임차비용, 권리금을 조사합니다.
도면 입수	- 가계약 시 점포 설계도 사본을 입수합니다.
사진촬영	- 점포 외부, 내부를 사진으로 촬영합니다.
등기부등본	- 점포의 담보, 권리관계를 확인하기 위해 등기부등본을 열람합니다.
건축물대장	- 점포가 무허가건물에 속하는지 확인합니다.
도시계획확인서	- 점포 위치가 특정 계발계획에 속한 지역인지 확인합니다.
건물주조사	- 건물주의 신용도를 조사합니다.

■ 점포 임대차 계약서 작성하기

점포 임대차 계약은 부동산업자 등의 입회하에 작성하는 것이 좋습니다. 건물주와 이견으로 다툼이 발생할 경우 증인이 필요하기 때문입니다. 근처 부동산 사무실을 찾아가 계약서를 입회하에 작성하고 싶다고 말하고 적당한 수수료를 지불하면 됩니다.

건물주와 직접 계약	- 계약서는 등기부등본상 건물주와 직접 대면하여 작성합니다. - 계약서상의 건물주 명의도 등기부등본상의 건물주 명의와 같아야 합니다.
작성 입회인	- 계약서 작성 시 입회인이 필요합니다(법률문제 발생 시 증인 필요함). - 부동산 사무실에서 부동산 업자의 입회하에 작성할 것을 권장합니다.
점포 호수	- 등기부등본상의 점포 호수를 정확히 기재합니다.
점포 면적	- 등기부등본상의 면적을 정확히 기재합니다.
임대기간	- 임대기간은 보통 1~2년에서 선택합니다. - 건물주가 만기 1~6개월 전 통보하지 않으면 1년씩 자동연장됩니다.
임대보증금	- 첫 1년 동안은 법적으로 인상할 수 없습니다. - 두 번째 해부터 법적으로 연간 9%까지 인상 가능하지만 인상할 경우 몇% 인상할 것인지 계약서에 명시하는 것도 좋습니다.
월세	- 법적으로 연간 9% 이상 인상할 수 없습니다.
월세 지불일	- 임대료를 지불할 기준일을 정합니다.
권리금 인정 항목	- 기존 임차인에게 권리금(인테리어비, 시설비, 영업권)을 주고 점포를 구한 경우 이 사실을 건물주에게 확인시킵니다. - 계약서에 권리금을 주고 임차했음을 기입하거나 별도의 서류에 권리금을 인정받았음을 명기해 계약서에 첨부합니다.
수리비	- 점포 수리비용이 발생할 때 건물주가 책임질 범위를 지정합니다. - 점포의 누수, 습기 상태를 조사해 문제가 많을 경우 입점하기 전 건물주에게 수리할 것을 요구합니다. - 영업 도중 누수 등의 문제가 발생했을 때 통상 건물주에게 수리의무가 있으나 금액이 클 경우 반반으로 하는 경우도 있습니다.
계약 연장/해약	- 계약 연장 방식 및 해약 방식을 합의합니다. 아래 내용 삽입 "계약 기간 종료 후 자동연장이 되었을 때 부득이하게 해약을 요구할 경우, 임대인은 6개월 전 해약통고를 하고, 임차인은 1개월 전에 해약통고를 해야 한다." - 계약 연장은 건물주 통보가 없으면 자동으로 1년씩 연장됩니다.
계약 만기 시 변제방법	- 계약 만기로 사업자가 나갈 경우 건물주가 변제할 방법을 작성합니다.
계약 종료 시 시설처리방법	- 계약 종료 시 시설물이 있을 경우 시설물 처리방법을 합의합니다. - 예를 들면 아래 내용을 삽입합니다. "계약 종료 시 건물주가 점포 내 인테리어 및 시설물의 철거를 요구하면 임차인은 철거할 의무가 있다." "계약 종료 시 임차인은 인테리어 및 시설물의 철거 등 원상복구 의무가 없다." 등등

점포 양도	– 점포를 새 임차인에게 넘길 때 허용 범위를 합의합니다. – 예를 들면 아래 내용 삽입 "임차이인 새 임차인을 구하여 나갈 때 새 임차인에게 권리금을 받는 것을 건물주는 관여하지 않는다."

▌점포 개업 홍보 & 계절 이벤트

점포를 개업해도 고객이 없으면 말짱 도루묵입니다. 점포 홍보는 개점 홍보와 계절 홍보가 있습니다. 개점 홍보는 개업식 전인 통상 1~4주 전부터 시작합니다. 무료 시식회 등을 할 수도 있습니다. 계절 홍보는 계절에 맞는 음료 등을 무료 시식회를 통해 주는 방법이 있습니다.

간판	– 업종 분위기에 맞는 상호와 디자인으로 제작합니다. – 기본적으로 2개의 간판을 만듭니다(전면간판, 세로간판). – 간판은 가장 눈에 잘 띄는 곳에 설치합니다. – 간판 크기와 글자 수를 정합니다.
현수막 홍보	– 지방의 경우 읍 입구에 걸어놓는 현수막 광고판을 이용합니다. – 현수막 광고는 보통 개업 4주 전부터 시작합니다. – 도시의 경우 쇼윈도에 개업을 알리는 현수막을 설치합니다.
전단지 광고	– 최소 1,000매 단위로 주문해 배포합니다. – 전단지 광고는 보통 개업 1주일 전부터 시작합니다. – 업종에 따라 3~6개월 간격으로 새로운 홍보. 이때 새로운 신제품을 추가해 광고합니다.
스티커 광고 & 명함크기 광고	– 최소 1,000매 단위로 주문해 배포합니다. – 보통 개업 1주일 전부터 시작합니다.
판촉물 광고	– 일회용 라이터에 홍보글을 삽입해 무료 배포합니다. – 일회용 물티슈를 전단지와 함께 무료 배포합니다.
지역생활지 광고	– 지역 생활지에 요금을 내고 광고를 합니다.
POP 손글씨 광고	– POP 손글씨 홍보글자를 쇼윈도나 매장 안에 부착합니다. "청바지 착한 가격 19,900원" "○○일 오후 5~7시에 저희 매장에서 무료 시음식"
맨투맨 배포	– 거리에서 맨투맨으로 전단지나 스티커를 배포합니다. – 주택 대문이나 아파트 현관문(편지통)에 전단지를 붙입니다.
신문삽입배포	– 중앙일간지에 전단지를 삽입해 배포합니다.
DM 발송	– 사무업 창업자의 경우 거래 대상이나 수요 예상자에게 DM(개업편지, 홍보편지)을 발송하여 고객으로 발굴합니다.
인맥 홍보	– 사무업 창업자의 경우 예전 인맥에 열심히 홍보합니다. "일거리 좀 줘라. 불가능하면 좀 알아봐줘라." – 인맥에 하소연하면 어느 날 결국 일거리가 들어오는 경우가 의외로 있습니다. 특히 사무업 업종은 인맥을 통해 새 고객을 소개받는 경우가 많습니다.

개업 이벤트	– 나레이터 모델을 불러 1~2일 홍보합니다. – 의류점, 화장품숍은 저렴한 제품들을 개업 특가로 판매합니다.
계절 이벤트	– 커피숍 등의 경우 계절별로 무료 시식회를 합니다. – 반찬집의 경우 무료 시식회를 합니다. – 계절별 옷이나 화장품을 쌓아놓고 할인가로 판매합니다.
인터넷 홍보	– 키워드광고, 배너광고(CPM 방식), 홈페이지 개설, 블로그 개설 등
소셜커머스 홍보	– 여의치 않을 경우 소셜커머스 업체와 계약한 뒤 공동구매 방식으로 상품을 판매하는데 이것도 하나의 홍보방법입니다.

비용 때문에 고민인데 꼭 해야 할 광고 방식은 무엇일까요?

아무래도 전단지 광고 아닐까요?

전단지는 사람들이 다 버리지 않나요?

버리지 않게 하려면 뒷면 하단에 달력 같은 것을 넣는 것도 좋은 생각이죠. 명함크기로 3개월에 해당하는 달력(예를 들면 3, 4, 5월)을 넣으면 버릴 확률이 10% 정도 줄어들지 않을까 생각됩니다.

02 SECTION 1,000~3,000만 원으로 가능한 점포 창업 업종

3,000만 원 이하 점포 창업에는 매장 형태나 숍인숍 방식이 있습니다.

3,000만 원 이하는 아무래도 창업비가 부족하므로 인테리어가 굳이 필요하지 않은 업종에서의 창업을 생각해야 합니다. 서민이 이용하는 동네 소매점들이 이에 해당할 것입니다. 정 여의치 않으면 조금 큰 규모의 과일가게를 생각해볼 만합니다.

업종명	예상 창업비	예상 임차보증금(권리금 별도) ※ 최소 권장 규모, 최소 입지조건
숍인숍 커피숍 (테이크아웃)	2,000~3,000만 원 ※ 인테리어, 원두커피설비, 쇼케이스, 간판공사 등	1,000만 원 이하 ※ 3.3~9.9㎡, 숍인숍
공부방	1,000~2,000만 원 ※ 공부방 벽지, 공부방 학습교재, 홍보 전단지 등	공부방은 자신이 사는 주택, 아파트, 빌라 안의 방에 꾸며야 함. 상가나 오피스텔에 꾸민 공부방은 불법
음식배달점 (24시간)	1,000~2,000만 원 ※ 주방설비(중고), 간판공사, 홍보 전단지, 홍보 스티커 등	1,000만 원 ※ 50㎡, 골목 안 점포
등산복 멀티숍 (개인 브랜드)	1,000~2,000만 원 ※ 인테리어 비용 최소화, 초도물품비, 간판공사, 홍보 전단지 등	2,000~3,000만 원 ※ 66㎡, 중장년 유동 인구 많은 지역
반찬가게	1,000~4,000만 원 ※ 아파트 지역에서 창업 시 점포 외관에 신경 쓸 것. 주방설비, 간판 등	① 1,000~2,000만 원, 서울 바글바글 시장통 ※ 33㎡ ② 2,000~4,000만 원 ※ 40㎡, 아파트 앞 상가 요충지
떡 전문점 (떡집 등)	2,000~4,000만 원 ※ 아파트 지역에서 창업 시 점포 외관에 신경 쓸 것. 주방설비, 간판 등	2,000~4,000만 원 ※ 50~66㎡, 아파트 앞 상가 요충지
신발세탁방	2,000~3,000만 원 ※ 인테리어, 운동화 세탁기, 건조기, 간판공사, 홍보 전단지 등	3,000만 원 ※ 66㎡, 아파트 앞 상가 요충지
스팀세차업 (방문세차업)	1,000만 원 ※ 스팀세차 장비 구입비, 홍보 전단지 제작비, 플래카드 제작비, 명함 제작비, 운반용 차량(중고) 구입비 등	※ 자택 영업

채소가게	1,000~2,000만 원 ※ 인테리어 비용 최소화, 채소 쇼케이스, 간판공사, 배달 오토바이 등	2,000만 원, 서울 바글바글 시장통 ※ 50㎡
과일가게	1,000~3,000만 원 ※ 인테리어 비용 최소화, 과일 쇼케이스, 업소용 과일냉장고, 간판공사, 배달 오토바이 등	2,000만 원, 서울 바글바글 시장통 ※ 50㎡
생선가게	1,000~2,000만 원 ※ 인테리어 비용 최소화, 생선 쇼케이스, 업소용 생선냉장냉동고, 간판공사 등	2,000만 원, 서울 바글바글 시장통 ※ 50㎡
꽃집	1,000~4,000만 원 ※ 아파트 지역에서 창업 시 점포 외관에 신경 쓸 것. 꽃 쇼케이스, 꽃냉장고, 초도물품비, 간판 등	1,000~3,000만 원 ※ 66㎡, B급 동네 메인 통로
도서대여점	2,000~3,000만 원 ※ 아파트 지역에서 창업 시 점포 외관에 신경 쓸 것. 서가시공비, 초도도서구입비, 간판 등	1,000~2,000만 원 ※ 66㎡, B급 동네 메인통로
컴퓨터조립판매점	1,000~2,000만 원 ※ 인테리어 비용 최소화, 간판공사, 전단지, 스티커홍보비 등	1,000~2,000만 원 ※ 66㎡, B급 동네 메인통로

채소 가게가 돈이 될까요?

채소 가게가 10개 정도 있는 전통시장에서 일등 하는 가게가 되면 월수익이 500만 원 정도 나옵니다. 점원들이 손뼉 치며 적극적으로 손님을 끌어모으면 일등 할 확률이 있습니다.

 이 책의 각종 창업비용 산정금액은 서울 주택 밀집지역 중앙통(서울의 중산층이나 서민들이 거주하는 주택가 동네의 번화가) 시세를 기준으로 하여 최소 경비를 추정해 작성했습니다.

03 SECTION
5,000만 원 내외로 가능한 점포 창업 업종

5,000만 원 내외 점포 창업 중 눈에 띄는 업종은 편의점과 멀티숍 같은 의류점이 있습니다. 작은 여성복집 등은 대부분 5,000만 원 이하로 창업할 수 있습니다.

매장 인테리어는 입지지역의 유동층 취향에 맞게 공사해야 합니다. 같은 매장이라고 해도 젊은 층 유동 인구나 중산층이 많은 지역에서는 인테리어에 많은 신경을 써야 합니다.

업종명	예상 창업비	예상 임차보증금(권리금 별도) ※ 최소 권장 규모, 최소 입지조건
편의점 (유명 브랜드)	3,000~5,000만 원 ※ 가맹점, 인테리어 비용, 초도물품비, 간판공사 등	① 1,000~2,000만 원 ※ 40㎡, 서울 B급 동네 ② 2,000~3,000만 원 ※ 50㎡, 서울 B급 먹자골목
김밥 전문점 국수·돈가스 전문점 메밀국수 전문점 손칼국수 전문점	3,000~5,000만 원 ※ 인테리어, 주방설비, 간판공사 등. 아파트, 사무지역에서 창업 시 점포 외관에 신경 쓸 것	① 1,000~2,000만 원 ※ 50㎡, 서울 B급 동네 요충지 ② 3,000만 원 ※ 83㎡, 상가·사무지역 배후지 ※ 오르막길에 있는 점포 입점 피함.
도시락 전문점 (개인 혹은 프랜차이즈)	3,000~5,000만 원 ※ 인테리어, 주방설비, 쇼케이스, 간판공사 등	2,000~3,000만 원 ※ 50㎡, B급 동네 요충지 ※ 오르막길에 있는 점포 입점 피함.
돈가스 & 스파게티 전문점(지방도로)	3,000~6,000만 원 ※ 인테리어, 주방설비, 탁의자, 간판공사 등. 다른 요식업과 달리 점포 외관에 신경 쓸 것	2,000~5,000만 원 ※ 132~264㎡ ※ 지방 대로변 ※ 주차장 시설 넓을 것
생선백반 전문점 생선요리 전문점	2,000~3,000만 원 ※ 인테리어, 주방설비, 간판공사 등. 아파트, 사무지역에서 창업 시 점포 외관에 신경 쓸 것	1,000~3,000만 원 ※ 50~66㎡, B급 동네 요충지 ※ 오르막길에 있는 점포 입점 피함.
해물짬뽕 전문점	2,000~5,000만 원 ※ 인테리어, 주방설비, 탁의자, 간판공사 등. 다른 요식업과 달리 점포 외관에 신경 쓸 것	2,000~4,000만 원 ※ 99~132㎡, B급 동네 요충지 ※ 지방 대로변 ※ 오르막길에 있는 점포 입점 피함.
기사식당	3,000~5,000만 원 ※ 인테리어 비용 최소, 주방설비, 탁의자, 간판공사 등	2,000~4,000만 원 ※ 66~132㎡, 외통수 대로변 ※ 주차 가능한 곳

의류 멀티숍	2,000~4,000만 원 ※ 인테리어 비용, 초도물품비, 간판공사, 홍보 전단지 등	2,000~3,000만 원 ※ 50㎡, 20대 유동 인구 많은 지역
스포츠 & 등산복 멀티숍	2,000~4,000만 원 ※ 인테리어 비용 최소, 초도물품비, 간판공사, 홍보 전단지 등	2,000~5,000만 원 ※ 83~132㎡, 30대 이상 유동 인구 많은 지역
코인 빨래방	4,000~6,000만 원 ※ 인테리어 비용, 코인세탁기, 건조기, 간판공사, 홍보 전단지 등	3,000만 원 ※ 66㎡, 아파트 앞 상가 요충지 혹은 대학가 주변
애견숍 (혹은 펫숍)	3,000~6,000만 원 ※ 인테리어 비용, 초도물품비, 간판공사 등. 아파트 지역에서 창업 시 점포 외관에 신경 쓸 것	① 2,000~3,000만 원 ※ 50㎡, 서울 B급 동네 요충지 ② 2,000~4,000만 원 ※ 50~66㎡, 아파트단지 요충지
시장빵집	2,000~3,000만 원 ※ 인테리어 비용, 빵공장 설비(중고), 간판공사 등	2,000~3,000만 원, 서울 바글바글 시장통 ※ 50㎡
화장품숍 (개인 브랜드)	3,000~6,000만 원 ※ 인테리어 비용, 초도물품비, 간판공사 등. 점포 외관에 신경 쓸 것	① 2,000~4,000만 원 ※ 33~83㎡, B급 동네 횡단보로 주변 ② 3,000~4,000만 원 ※ 66~83㎡, 지방의 지하철역 주변

'2013 대한민국 소상공인 창업박람회'에 참가한 여성들을 대상으로 한 설문조사에서 응답자의 29%가 5,000만 원 미만, 45%가 1억 원 미만을 예상 창업자금으로 생각한다고 밝혔습니다. 동네 편의점이나 치킨집, 작은 빵집 등이 많은 이유가 바로 여기에 있겠지요.

04 SECTION 1억 원 내외로 가능한 점포 창업 업종

1억 원 정도의 창업비라면 작은 브랜드숍이나 중견 프랜차이즈 음식점을 창업할 수 있습니다. 프랜차이즈를 피하고 싶다면 동네 최요충지에서 264제곱미터 규모의 중견슈퍼(개인) 창업을 재고해 볼 만합니다.

표에 나온 최소 권장 규모는 그 업종이 경쟁력을 갖출 수 있는 최소 규모를 말합니다.

업종명	예상 창업비	예상 임차보증금(권리금 별도) ※ 최소 권장 규모, 최소 입지조건
베이커리 (프랜차이즈)	4,000~1억 5,000만 원 ※ 인테리어, 빵공장 설비, 간판공사, 초도물품비 등	6,000~8,000만 원 ※ 83㎡, 젊은 여성 유동 인구 많은 지역
슈퍼마켓, 중형 (개인 혹은 중소 브랜드)	4,000~6,000만 원 ※ 인테리어, 간판공사, 초도물품비 등	① 3,000~4,000만 원 ※ 132㎡, 서울 B급 동네 ② 6,000~1억 2,000만 원 ※ 264㎡, 서울 B급 아파트상권
잡화백화점 (다이소 프랜차이즈)	1억 1,700만 원 ※ 가맹비, 보증금, 인테리어, 초도물품비, 간판공사 등	① 3,000~4,000만 원 ※ 132㎡, 서울 B급 동네 ② 5,000만 원 ※ 132㎡, 서울 B급 역세권 주변
잡화백화점 (개인 브랜드)	4,000~7,000만 원 ※ 인테리어, 초도물품비, 간판공사 등. 창업 시 점포 외관에 신경 쓸 것	① 3,000~4,000만 원 ※ 132㎡, 서울 B급 동네 중심가 ② 5,000~1억 원 ※ 330㎡, 서울 B급 동네 중심가
장난감, 유아용품, 인형, 프라모델 창고형 할인매장 & 온라인 쇼핑몰	1~2억 원 ※ 인테리어, 초도물품비, 간판공사 등. 창업 시 점포 외관에 신경 쓸 것	① 1~3억 원 ※ 400㎡, 서울 대로변 ② 5,000~1억 5,000만 원 ※ 400㎡, 지방 대로변
전자제품 창고형 할인매장 (개인 브랜드)	5~8억 원 ※ 인테리어, 초도물품비, 간판공사 등. 창업 시 점포 외관에 신경 쓸 것	① 3~6억 원 ※ 660㎡, 서울 대로변 ② 1~3억 원 ※ 660㎡, 지방 대로변
음식점 (프랜차이즈)	4,000~1억 원 ※ 인테리어, 주방설비, 간판공사, 초도물품비 등	5,000만 원 ※ 99~132㎡, 서울 B급 역세권 주변
돈가스 & 스파게티 전문점(지방도로)	5,000~1억 원 ※ 인테리어, 주방설비, 탁의자, 간판공사 등. 다른 요식업과 달리 점포 외관에 신경 쓸 것	5,000~2억 원 ※ 165~400㎡ ※ 지방 관통 도로변 ※ 주차장 시설 넓을 것

해물짬뽕 전문점	4,000~1억 원 ※ 인테리어, 주방설비, 탁의자, 간판공사 등. 다른 요식업과 달리 점포 외관에 신경 쓸 것	5,000~2억 원 ※ 165~400㎡ ※ 지방 관통도로변 ※ 주차장 시설 넓을 것
카페, 커피숍 (개인 혹은 중소 브랜드)	4,000~7,000만 원 ※ 인테리어, 주방설비, 간판공사 등. 점포 외관에 신경 쓸 것	4,000~6,000만 원 ※ 66~132㎡, 서울 B급 역세권 주변
호프집 (프랜차이즈)	5,000~7,000만 원 ※ 인테리어 비용, 주방설비, 간판공사 등. 점포 외관에 신경 쓸 것	4,000~7,000만 원 ※ 132㎡, 직장인 유동 인구 많은 지역
파스타 전문점 (개인 혹은 프랜차이즈)	4,000~7,000만 원 ※ 인테리어 비용, 주방설비, 간판공사 등. 점포 외관에 신경 쓸 것	4,000~7,000만 원 ※ 132㎡, 젊은 여성 유동 인구 많은 지역
패션의류 (유명 브랜드숍)	7,000~1억 2,000만 원 ※ 인테리어, 초도물품비, 간판공사 등	① 2,000~4,000만 원, 서울 B급 동네 요충지 ※ 33~83㎡ ② 3,000~4,000만 원, 지방 역세권 ※ 66~83㎡
화장품숍 (유명 브랜드숍)	7,000~1억 2,000만 원 ※ 인테리어, 초도물품비, 간판공사 등	① 2,000~4,000만 원, 서울 B급 동네 요충지 ※ 33~83㎡ ② 3,000~4,000만 원, 지방 지하철역 주변 ※ 66~83㎡

창업하고자 하는 점포의 보증금과 권리금에 따라 필요한 자금에 상당한 차이가 생기곤 합니다. 무리한 대출을 이용하기보다는 힘들더라도 부지런히 발품을 팔아서 나에게 딱 맞는 점포를 찾아야 할 것입니다.

소자본으로 가능한 사무실 창업 가능 업종

사무업종은 인테리어가 간소하지만 웨딩 컨설팅처럼 고객 취향에 맞는 인테리어가 필요한 경우도 있습니다.

사무업은 사업이 정상궤도에 오르기까지 최소 6~12개월 치 운영비를 손에 쥐고 시작해야 합니다. 그러므로 사무업 창업 초기에는 인테리어 등에 비용을 허투루 낭비하지 말기 바랍니다.

업종명	예상 창업비	예상 임차보증금(권리금 별도) ※ 최소 권장 평수, 최소 입지조건
인력사무소 (용역사무소)	1,000~2,000만 원 ※ 사무집기, 간판공사, 홍보 스티커 등	1,000~2,000만 원 ※ 50㎡, 서울 B급 동네 대로변
택배사무소	1,000~2,000만 원 ※ 사무집기, 간판공사, 홍보 스티커 등, 택배배차 프로그램 구입비 등	1,000~2,000만 원 ※ 50㎡, 서울 B급 동네 대로변
노인복지센터 (방문목욕 서비스 등)	1,000~2,000만 원 ※ 사무집기, 자동차(중고), 간판공사 등	1,000만 원 ※ 50㎡, 서울 및 지방 각 지역 (관할 노인복지센터가 없는 지역에서만 창업 가능)
산모신생아 도우미업체 (산모 복지 서비스 등)	1,000~2,000만 원 ※ 사무집기 외	1,000만 원 ※ 50㎡, 지방 각 지역 (관할 산모 도우미업체가 없는 지역에서만 창업 가능)
오퍼상 (개인무역업)	1,000~3,000만 원 ※ 사무집기 외 ※ 최소 6개월 운영비 준비	1,000만 원 ※ 40㎡, 사무실, 오피스텔 등
컨설팅업 (경영, 투자, 부동산)	2,000~7,000만 원 ※ 사무집기, 인테리어, 간판 등 ※ 최소 6개월 운영비 준비	2,000만 원 ※ 40㎡, 사무실, 오피스텔 등
인터넷 쇼핑몰	2,000~5,000만 원 ※ 인터넷 쇼핑몰 제작비, 초도물품비, 사무집기, 촬영장비 등 ※ 최소 1년 운영비 준비	2,000만 원 ※ 66~132㎡, 골목점포, 사무실 등
인터넷 오픈매장 또는 공동구매 사이트	1,000~3,000만 원 ※ 옥션 등의 인터넷 오픈매장 개설비, 사무집기, 촬영장비 등 ※ 최소 1년 운영비 준비	1,000~2,000만 원 ※ 50~66㎡, 골목점포, 사무실 등

업종	창업비용	사무실/입지
리크루트업 헤드헌터업 (인터넷 직업소개소)	2,000~7,000만 원 ※ 리쿠르트 홈페이지 제작비, 사무집기 등 ※ 최소 1년 운영비 준비	2,000~4,000만 원 ※ 66~132㎡, 사무실, 오피스텔 등
어린이집 (가정 어린이집, 일반 어린이집, 영어 어린이집 등)	2,000~4,000만 원 ※ 인테리어 비용, 교구구입비, 조리시설, 간판 등	3,000~5,000만 원 ※ 165㎡, 초등학교 주변, 아파트 지역 ※ 뜻있는 학부모 공동 출자 권장
여행사 (국내여행 전문업체)	총 5,000만 원의 통장 잔고 증빙 시 창업 허가 나옴.	2,000~4,000만 원 ※ 66~132㎡, 사무실 등
웨딩 컨설팅 및 야외웨딩촬영	3,000~6,000만 원 ※ 사무집기, 인테리어, 간판, 홈페이지, 실내 스튜디오, 실내·야외 촬영장비 등 ※ 최소 6개월 운영비 준비	2,000~4,000만 원 ※ 66~132㎡, 사무실 등
동네 신문사 (1~2인 지역신문사)	1,000~2,000만 원 ※ 사무집기, 홈페이지 등	1,000만 원 ※ 33㎡, 사무실, 오피스텔 등
홍보인쇄물 대행업자 (지역 광고전단지 대행업무 위주)	1,000만 원 ※ 사무집기	1,000만 원 ※ 33㎡, 사무실 등, 각 지역
출판업 (1인 출판업)	※ 사무집기, 홈페이지 등 ※ 1년간 서적 제작비 및 운영비 최소 6,000~1억 원	1,000만 원 ※ 33㎡, 사무실, 오피스텔 등
출판업 (7인 규모 출판업)	※ 사무집기, 홈페이지 등 ※ 1년간 서적 제작비 및 운영비 최소 3~4억 원	2,000~3,000만 원 ※ 99㎡, 사무실 등
흥신소	2,000~3,000만 원 ※ 인테리어 비용 최소화 ※ 최소 6개월 운영비 준비 ※ 신문광고비	2,000~3,000만 원 ※ 66㎡, 사무실, 번화가 지역

06 SECTION 소자본으로 가능한 제조업 창업 가능 업종

1인 창조기업이 활성화되면서 1인이 제조업을 창업할 수도 있습니다. 전통 고추장 제조 같은 경우에는 옛 방식으로 제조하므로 굳이 많은 인력이 필요하지 않으며, 노하우가 있기에 충분히 창업이 가능합니다.

가내공업은 5~10인의 직원을 두고 운영하는 작은 공장들입니다. 창업 시 개인 사업자 혹은 법인 사업자로 창업할 수 있습니다. 일반적인 가내공업에는 봉제 공장이나 내의, 수건, 양말, 모자 공장 등이 많습니다. 내의나 수건을 업으로 하는 것보다는 봉제인형, 가죽 액서서리, 플라스틱 제품(휴대전화 케이스나 문구류) 등 잡화물품에서 상품 아이템을 잡는 것이 이익률 면에서 좋습니다. 제조업 특성상 유통망 개척이 어려우므로 대형마트 등을 판로로 만드는 노력을 해야 합니다. 플라스틱 문구류, 잡화 제조업은 다이소나 선물코너 같은 잡화매장과 잡화도매상을 확보하는 것도 좋을 것입니다. 예술적인 실용잡화도구를 제조하는 업체는 편의점을 판로로 뚫어보는 것이 좋으며 즉석식품이나 발효식품 제조업은 대기업에 납품 판매하도록 노력하는 것이 좋습니다.

제조업은 특성상 물건을 생산한 뒤 판매하지 못하면 바로 부도가 납니다. 따라서 디자인, 생산도 중요하지만 판로 개척에 신경 쓰는 자세가 필요합니다. 식품제조업은 해당 식품 품목이 없는 대기업이나 중소대기업을 대상으로 판로를 개척하는 것을 생각해볼 만합니다.

1인 창조기업 (전통먹거리제조)	1,000~5,000만 원 ※ 공장 설비가 필요한 경우 설치	※ 전통 고추장 등의 전통 먹거리 제조의 경우 일부 업종에서 가옥 창업 가능(단, 식품가공업 공장 규격을 준수할 것. 관할 민원실에 문의 요망)
가내봉제공장 (직원 8인의 소규모)	2,000~3,000만 원 ※ 봉제기계 최소 4대	2,000~3,000만 원 ※ 99~132㎡, 상가 지하 임대
가향조제주 제조업 (인삼주, 매실주, 국화주 등)	※ 1인 창조기업 형태	※ 1인 창조기업 형태
농산물가공업 (사과잼 제조 및 유통업체)	1~3억 원(중국산 설비) ※ 잼생산 설비 ※ 분류기계, 탈피기계, 세척기계, 믹스기계, 제조가마 등의 생산설비 세트	2~5억 원(토짓값 포함) ※ 토지에 콘크리트 바닥 시공 후 조립식 패널로 잼가공 공장과 저온저장고 건축 ※ 패널 건축비 3.3㎡당 70~80만 원 ※ 콘크리트 바닥 건축비 3.3㎡ 15~25만 원(철근 자재, 바닥 두께에 따라 다름)

김치제조업 (김치공장)	1억 원 이상(설치업체에 문의) ※ 포기김치, 맛김치 생산설비 ※ 배추 세척설비, 무 세척설비, 절단설비, 양념혼합설비, 이물질검출기 등의 생산설비 세트	1억 원 내외(임대차비용) ※ 김치공장은 2종 근린 생활시설 건물에서 설립 가능
약초건강원 (약초즙, 한방즙 등)	1,000~2,000만 원 ※ 건강원 설비 2~4대 등	※ 건강원 형태이나 동네는 물론 인터넷 판매를 주업으로 함.
의류유통업 (직영공장 없음)	※ 의류유통회사를 창업한 뒤 디자인만 하고 재봉공장에 하청을 주어 제작하는 형태	※ 재봉공장을 발굴한 뒤 하청할 때는 보통 100장 단위로 주문. 예를 들면 하나의 옷을 사이즈 별 30장 내외, 여러 사이즈 합 100장 단위로 주문

심각한 고민이 있어요. 그 업종이 도매업 또는 소매업 양쪽으로 창업이 가능한 업종이에요. 이 경우 어느 쪽이 향후 미래를 위해 좋을까요?

도매업입니다. 월수입도 소매업보다 더 많이 올릴 확률이 높습니다. 단, 도매업은 초기에 거래선을 개척하는 것이 매우 어려우므로 해당 업종의 도매업 시황을 면밀히 검토한 뒤 준비하세요.

5장

업종별로 알아보는 소자본 창업의 모든 것

01 SECTION 미용: 헤어숍, 메이크업숍, 네일숍, 웨딩뷰티 등

헤어숍이나 메이크업숍은 관련 자격증을 취득해야만 취업하거나 창업할 수 있습니다. 창업 특성상 자격증을 취득한 후 6~12개월 현업에서 스태프로 경험을 쌓은 뒤 창업하는 것이 가장 좋습니다.

헤어숍

헤어숍 취업이나 창업에는 미용관리사 자격증이 필요하고, 피부관리실의 취업이나 창업에는 피부관리사 자격증이 필요합니다. 보통 대학 관련학과에서 배우거나 미용전문학원에서 배운 뒤 자격증을 취득합니다. 미용관리사 자격증을 배울 때는 부수적으로 메이크업, 네일 등을 함께 배우는 경우가 많습니다.

자격증을 취득한 뒤에는 현업에서 6~12개월 정도 스태프로 실무기술을 배우는 것이 좋습니다. 실무기술 없이 창업할 경우 '실력이 부족하다'는 소문이 나면서 단골손님을 만들지 못합니다. 단골이 없으면 창업에 실패할 확률이 높으므로 반드시 현업에서 일정 기간 노하우와 기술을 습득한 뒤 창업하길 권고합니다. 취업할 때의 단점은 나이가 많은 사람은(20대 후반 이상) 취업이 어렵고, 초보 스태프들의 봉급이 매우 짜다는 점입니다.

헤어숍의 창업 서류

헤어숍은 일반적으로 관련 자격증과 관련 면허증을 취득해야 창업할 수 있습니다. 면허가 필요한 업종에서 면허 없이 창업할 경우 행정처분을 받고 폐업해야 하므로 주의하기 바랍니다. 메이크업숍과 네일숍은 미용사(헤어) 자격증이 있는 경우 창업 가능합니다.

① 미용사(헤어) 자격증(헤어숍 취업 용도, 연 1~2회 시험 실시)
② 미용사(헤어) 면허증(헤어숍 창업 용도, 미용사 자격증 취득자 대상)
③ 사업자등록증(관할 세무서, 혹은 인터넷 홈택스에서 작성)

* 대학에서 미용 관련 학과를 졸업한 사람에 한해 시험없이 관련 자격증 발급
* 미용업 종합정보 – 대한미용사 중앙회(www.beautyassn.or.kr)

■ 헤어숍 창업 절차

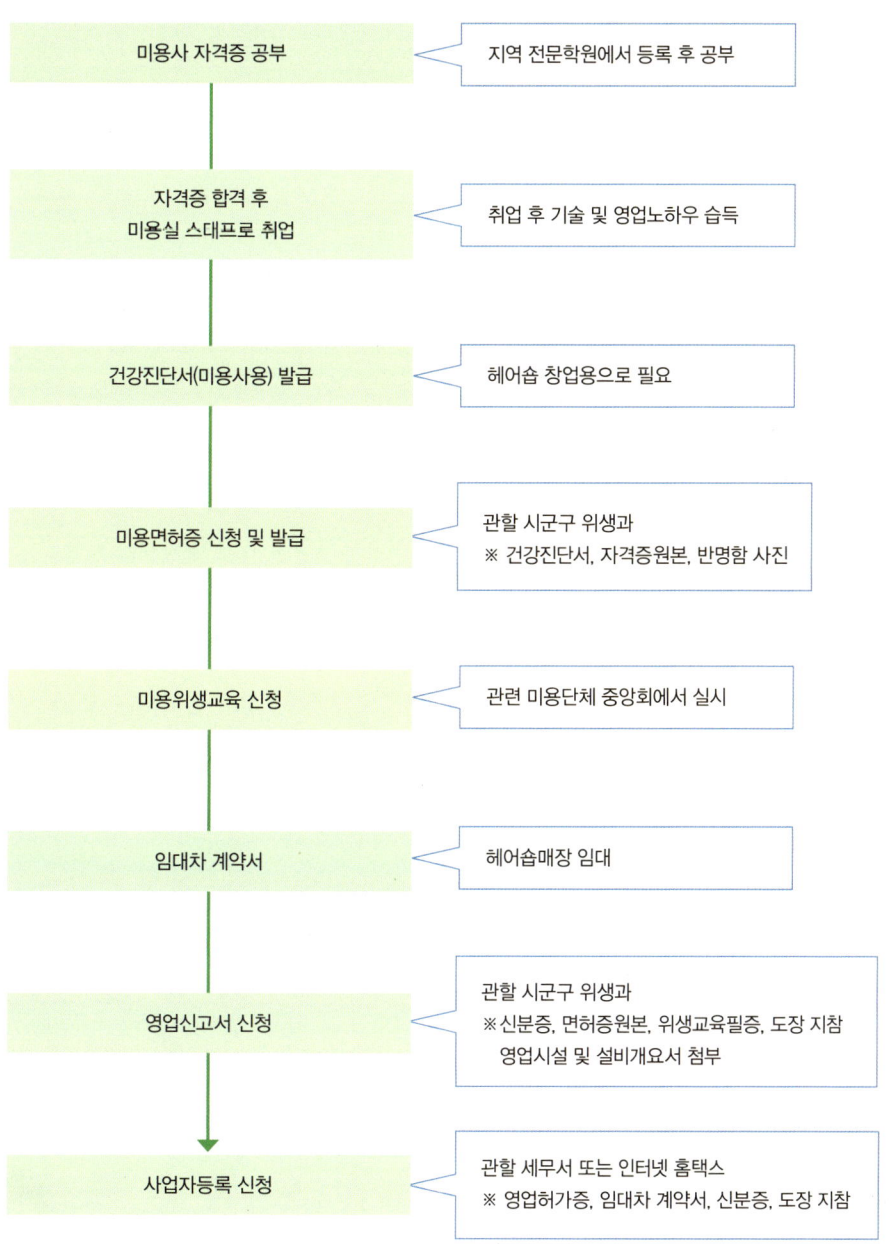

SECTION 02 아동·육아: 어린이집, 놀이방, 유치원

어린이집(보건복지부 소속)은 보육교사자격을 취득한 자가 4년 정도 경력을 쌓으면 창업할 수 있습니다. 유치원(교육부 소속)은 대학 유아교육과 출신자가 10년 정도 경력을 쌓으면 창업할 수 있습니다.

▌어린이집, 놀이방, 유치원의 창업

유치원은 초등 입학 전인 5~7세 어린이를 대상으로 하며, 어린이집은 2~7세 어린이를 대상으로 합니다. 이 중 2~5세 대상의 어린이집이 흔히 말하는 놀이방(유아방)입니다.

유치원은 대학에서 유아교육과를 졸업한 사람에 한해 취업 및 창업이 가능하므로 전공이 다르거나 학력이 미달이면 취업 및 창업할 수 없습니다.

어린이집(놀이방 포함)은 전공이나 학력에 관계없이 '보육교사 자격증'을 취득하면 취업 및 창업이 가능합니다. 보육교사 자격증은 각 지방 대학의 보육교사양성소를 통해 1년 일정으로 교육 및 수료하면 시험 없이 보육교사 2급 자격증을 취득할 수 있으므로 고졸자는 물론 다른 전공자도 도전할 수 있습니다. 자격증을 취득하면 어린이집의 보육교사로 취업할 수 있습니다.

어린이집에 취업한 뒤 3년 경력을 쌓으면 1급 자격으로 승급하는데 1급 자격으로 1년 더 경력을 쌓으면 어린이집이나 놀이방, 유아방을 창업할 수 있습니다. 자격 승급 조건은 약간 변동될 수 있으므로 관련 단체에 확실히 문의하고 준비하기 바랍니다.

고졸 학력인데 용기를 얻었어요. 보육교사양성소에서 1년 과정을 수료하면 보육교사 2급 자격증이 자동으로 나오나요? 그리고 보육교사양성소의 1년 교육비는 얼마인가요?

보육교사양성소에서 1년 과정을 수료하면 2급 자격증이 시험 없이 바로 나옵니다. 보육교사양성소의 1년 교육비는 사설일 경우 조금 싸고 대학부설일 경우 조금 비싸므로 약 100~150만 원 내외라고 생각하면 됩니다.

▌ 어린이집, 놀이방, 유치원의 창업 조건

유치원은 대학 유아교육과나 유사학과를 졸업한 자가 유치원에서 10년 경력을 쌓은 경우에만 창업할 수 있습니다. 대학에서 다른 전공을 했거나 고졸 학력자는 아예 유치원을 창업할 수 없고 유치원에서 교사로 근무할 수도 없습니다.

1 : 유치원 창업 가능 요건

① 유치원교사 2급 자격증: 대학 유아교육과나 비슷한 과를 졸업한 경우 보육교사 자격증과 함께 자동 취득할 수 있습니다. 유치원교사로 근무할 수 있는 자격입니다.

② 유치원교사 1급 자격증: 유치원교사 2급 자격자가 유치원에서 3년 경력을 쌓으면 1급 자격자로 승급할 기회가 생깁니다. 유치원교사 1급 자격자가 된 후 약 7년 더 근무하면 유치원 창업 자격자가 됩니다. 즉, 유아교육과 출신자가 유치원에서 총 10여 년의 경력을 쌓아야만 유치원 창업 자격자가 됩니다.

2 : 어린이집 창업 가능 요건

어린이집(놀이방, 유아방)은 학력 및 전공 제한이 없고 경력이 있을 경우 창업할 수 있습니다. 보통 보육교사 자격증 취득 후 약 4년 동안 어린이집에서 경력을 쌓으면 어린이집을 창업할 수 있습니다.

① 보육교사 2급 자격증: 어린이집 교사로 근무할 수 있는 자격증입니다. 2, 4년제 유아교육과 출신자는 보육교사 2급 자격증이 자동 발급됩니다. 고졸자나 다른 전공자는 각 대학 보육교사양성소나 사회복지 관련 사이버대학에서 보육교사 학점을 이수하면 별도 시험 없이 2급 자격증을 취득할 수 있습니다.

② 보육교사 1급 자격증: 보육교사 2급 자격증자가 어린이집에서 3년 동안 경력을 쌓으면 보육교사 1급 승급 기회가 생깁니다. 보육교사 1급 자격증을 취득한 뒤 추가로 1년 경력을 쌓으면 어린이집을 창업할 수 있습니다.

국공립 어린이집 보육교사의 초봉은 약 140만 원, 사립 어린이집의 초봉은 120만 원 정도입니다. 호봉제이므로 경력을 쌓으면 인상됩니다. 국공립 어린이집 원장은 월 200~400만 원가량 수령합니다. 어린이집 예비 창업자라면 대학부설 보육교사양성소에서 1년 동안 수료한 뒤 어린이집에서 경력을 4년 쌓으면 어린이집 혹은 놀이방을 창업하여 원장이 될 수 있습니다.

어린이집(놀이방, 유아방) 창업 서류

어린이집 인가신청서에 첨부해야 할 세부 서류들의 자세한 내용입니다. 이 서류를 모두 갖춘 뒤 관할 시군구 복지과에 어린이집 인가신청서를 작성하여 제출합니다. 관공서는 서류를 확인한 후 적합성 및 보육수요의 적절성을 판단한 후 인가를 허락합니다. 만일 동일 지역에서 여러 사람이 신청한 경우 보육수요에 비해 어린이집이 많아지므로 추첨으로 인가가 결정되기도 합니다. 인가증은 어린이집의 방문객이 볼 수 있는 곳에 항상 걸어놓아야 합니다. 참고로 첨부 서류는 관공서마다 약간 추가되거나 다를 수 있습니다.

1 : 기본 서류
① 법인의 정관 및 출연금 등에 관한 서류(법인창업자인 경우)
② 법인 등기사항 증명서(법인창업자인 경우)
③ 단체의 회칙 또는 규약(단체인 경우)
④ 임대차 계약서(부동산을 임차하는 경우)
⑤ 건축물대장 및 건물등기부 등본(부동산을 임차하는 경우는 제외)

2 : 운영, 설비에 관련된 서류
① 어린이집 시설의 구조별 면적이 표시된 평면도와 시설 및 설비 목록
② 어린이집 원장의 자격을 증명하는 서류(보육교사 1급 자격증 등)
③ 보육교직원 채용계획서
④ 어린이집 운영계획서(운영경비와 유지방법, 관공서에 배치된 서류양식)
⑤ 경비의 지급 및 변제 능력에 관한 서류(설립자가 개인인 경우 해당)
⑥ 인근 놀이터 이용계획서(영유아 50명 이상의 어린이집으로서 옥외놀이터나 옥내놀이터를 설치하지 않은 경우만 해당)
⑦ 놀이터에 대한 놀이시설 안전점검서

3 : 시설에 관련된 서류
① '전기사업법 시행규칙' 제38조에 따른 전기안전점검확인서
② '도시가스사업법 시행규칙' 제25조에 따른 정기검사증명서
③ '액화석유가스의 안전관리 및 사업법 시행규칙'에 따른 정기검사증명서
④ '소방용 기계·기구의 형식승인 등에 관한 규칙'에 따른 현장 방염처리 물품의 방염성능검

사성적서 및 방염성능검사확인표시

어린이집(놀이방, 유아방) 창업 절차

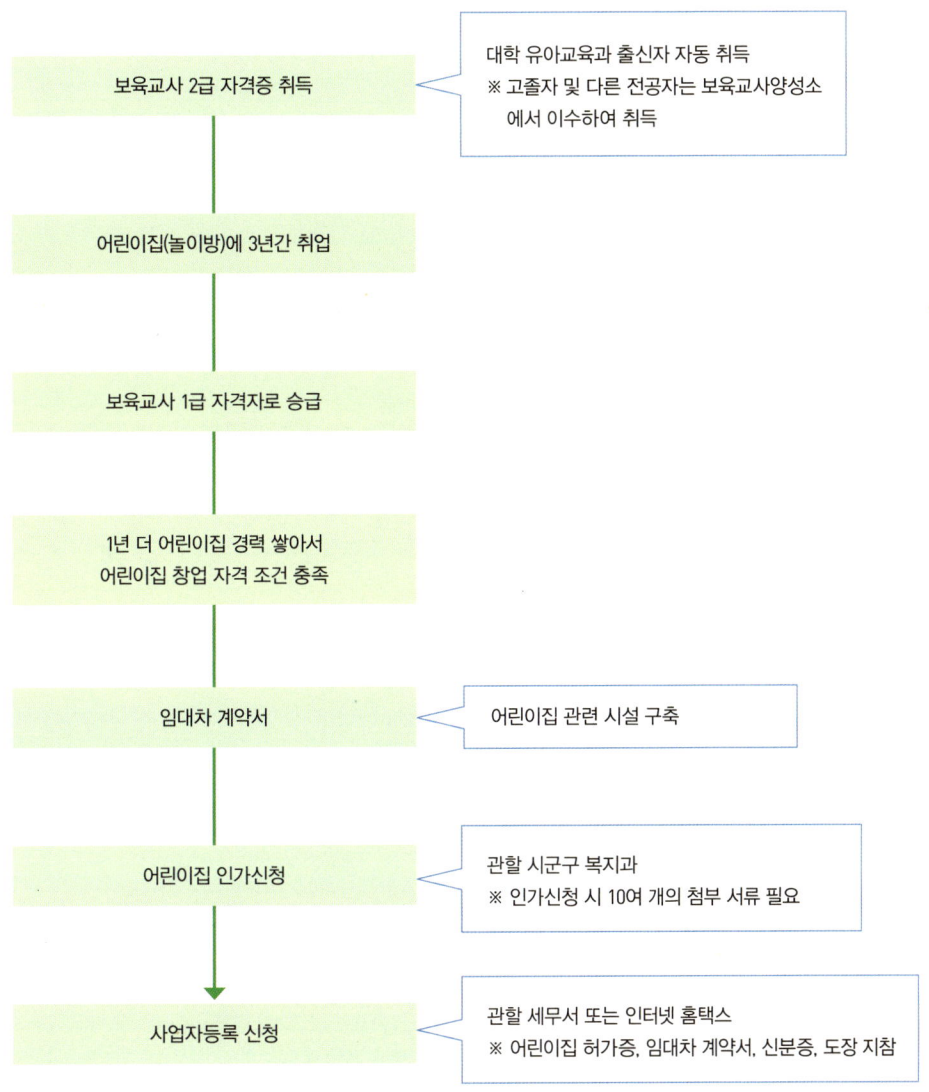

어린이집(놀이방) 인가신청서 양식

이 양식은 관할 시군구 관공서에서 다운로드할 수 있는 정식양식입니다. 또한 관할 관공서의 복지관에 문의하면 서류를 받을 수 있습니다.

어린이집 인가신청서

(앞쪽)

접수번호		접수일			처리기간	14일

신청인	성명(대표자)		주민등록번호	
	법인·단체명		전화번호	
	주소			

어린이집 개요	명칭		어린이집 종류		전화번호	
	소재지					
	어린이집 원장	성명			주민등록번호	

보육정원	총인원 명	1세 미만 명	1~2세 미만 명	2세 명	3세 명	4~5세 명	방과 후 명

시설·설비	보육실 m²		조리실 m²		목욕실 m²	
	화장실 m²		놀이터 m²		사무실 m²	
	양호실 m²		대지 m²		기타 m²	

직원	총인원 명	보육교사 명	간호사 명	영양사 명	취사부 명	기타 명

예산	수입액 원		지출액 원		비고	

「영유아보육법」 제13조 제1항·제14조 제1항 및 같은 법 시행규칙 제5조 제1항에 따라 보육시설의 설치인가를 신청합니다.

년   월   일

신청인   (서명 또는 인)

특별자치도지사·시장·군수·구청장 귀하

유치원 창업 절차

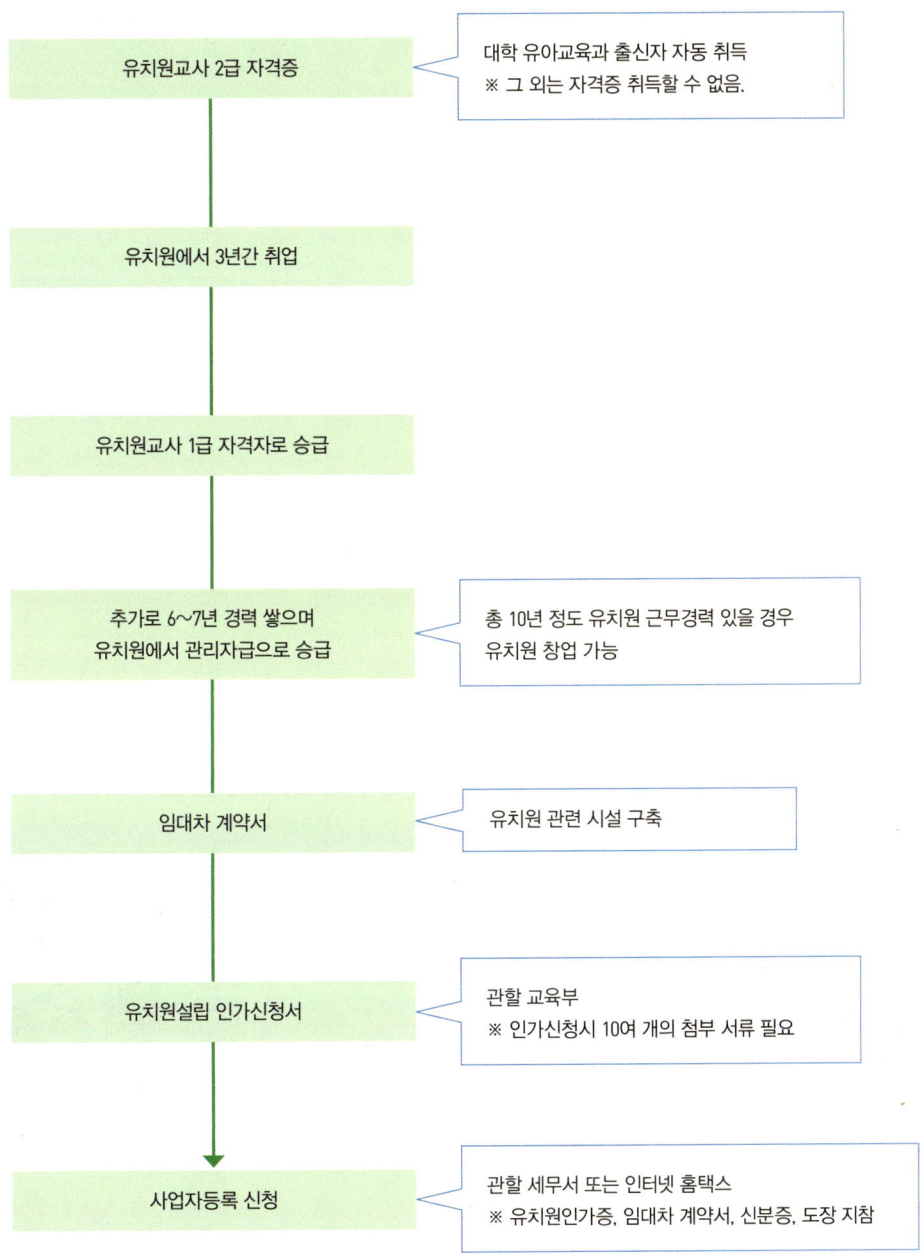

03 SECTION 사회·복지: 노인복지센터, 지역아동센터, 공동생활가정

사회·복지 분야는 최근 창업 업종에서 가장 뜨거운 아이템입니다. 정부의 지원이 있으므로 일정 이상의 수익이 발생합니다. 사회복지사로 기관에 취업하는 것보다 창업 쪽이 훨씬 유리하며 수입도 좋습니다.

▌사회복지사와 복지센터 등의 설립(지정)

사회복지사는 노인복지센터, 장애인복지센터, 지역아동복지센터, 공동생활가정, 요양원 등의 지역 복지관이나 시설단체에 취업한 뒤 복지 업무를 담당하는 자격증입니다. 자격증을 취득한 뒤에는 복지공무원으로 취업하는 것이 가장 좋지만 차선책으로 지역 복지센터에 취업하는 방법도 있습니다. 또한 일정 경력을 쌓은 뒤에는 자신의 지역에 직접 사회복지센터를 창업하기도 하는데 이 방법이 가장 좋습니다.

예컨대 노인복지센터(노인재가복지센터)란 사회복지사 1급 자격증을 취득한 뒤 약 17제곱미터 이상의 사무실, 3인 이상의 직원(원장, 요양보호사, 운전사 등)을 갖추면 창업(지정)이 가능합니다. 여기서 재가란 취약가정을 방문하여 복지 서비스를 제공하는 것을 말하며 노인 대상 재가복지센터의 경우 방문목욕대행, 방문요양, 단기보호, 방문간호 서비스 등을 주업무로 합니다. 이때 운영수입은 대략 정부지원보조금 85%, 서비스 대상자 15% 구조로 환원되므로 방문 요양을 받는 지역 노인을 자신의 센터에 많이 등록할수록 운영수입이 많아집니다.

2007년도의 재가복지센터 1개소당 연간 운영수입은 평균 7,000만 원 정도였지만 복지의 중요성이 날로 부각되면서 운영수입이 점점 많아지는 추세입니다.

사회복지센터 설립(지정) 과정

지역 사회복지센터를 창업하려면 일단 사회복지사 자격증을 취득해야 합니다. 사회복지사 2급 자격증에 응시할 수 있는 조건은 초대졸 이상으로, 1년 예정으로 전공 14과목을 이수하는 방법이 있습니다.

고졸자의 경우 '전문대 졸업'을 해야 하는데 전문대에 직접 다니지 않고 학점뱅크로 취득할 수 있습니다. 학점뱅크의 전문학사 사회복지사 과정을 1~2년 예정으로 총 27과목을 이수하고 현장실습 120시간을 충족하면 2급 자격증을 취득할 수 있습니다. 보통 지역 대학교의 평생교육원이나 사설기관, 사이버 대학의 학점뱅크를 통해 수료합니다.

4년제 대학의 사회복지 관련 전공자는 졸업 뒤 자동으로 사회복지사 2급 자격을 취득할 수 있습니다. 2급 자격증 소유자들은 1년 정도 경력을 쌓으면 1급 시험 응시자격이 주어지고 1급 자격증을 취득하면 사회복지센터 설립이 가능합니다. 즉, 고졸 학력자는 1~2년의 공부 및 1년의 경력을 쌓으면 센터 설립이 가능하고, 사회복지학 관련 4년제 대학 전공자는 1년의 경력을 쌓으면 센터 설립이 가능합니다.

사회복지사 특성상 자동차 사용이 빈번하므로 운전면허증 취득을 함께 공부하는 것이 좋으며 센터 성질에 따라 심리상담사, 직업상담사, 노후생활설계사, 노인심리상담사, 다문화가정상담사 등의 관련 자격증을 공부하는 것이 좋습니다.

참고로 사회복지사 1급이 된 후 복지센터를 창업하려면 복지센터 성질에 따라 간호사를 고용하거나 최소 4인 이상이 필요한 경우도 있으므로 관할 관공서에 확인한 뒤 직원을 구성해야 합니다.

노인재가복지센터 설립(지정) 절차

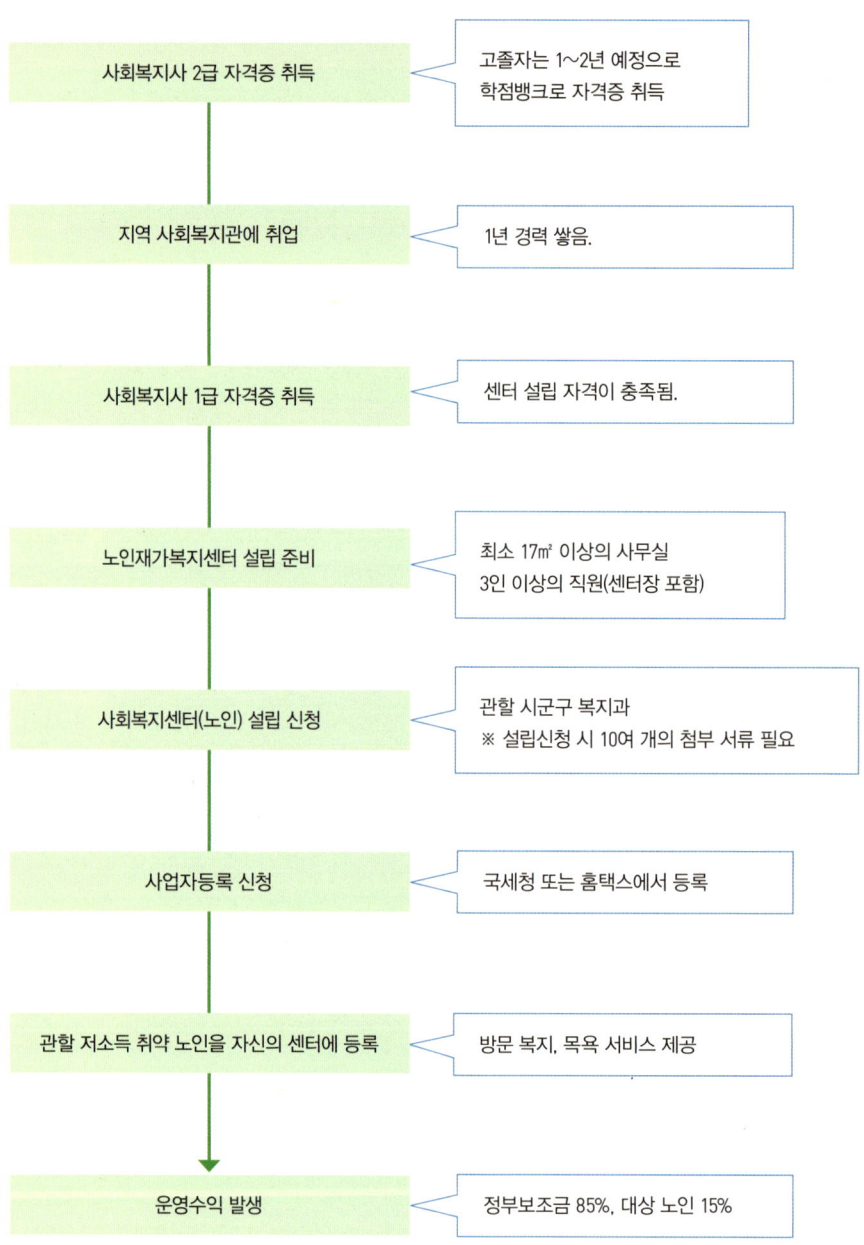

■ 재가복지센터 설립(지정) 신청서 양식

이 양식은 정부 공식양식이며 복지넷(www.bokji.net)에서 다운로드합니다.

사회복지 자원봉사관리센터 지정신청서

신청기관명		사업자 번호 (고유 번호)	
주소		연락처	전화
			FAX

사업장 종류 (*1개 표시)	○ 법인의 경우 설립목적 : 사회복지증진 □ 기타분야 □ ○ 등록단체의 경우 : 사회복지분야 □ 기타분야 □ ○ 사회복지시설의 경우 서비스 대상분야 - 생활시설 : 아동 □ 노인 □ 장애인 □ 여성 □ 부랑인 □ 정신요양 □ - 이용시설 : 지역사회복지관 □ 노인복지관 □ 장애인복지관 □ 기타 사회복지 관련 이용시설 □
설립(설치) 목적 약술	○ ○
목적사업	○ ○

신청 담당자	성 명	
	직 위	
	연 락 처	(유선전화) (휴대전화)

상기인은 「사회복지자원봉사관리규정」 제5조 제4항의 사업을 수행하고자 동 제6조 제2항의 '사회복지자원봉사관리센터'(신규□ / 재□) 지정을 신청합니다.

20   년   월   일

위 신청기관장   (직인)

신청기관 자원봉사 활동 기반 (신청일 현재)	현 보유 인증관리요원 (총 ___ 명)	성명	연번(ID)	성명	연번(ID)
	자원봉사자 등록 현황	신청일 직전 1년간 활동 자원봉사자 수 : _____ 명)			

시(도)사회복지협의회장 귀하

※ 구비서류
○ 신청기관 사업자등록증 또는 고유번호증(등록단체, 신고시설 등의 경우) 사본(원본대조필) 1부
○ 신청기관 설치신고증, 법인설립허가증 및 정관 등 관계서류 사본(원본대조필) 1부

▌재가복지센터 설립(지정) 시 구비서류

재가복지센터를 설립하려면 지원서를 작성해야 합니다. 지원서와 구비서류를 확인한 뒤 수요가 있는 지역일 경우 설립이 허가됩니다. 구비서류는 센터 성격에 따라 다르므로 설립 지원을 하기 전 관할 시군구 복지과에 문의하기 바랍니다.

1 : 재가복지센터 & 주간보호센터 혹은 단기보호센터

'재가노인복지센터'는 저소득 취약계층 노인과 정신지체 장애노인을 대상으로 그들이 원만한 일상생활을 영위하도록 도와주는 복지 서비스입니다. 노인목욕대행 등의 복지 서비스 업무를 정부 대신 수행합니다. '재가장애인복지센터'는 장애인을 대상으로 하는 복지 서비스로 의료재활 서비스, 직업재활 서비스, 시각장애인심부름센터 등의 복지업무를 수행합니다. '주간보호센터'는 가족 외출 시 가족 대신 노인을 낮 동안 보호하는 센터입니다. '단기보호센터'는 노인을 며칠 또는 보름 정도 입소시켜 보호하는 센터입니다. 보호센터는 관련 시설을 구축해야 합니다.

2 : 기본 구비서류

① 사업계획서(수권대상자 및 서비스업무 기술) 1부
② 법인인 경우 법인정관 1부
③ 센터 위치도 1부, 센터 평면도 1부, 설비구조 내역서 1부(주·야간 보호 서비스 또는 단기보호 서비스 제공할 경우 해당, 방문 서비스는 해당 안함)
④ 이용료 및 비용분담 관계 서류 1부
⑤ 설립 위치의 토지 또는 건물 고유권 또는 임대권 증명서류 각 1부

3 : 노인요양센터, 노인보호센터 신청일 경우(시설 관련 서류들)

① 관련 시설 설치(노인복지법 제22조 별표4 참고)
② 사업계획서, 운영규칙, 화재보험, 책임보험 등의 각종 보험가입증명서
③ 인력 채용 계획(최소 원장 1인, 간호사 1인, 요양보호사 2인)
④ 소방법, 건축법, 장애인 편의증진보장에 관한 법률에 따른 시설설치 및 점검서
⑤ 위 서류를 노인복지시설 설치 신청 시 첨부(관할 시군구)
　　또는 노인장기요양기관 지정 신청 시 첨부(관할 시군구)

▋그 외 설립 가능한 복지센터 종류와 주업무

아래 복지센터는 사회복지사 자격증 및 관련 자격증이 필요한 업종들이며 대부분의 센터가 개인/법인명으로 설립 가능합니다. 이 중에서 요양원, 청소년센터 등의 시설은 많은 자금이 필요하므로 개인 자금으로는 설립하기 어렵습니다. 개인은 소자본으로도 가능한 센터를 설립하는 것이 좋습니다.

구분	명칭	주요업무
사회복지관	지역사회복지관	각 지역의 종합사회복지관을 지칭 노인, 아동, 여성, 다문화 등의 복지 취급
	여성인력개발센터	여성 취업, 인력 개발 등
	노인종합사회복지관	노인 대상 복지 서비스
	장애인종합복지관	장애인 이동 지원 등 장애인 대상 복지
	방과후 교실(공부방) **[소자본 설립 가능]**	저소득 취약 아동 대상 공부방 및 문화
	여성회관	여성상담, 재활, 취업, 창업, 다문화, 교육
	청소년수련관	초중고생 대상 스포츠, 예술, 봉사서클
	주간보호센터	노인, 장애인 대상 주간에 돌봐주는 업무
	재가복지센터 **[소자본 설립 가능]**	저소득 취약노인, 장애인 대상 방문 서비스
	다문화가족지원센터	다문화가족 대상 복지 서비스 등
	자원봉사센터	자원봉사 증진, 양성, 배치 업무 서비스
생활시설	노인복지시설	노인요양원 등
	장애인복지시설	장애인 공동생활, 요양, 자활, 직업교육 등
	부랑인복지시설	노숙인 공동생활, 자활 등
	아동복지시설	아동양육, 보호시설, 공동생활가정 등
	정신요양시설	정신질환 환자 요양시설 등
	모자(부자)복지시설	취약 모자가정, 부자가정 공동생활, 자활
	성매매 피해상담소	성매매 피해여성 상담, 자활 등
보건의료영역	정신보건센터	우울증 등의 정신질환 상담, 개선, 처방 등
	의료사회복지사	의료시설의 상담, 심리치료 등
	정신장애 그룹홈(센터)	정신지체인 대상 공동생활시설, 자립교육
자원봉사관리사	자원봉사센터	자원봉사자 모집, 상담, 지도
학교사회복지사	초중고교	문제 학생 상담 및 지도
산업사회복지사	기업체	노동자 복지 상담 및 문제 해결, 개선 등
군사회복지사	군대	문제 병사 상담 및 지도
교정사회복지사	교정시설	교정시설의 재소자 상담 및 지도

SECTION 04 식품판매업: 반찬가게

음식 맛이 좋은 주부들이 흔히 생각하는 창업 업종입니다. 초기에는 반찬가게 같은 작은 규모의 매장으로 시작하지만 사업 규모가 커지고 입소문이 나면 식품제조업에도 도전할 만합니다.

▌반찬가게

반찬가게는 전통시장, 아파트상가, 대형마트 등에서 창업하거나 프랜차이즈로 창업할 수 있습니다. 전통시장 반찬가게를 예로 들면 창업한 뒤 장사가 잘될 경우 주인을 포함해 서너 명의 직원이 필요합니다. 마트에서 판매할 경우 별도의 점포에서 반찬을 만든 뒤 매장에서 완제품을 판매하기도 합니다.

반찬가게는 농림수산식품부장관이 정한 법률대로 농수산물 원료에 대한 원산지를 표기할 의무가 있습니다. 예컨대 김치의 경우 재료인 배추의 원산지를 표기해야 합니다.

아울러 신선도 유지를 위해 스낵류 포장에 사용하는 질소충전포장 등의 포장방식을 생각해보는 것도 좋습니다. 질소충전포장은 최근 양곡류 포장에도 사용하는데 딸기 같은 과일류 포장에 효과가 있습니다.

견과류는 진공포장방식을, 커피·분유·빵·케이크 등은 가스치환포장(질소방식, 산소방식, 혼합가스 방식 등) 등을 사용하므로 매장 고유의 포장방식을 개발하는 것도 좋은 방법입니다. 아무래도 맛좋은 반찬을 신선한 상태로 포장할 수 있다면 영업에 큰 도움이 되기 때문입니다.

반찬가게는 매장 시설을 시공할 때 기본적으로 작업장(조리시설 포함), 급수시설, 판매대, 냉장고 등을 설치합니다.

▌반찬가게 창업 서류

반찬가게는 먹거리 업종이므로 대표자의 건강에 문제가 있을 경우(전염성 피부질환 등) 창업할 수 없습니다. 이 경우 남편을 대표자로 세워 창업할 수도 있습니다. 만일 판매한 반찬에 문제가 발생해 20명 이상의 소비자가 이의를 제기한 경우 '식품위생검사'를 받게 되므로 위생관리에 특히 신경 써야 합니다.

① 건강진단서(대표자의 건강진단서, 관할 보건소)
② 식품위생교육필증(지역 식품위생교육기관에서 8시간 교육)

③ 제조방법설명서(김치, 나물 등의 취급할 반찬의 종류와 제조방법 설명서)
④ 안전시설 등 완비증명서(소방시설 등)
⑤ 임대차 계약서(건축법상 근린생활시설이나 판매시설에 해당하는 건물)
⑥ 영업신고서(위의 구비서류와 신분증 지참, 관할 시군구)
⑦ 사업자등록(관할 세무서 또는 인터넷 홈택스)
⑧ 통신판매업신고서(반찬을 인터넷에서 판매하고 싶을 경우, 관할 시군구)

마침내 반찬가게를 차리기로 결심했어요! 어떤 반찬을 만들어 팔면 좋을까요?

먼저 대형마트의 반찬코너와 즉석조리코너의 신제품을 벤치마킹하기 바랍니다.

아하! 무슨 뜻인지 알겠어요!

그것들을 따라잡는 세련된 스타일의 반찬과 즉석조리제품을 만들어 파는 것이 좋습니다. 대형마트로 가는 주부의 발길을 잡을 수 있으면 영업에도 도움될 것입니다.

반찬가게 창업 절차

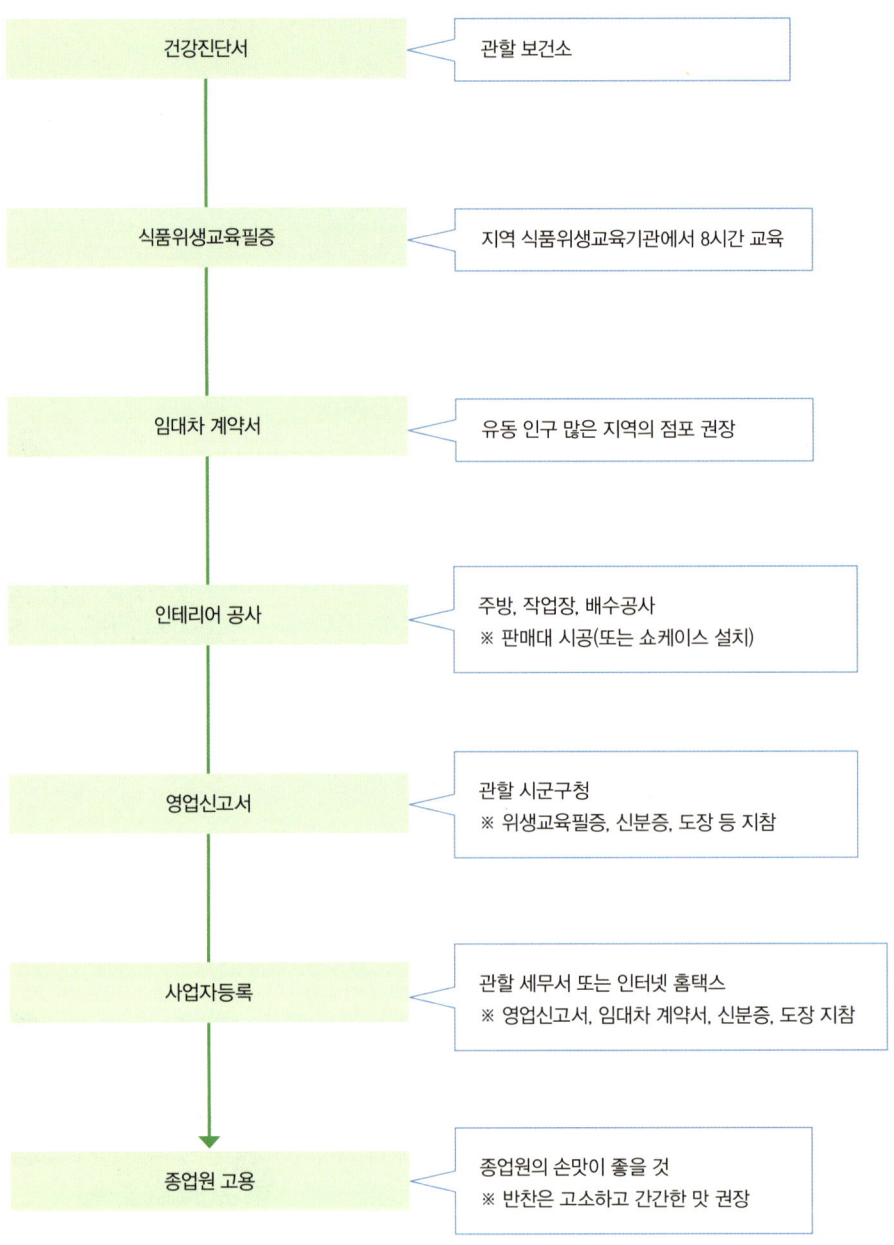

식품제조가공업
: 식품제조업(김치, 두부, 과자 등), 식품유통업

식품제조가공업은 공장에서 김치, 장류, 조미류, 한과, 벌꿀, 민속주, 두부, 액상추출차, 과자, 빵 등을 제조판매하는 업종입니다.

식품제조업 & 식품유통업

김치제조업을 포함한 전통요리제조업, 반찬제조업, 고향 특산물에 맞는 먹거리 제조업, 고추장이나 된장 같은 장류 제조업, 절임류 제조업은 진입 장벽이 매우 높습니다. 이미 기존의 대기업들이 시장을 장악하고 있기 때문에 자신의 손맛이 뛰어나거나 지역 특산물과 연계해 새로운 식품을 제조 판매하는 전략이 필요합니다. 또한 초기부터 판매망 개척이 어려우므로 인터넷 판매망을 동시에 구축하고 입소문을 내어 신문기사나 TV 뉴스에 솜씨 좋은 업체로 자주 소개되는 전략이 필요합니다. 공장을 설립할 때는 제조시설을 구축해야 하며 관계 법령이나 위생조건이 까다로우므로 허가가 내려질 때까지 시설 보강 사항이 계속 있을 수 있습니다.

김치, 과자, 빵 등의 위생조건이 까다로운 식품제조업은 2종 근린생활시설 조건을 충족한 건물을 공장으로 소유하거나 임대한 경우에만 창업할 수 있습니다. 토종 된장, 고추장, 간장, 벌꿀, 한과 등의 전통식품은 규제가 완화되어 가정집에서도 1인 기업으로 제조 판매할 수 있습니다.

　　아예 지역 특산물이나 완제품 김치 등을 도매로 구입한 뒤 유통판매만 할 수도 있는데 이 경우 식품유통업으로 사업자등록을 합니다. 유통업이므로 해당 지역의 감춰진 특산물을 새로 발굴하고 고급스럽게 홍보하는 연구자세가 필요합니다. 식품제조업은 많은 투자금과 공장설비가 필요하지만 맛에 자신이 있다면 한번 시도할 만합니다.

식품제조업 창업 서류

① 식품제조가공업 영업허가증(공장시설에서 식품을 제조 판매할 때 필요)
② 공장설명서(평면도, 설비시설 관련 서류 등 공장소재지 시군구 관청에 관련 서류 비치)
③ 품목제조보고서(제조할 제품·이름·포장방법 등 설명, 관할 시군구 위생과에 서류 비치)
④ 제조방법설명서(제조방법 설명, 관할 위생과에 서류 비치)
⑤ 유통기한설정서(식품의약품안전청 지정 공인기관에서 검사, 관할 위생과에 서류 비치)
⑥ 자가품질검사서(식품의약품안전청 지정 공인기관에서 검사)
⑦ 원산지증명원(납품 시 필요한 경우 원재료의 원산지증명원, 유기농증명서 등 첨부)
⑧ 9대영양성분검사서(식품의약품안전청 지정 공인기관에서 검사)
⑨ 영업신고증(관할 시군구)
⑩ 사업자등록(관할 세무서 또는 홈택스에서 등록)
⑪ 수질검사서(공장에서 지하수를 식품제조에 사용할 경우 1년에 1회 수질검사)
⑫ 면허세(면허세가 필요한 식품인 경우)
⑬ 식품유통 영업신고증(식품을 유통판매하는 사업장을 창업할 경우)

식품제조업 창업 절차

　　식품제조업체를 창업하려면 먼저 공장을 임대하거나 건설한 뒤 생산설비를 설치합니다. 그런 뒤 식품제조가공업 영업허가를 신청하고 사업자등록을 하면 사업을 시작할 수 있습니다. 제조업은 특성상 공장설립과 창업을 병행해야 하므로 이리저리 뛰어다니며 관련 허가를 계속 취득해야 합니다. 아래 창업 절차는 단순한 참고용이므로 공장 설립 전 반드시 관할 시군구와 상담하여 어떤 허가 취득을 우선으로 할지 결정하고 창업하기 바랍니다.

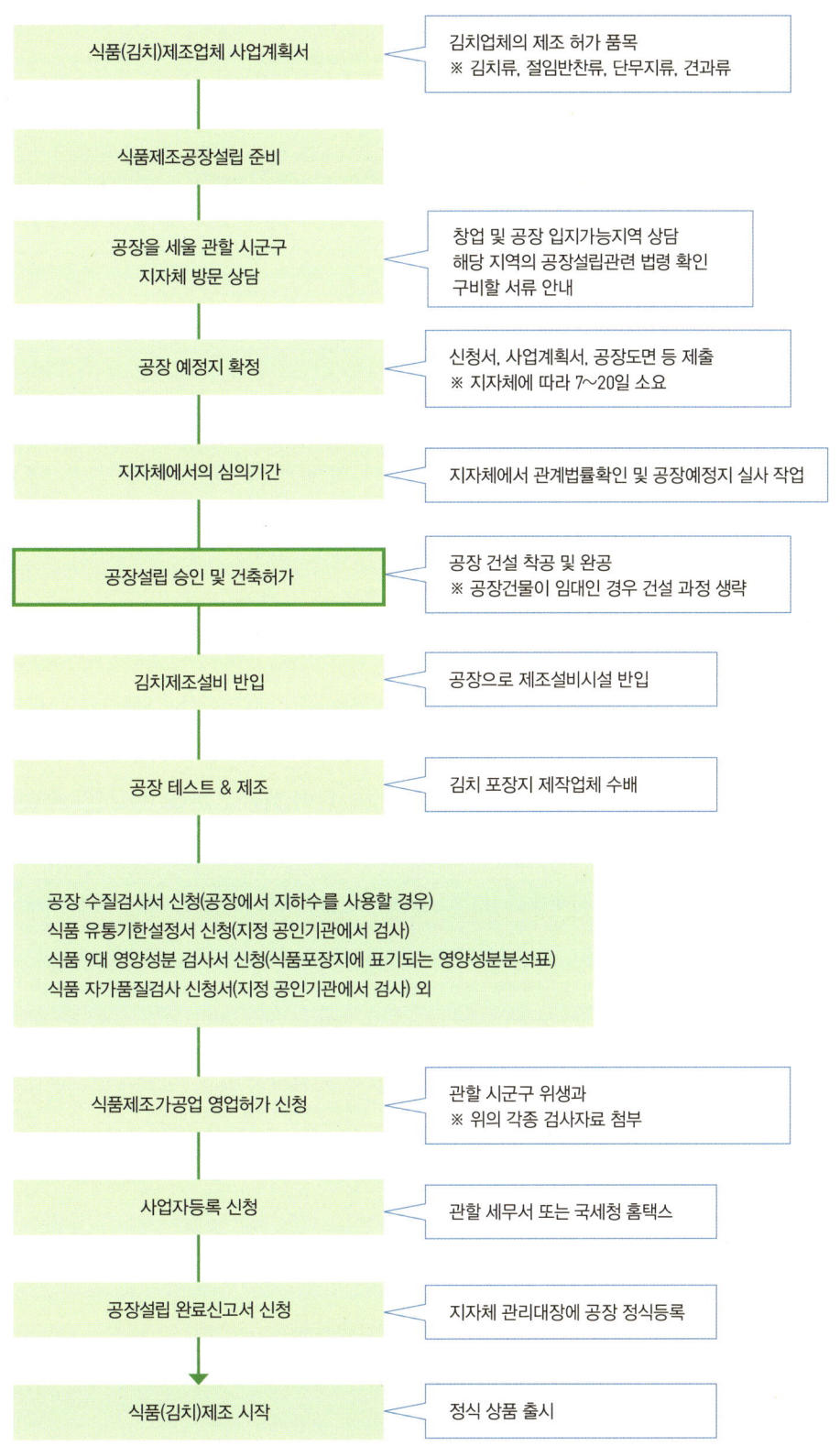

SECTION 06 즉석판매제조가공업
: 약초건강원(특정 테마가 있는 건강원)

구식 아이템 같지만 다른 각도로 보면 재미난 사업의 하나가 건강원입니다. 만일 귀농을 계획하고 있다면 귀농 지역에서 약초건강즙을 제조판매하는 건강원을 창업하는 것도 좋은 생각입니다.

▌건강기능식품제조업

'건강원'과 비슷한 뉘앙스의 '건강기능식품제조업'은 건강기능을 보조하는 알약 형태의 식품을 제조판매하는 업종입니다. 비타민C를 보급하는 건강기능 알약이나 스쿠알렌 같은 건강기능 알약 등이 건강기능식품제조업에서 생산하는 제품입니다. 업종 특성상 중소기업형 제조시설이 필요합니다.

▌건강원(약초건강원)

주변에서 흔히 보는 건강즙을 제조하는 작은 점포들이 '건강원'이란 업종입니다. 배즙, 양파즙뿐만 아니라 염소즙, 뱀즙 등을 만들기 때문에 이미지가 좋지 않고 구닥다리라는 느낌이 듭니다. 하지만 요즘 약초즙이라는 신동력 아이템 덕분에 사업성이 커지고 있습니다. 당뇨, 암, 혈액순환에 좋은 약초즙을 제조하는 점포라면 건강원의 이미지도 많이 개선될 것입니다. 사업 측면에서는 즙 짜는 기계 두 대만 있으면 바로 시작할 수 있으므로 소자본 창업에도 안성맞춤입니다. 귀농한 뒤 남편은 농사를 짓고 부인은 약초건강즙 사업을 벌이면 수완 좋은 귀농가족이라고 할 수 있을 것입니다.

▌약초건강원 창업 서류

건강원의 테마를 배즙, 양파즙, 염소즙, 뱀즙 등으로 정한다면 다소 낙후된 아이템으로 느껴집니다. 따라서 당뇨, 암, 정력, 시력, 혈액순환 관련 약초즙을 테마로 정하는 것이 좋습니다. 매장을 고급 한약방 스타일로 만든다면 영업에도 도움될 것입니다. 업종명은 즉석판매제조가공업입니다.

① 건강진단서(대표자의 건강진단서, 관할 보건소)
② 식품위생교육필증(관할 식품위생교육기관에서 8시간 교육)
③ 사업계획서(관할 시군구 양식)
④ 임대차 계약서(건축법상 근린생활시설이나 판매시설에 해당하는 건물)

⑤ 영업신고서(위의 구비서류와 신분증 지참, 관할 시군구)
⑥ 사업자등록(사업개시 후 20일 내 관할 세무서 또는 인터넷 홈택스)
⑦ 통신판매업신고서(인터넷에서 판매하고 싶은 경우, 관할 시군구)
⑧ 스쿠알렌 같은 건강기능식품 유통판매 시 추가서류(건강기능식품 교육수료증, 유통전문판매업 신고증 필요)

약초건강원의 취급 품목은 무엇인가요?

당뇨에 좋은 약초를 달인 즙, 암에 좋은 약초를 달인 즙, 시력에 좋은 약초를 달인 즙 등을 판매하는 건강원을 말합니다.

과연 사업성이 있을까요?

기존의 배즙, 양파즙 외에도 여러 효능의 약초즙을 판매하므로 사업성이 있을 것으로 보입니다. 단, 손쉽게 구할 수 있는 재료인 배나 양파와 달리 싱싱한 약초를 제때 공급받는 것은 아무래도 어렵지 않을까 판단됩니다. 그러므로 약초를 구하기 쉬운 농촌에서의 창업이 더 좋을 것으로 보입니다.

약초건강원 창업 절차

```
약초 또는 생약 구입선 개발  ← 항암, 당뇨 등에 좋은 약초 지식 공부
           ↓
건강진단서 신청           ← 관할 보건소
           ↓
식품위생교육필증          ← 관련 식품위생교육기관
           ↓
임대차 계약서            ← 한약방 느낌의 익스테리어
           ↓
내부 및 외부공사          ← 초기에는 즙기계 2~4대 구비
           ↓
영업신고서 신청          ← 관할 시군구
           ↓
사업자등록              ← 관할 세무서 또는 인터넷 홈택스
```

 직접 제조하지 않고 위탁생산한 뒤 자사 상표를 붙여 유통하는 방법도 있습니다. 창업 시 부대 서류가 다르므로 관할 시군구에 문의 바랍니다.

07 SECTION

음식·요리
: 한식 전문점 & 김밥 전문점 & 도시락 전문점 외

요식업에서 소자본 창업이 가능한 업종은 한식집과 분식집 등이 있습니다.

▌한식집 & 배달음식 전문점 & 도시락 전문점 & 고깃집 등

한식집은 백반집, 전통한식집, 국숫집, 배달음식 전문점, 생선구이 전문점, 동태요리 전문점, 해물탕 전문점, 매운 요리 전문점 등이 있습니다. 한식집 창업 시 술을 취급하면 매출에 적지 않은 도움이 됩니다. 이 중 소자본 창업자가 노려볼만한 업종은 생선가스 전문점, 스파게티 전문점, 국수+돈가스 전문점, 메밀국수 전문점, 도시락 전문점 등입니다. 점심 손님 위주로 장사하려면 2~5층 상가건물이 많은 곳, 배달음식 전문점은 쇼핑상가가 많은 곳, 해물탕과 동태요리 같은 전문 한식집은 대형 아파트 단지의 근린생활건물에서의 창업을 생각해볼 만합니다.

음식점의 초기 창업면적은 최소 66제곱미터를 기준으로 하는 것이 좋습니다. 요즘 인테리어가 허술한 음식점은 손님들이 찾지 않으므로 규모도 조금 늘리고 인테리어와 점포 외관을 깔끔하게 하는 것이 좋습니다. 도시에서 창업할 때는 자연의 느낌을 주는 파스텔톤도 생각해볼 만합니다.

요식업 중 대박을 낼 수 있는 업종은 예나 지금이나 고기를 취급하는 업소입니다. 고깃집은 하나의 매장으로도 수완만 좋으면 기업형으로 키울 수 있는 업종입니다.

우리나라엔 음식점 수가 많지 않나요? 수요보다 공급이 많은 곳에서 창업하는 것이 어쩐지 두렵습니다.

상위 20% 안에 드는 요리솜씨가 있다면 창업을 생각해볼 만합니다. 카페보다 창업비는 적게 들지만 수입은 더 올릴 수 있는 업종인 것은 분명합니다.

분식집 & 김밥 전문점 & 도시락 전문점 & 수제버거 전문점

음식점 중에서 술을 판매하지 않는 업종이 분식집 종류입니다. 김밥 전문점, 도시락 전문점, 돈가스 전문점, 버거 전문점 등이 이에 속합니다. 김밥 전문점은 최근 문 닫는 곳이 많아졌지만 대학가나 유동 인구가 바글바글한 지역에서 주방장의 손맛이 좋을 경우에는 항상 승산이 있습니다. 공대 앞의 분식점은 음식 솜씨가 좋으면 승산이 있는 반면 여대 앞의 분식점은 유명 프랜차이즈 브랜드로 창업해야 승산 있습니다.

수제버거 전문점은 젊은 층의 유동 인구가 많은 지역을 타깃으로, 여대 앞에서의 창업은 피해야 하며 오히려 여고 앞에서 승산이 있습니다. 예컨대 여고와 아파트를 끼고 있는 곳에서는 저가형 패스트푸드점, 아이스크림+커피 복합매장, 주먹밥 전문점 등을 깔끔한 인테리어로 창업하면 여고생들이 주고객이 될 확률이 있습니다. 사무밀집지역이나 상가밀집지역에서는 국수+돈가스집, 메밀국수 전문점 등을 깔끔한 인테리어로 창업하면 잘될 수 있습니다.

한식집 & 분식집 창업 서류

① 보건증(대표자 명의, 종업원도 보건증 필요, 관할 보건소)
② 식품위생교육필증(한국음식중앙연합회 각 지역 교육실에서 교육 후 발급)
③ 건축물대장, 등기부등본 등(임대 건물의 용도, 부채상태 파악용)
④ 임대차 계약서(건축법상 음식점 개점이 가능한 건물)
⑤ 소방시설 완비증명서(지하 및 2층 99제곱미터 이상인 경우, 관할 소방서)
⑥ 가스시설완비증명서(일반 LPG 사용 시 해당, 도시가스 사용건물은 제외)
⑦ 영업신고증(위의 구비서류와 신분증 지참, 관할 시군구)
⑧ 사업자등록(사업개시 20일 내 관할 세무서 또는 인터넷 홈택스)
⑨ 주류카드(주류를 많이 취급할 경우, 가까운 신한은행, 농협, 지방은행)
⑩ 양도양수서(기존 업소를 인수한 뒤 업종을 변경하지 않고 영업할 경우)

주류카드란 주류도매상에게 주류를 구입할 때 사용하는 주류구매전용 현금카드입니다. 일정액을 미리 예치한 뒤 주류를 구매할 때 결제하면 예치금이 빠져나가는 방식입니다. 따라서 일반 상품 구매에는 사용할 수 없습니다. 사업을 폐업한 경우에는 은행에 폐업사실을 증명하면 예치한 잔액을 꺼낼 수 있습니다. 신한은행, 농협 외 각 지역 지방은행에서 발급받을 수 있습니다.

한식집 & 분식집 창업 절차

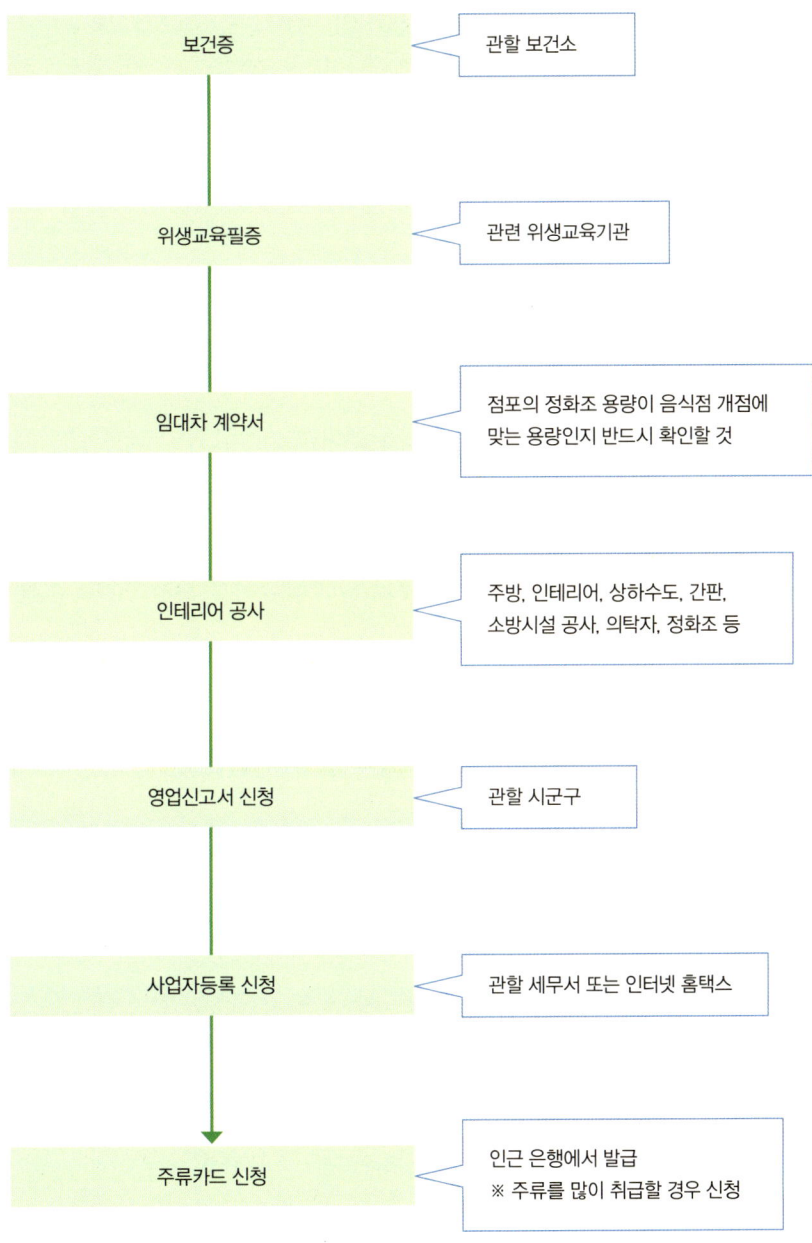

08 SECTION 주점업: 호프집 & 주점 외

호프집이나 주점은 프랜차이즈 브랜드가 시장을 장악하는 분야입니다. 프랜차이즈 브랜드가 난립하는 업종이므로 대학가나 번화가에서는 인기 있는 프랜차이즈로 창업할 것을 권장합니다.

호프집 & 주점 등

호프집이나 주점 프랜차이즈는 '피쉬앤그릴', '하이트 비어플러스', '와바' 등의 유명 브랜드가 많습니다. 먼저 관심 있는 브랜드를 몇 개 선정한 뒤 한국프랜차이즈협회(www.ikfa.or.kr)에서 해당 브랜드의 정보공개서를 열람하여 가맹본부의 재정상태와 영업력을 파악하기 바랍니다. 또한 해당 브랜드를 사용하는 점포를 찾아가 실제 영업상태를 조사하는 작업도 필요합니다.

업종 특성상 아르바이트생을 고용하므로 사무실 밀집지역에서는 붙임성 좋고 미소가 예쁜 여직원을, 여대 앞에서는 키가 크고 말쑥한 생김새의 남자직원을 고용하는 전략이 필요합니다. 프랜차이즈가 아닌 개인으로 창업할 때는 라이벌 매장의 안주메뉴를 충실히 분석하고 그보다 뛰어난 메뉴구성을 하는 것이 좋습니다. 아울러 개점일에 맞추어 각종 전단지 광고를 준비하고 개점 당일에는 개점식도 화끈하게 하는 것이 좋습니다.

호프집 & 주점 창업 서류

① 보건증(대표자 명의, 관할 보건소)
② 위생교육필증(한국요식업협회 각 지역 분원에서 교육 후 발급)
③ 건축물대장, 등기부등본 등(임대 건물의 용도, 부채상태 파악용)
④ 임대차 계약서(건축법상 호프집 개점이 가능한 건물, 2종 근린생활 이상)
⑤ 소방시설안비필증
⑥ 가스시설완비증명서(일반 LPG 사용 시 해당, 도시가스사용건물은 제외)
⑦ 영업허가신고증(위의 구비서류와 신분증 지참, 관할 시군구청 민원실)
⑧ 사업자등록(사업개시 20일 내 관할 세무서 또는 인터넷 홈택스)
⑨ 주류카드(가까운 신한은행, 농협, 지방은행 등)
⑩ 신용카드 가맹점(사업자등록증 필요)

호프집 & 주점 창업 절차

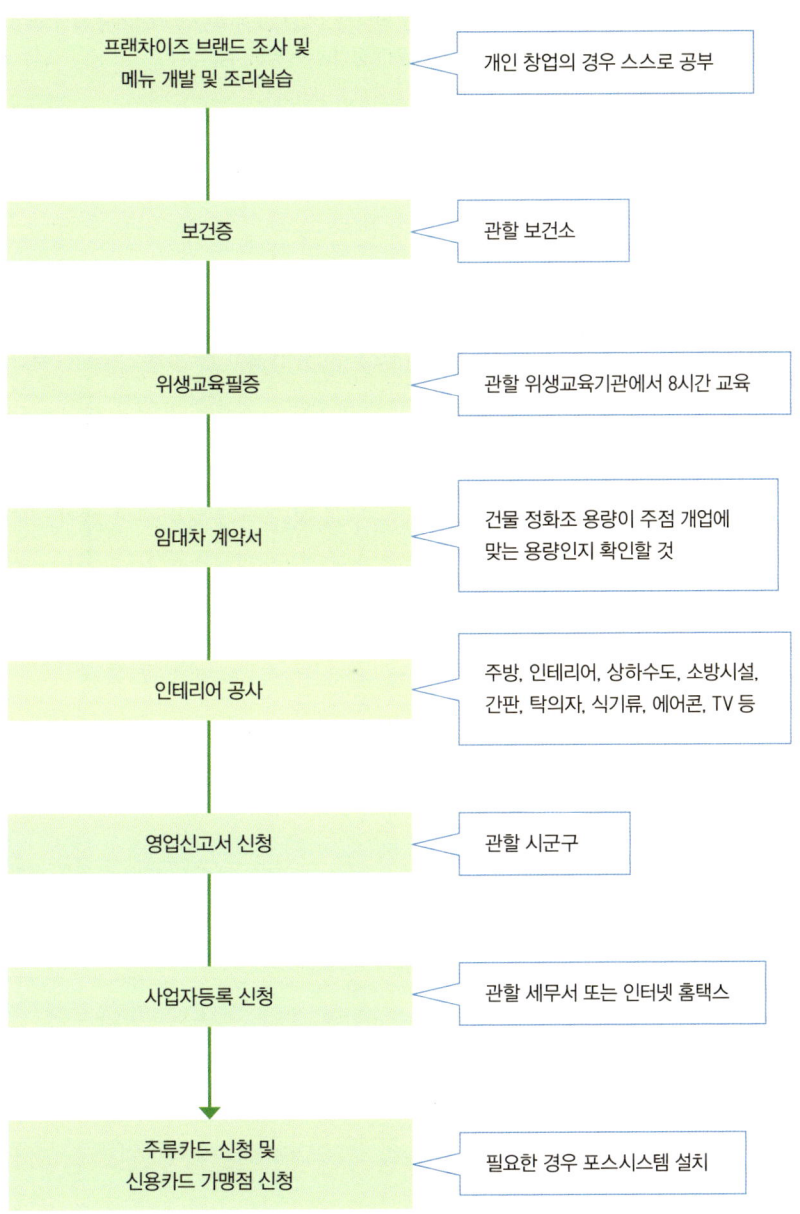

09 SECTION 기타 음식점업: 치킨 전문점, 치킨피자 전문점 외

치킨 전문점 역시 프랜차이즈 브랜드가 업계를 장악하고 있지만 독특한 조리법이나 특색 있는 메뉴 구성을 할 수 있다면 개인 브랜드로도 충분히 창업할 수 있습니다.

▌치킨 전문점, 치킨피자 전문점

현재 치킨 전문점의 메뉴는 프라이드, 양념, 구이, 두 마리, 반반 형태로 발전하고 있습니다. 매장은 배달 전문매장과 호프집 스타일의 접객시설이 있는 방식으로 창업할 수 있습니다. 접객시설이 있는 경우 통나무 장작구이 형태의 치킨집이 창업에는 어려움이 많지만 의외로 인기가 높습니다. 따라서 통나무 구이 같은 독특한 조리법과 특색 있는 메뉴 구성이 가능하다면 개인 브랜드로 창업하는 것을 생각해볼 만합니다. 아무래도 통나무 숯불구이나 화덕구이 치킨은 거리에 고소한 냄새를 풍기게 할 뿐 아니라, 주문받은 치킨을 즉석에서 구워서 판매하므로 도시에서 창업할 때 유리합니다. 또한 찜닭 같은 닭요리, 가슴살 요리 종류, 허브 훈제요리 등을 메뉴에 추가하여 치킨요리 전문점 느낌을 주는 것도 좋을 것입니다.

영세한 규모의 치킨배달 전문점을 개인 브랜드로 창업할 경우에는 치킨과 피자메뉴를 결합하는 것을 생각해볼 만하지만 업소난립이 많아 경쟁이 만만치만은 않습니다.

▌치킨 전문점 창업 서류

① 보건증(대표자명의, 관할 보건소)
② 위생교육필증(한국요식업중앙회 지역 분원에서 교육 후 발급)
③ 임대차 계약서(건축법상 치킨집 개점이 가능한 건물, 2종 근린생활 이상)
④ 소방시설안전점검서(지하나 2층이며 매장 면적일 클 경우, 관할 소방서)
⑤ 가스시설완비증명서(일반 LPG 사용 시 해당, 도시가스 사용건물은 제외)
⑥ 영업허가신고증(위의 구비서류와 신분증 지참, 관할 시군구청 민원실)
⑦ 사업자등록(사업개시 20일 내 관할 세무서 또는 인터넷 홈택스에서 등록)
⑧ 주류카드(필요한 경우 가까운 신한은행, 농협, 지방은행 등)

치킨 전문점 창업 절차

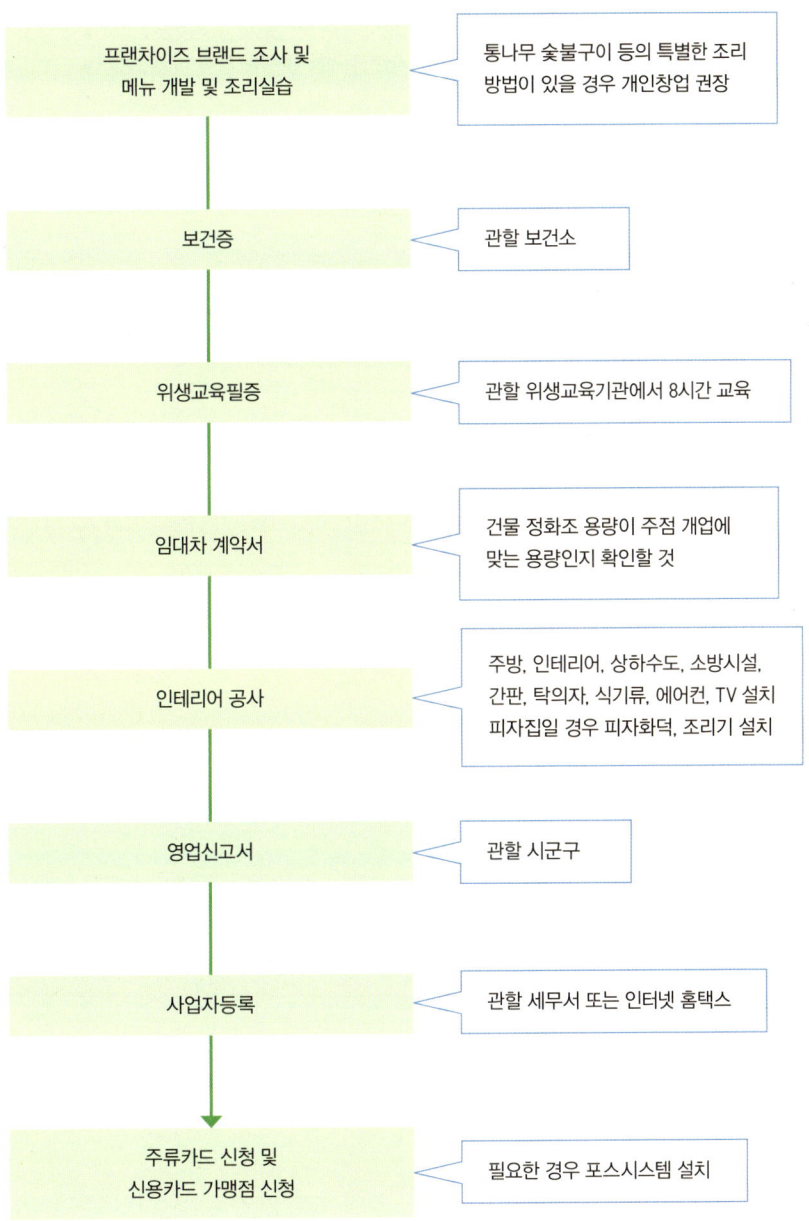

10 SECTION 비알콜 음료점
: 카페 & 커피숍 & 테이크아웃 & 숍인숍 매장

동대문시장 골목길에는 노상에 판매부스를 차려놓고 원두커피를 판매하는 남부럽지 않은 외모의 젊은 여성들을 종종 볼 수 있습니다. 참으로 자존심 세울 줄 아는 당찬 여성들입니다.

▌카페(커피숍)

카페(커피숍)는 흔히 보는 점포형, 테이크아웃형, 숍인숍 매장으로 창업할 수 있습니다.

카페(커피숍)는 기본 66제곱미터 이상 규모로 창업하는 것이 좋습니다. 유동 인구 다발지역은 33제곱미터 규모로도 충분하지만 주택가나 아파트 지역에서는 66제곱미터 이상 규모로 창업하여 주변의 작은 점포를 잡아먹길 권장합니다. 주택가나 아파트 지역에서의 커피숍은 기분 전환을 위해 들르는 곳이므로 숨 막히는 작은 커피숍은 잘 통하지 않습니다. 하지만 유동 인구 다발지역은 약 46제곱미터 규모라 해도 유입인구가 많으므로 무리해서 크게 창업하는 것보다는 자기 자본에 맞는 작은 규모로 창업해 짭짤하게 수입을 올리는 것이 투자 대비 효율성이 높습니다.

일반적으로 역세권의 오피스텔이 몰려 있는 횡단보도 옆이 좋으며 건너편 상권과 단절되지 않은 왕복 4차선 정도의 번잡한 도로 옆이 좋습니다. 왕복 4차선 도로라면 건너편 사람이 때에 따라 무단횡단을 해도 별문제가 없는 도로너비라 할 수 있을 것입니다.

▌테이크아웃 매장 커피숍

테이크아웃 커피매장은 인구가 바글바글한 도매시장의 주통로, 의류매장이 몰린 곳의 주통로, 대학가 정문 앞의 주통로, 직장인과 젊은 여성들이 많이 오고 가는 주통로에서 창업합니다. 끼니를 간편하게 때울 수 있는 샌드위치 따위나 아이스크림류를 병행하는 것도 좋은 생각입니다. 차선의 입지조건은 횡단보도를 끼고 있는 장소입니다.

▌숍인숍 커피매장

제과점 같은 숍 안에 작은 공간으로 창업하는 것이 숍인숍 매장입니다. 예컨대 동네의 유명 개인 제과점이 원두커피를 판매하지 않는다면 매장주와 상담 및 계약한 뒤 제과점 한 귀퉁이를 개조하여 작은 매장을 짓고 숍인숍으로 창업할 수 있습니다. 가장 좋은 방법은 동네에서 가장 인기 있는 매장의 귀퉁이를 빌려 창업하는 방법이며 이때 해당 매장과 커피가 시너지를 일으키는 업종일 경우 유리합니다.

참고로 유명 베이커리의 커피매장에서 볼 수 있는 20대 여성 바리스타는 대부분 정직원이 아니라 파견직입니다. 이들 베이커리 바리스타 월급은 판매량으로 산정되는데 여름철에는 150~200만 원 정도의 수입을 올립니다. 숍인숍 매장이라면 파견직보다 자기 수입이 높으므로 장사가 잘될 경우 200~300만 원을 올릴 수도 있습니다.

카페(커피숍) 창업 서류

① 보건증(대표자 명의, 종업원도 보건증 필요, 관할 보건소)

② 위생교육필증(관련 위생교육단체에서 교육 후 발급)

③ 소방시설 완비증명서(지하 및 2층 99제곱미터 이상인 경우, 관할 소방서)

④ 임대차 계약서(건축법상 음식점 개점이 가능한 건물)

⑤ 영업신고증(위의 구비서류와 신분증 지참, 관할 시군구)

⑥ 사업자등록(사업개시 20일 내 관할 세무서 또는 인터넷 홈택스)

맛있는 커피를 만드는 카페를 창업하고 싶은데요. 어떻게 하면 신속하고 올바르게 결정할 수 있을까요?

통상 6개월 과정으로 원두커피 제조법을 배우는 바리스타 자격증 과정을 공부하기 바랍니다. 물론 커피숍을 창업하는 데 바리스타 자격증이 필요하지는 않습니다. 자격증 취득 후에는 동종 업계에서 6개월 정도 취업하여 운영 노하우를 배운 뒤 창업하면 더 좋을 것입니다.

카페(커피숍) 창업 절차

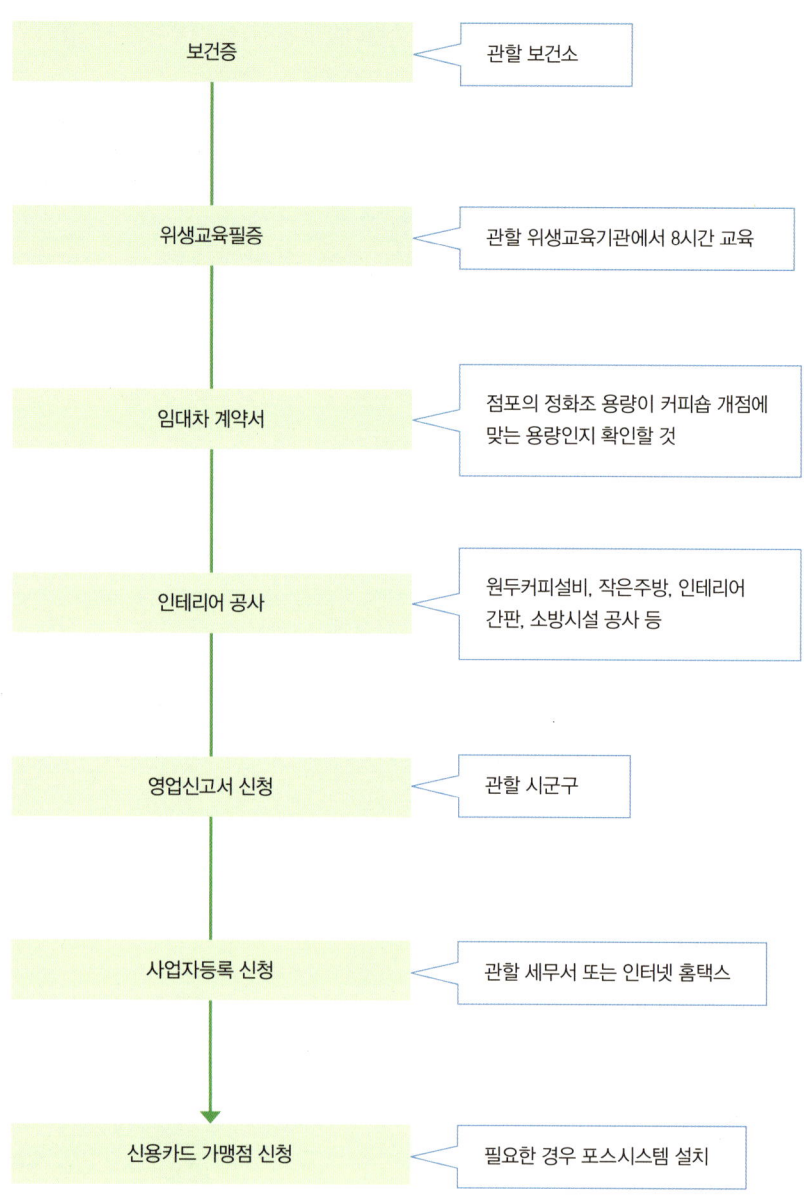

SECTION 11 제과·제빵: 베이커리(빵집)

베이커리 시장은 가장 치열한 전쟁터입니다. 다품목 제조 능력이 없으면 폭삭 망하지만 먹거리 업종의 고깃집과 유사한 방식으로 기업형이 가능한 업종입니다.

▶ 베이커리(빵집)

개인 제과점은 프랜차이즈 베이커리와 경쟁해야 하므로 개인 빵집 개업자는 빵을 다품목으로 제조할 능력이 있어야 합니다. 예로 들어 자신이 만들 수 있는 빵이 100가지 정도라면 빵집 창업을 포기할 것을 권고합니다. 하지만 500여 가지 정도의 빵을 제조할 능력이 있다면 개인 빵집 창업도 생각해볼 만합니다. 500여 가지를 만들 능력이라면 조합능력이 매우 뛰어난 사람이므로 외진 곳에 빵집을 내도 먹고살 수 있다는 뜻입니다.

조금 과장하면 500여 가지의 빵을 만들 수 있는 사람은 바로 앞에 프랜차이즈 빵집이 있어도 경쟁에서 살아남을 수 있는 실력입니다. 그럼 500종의 빵을 모두 만들어서 진열해야 할까요? 천만에요. 매일 진열해놓는 빵의 종 수는 120종 내외, 이 중 5% 정도를 15일에 한 번 다른 신제품 품목으로 만들어 파는 것입니다. 맛있는 빵도 보통 10~15일 정도 연속으로 먹으면 싫증이 나기 때문에 교차 제조하여 판매하는 전략입니다.

쉽게 말하면 개인 빵집 주인은 다품종 소량생산 체제를 고수하면서 10~20일 간격으로 신제품을 뽑아 물갈이하는 사업전략이 필요합니다. 인기 빵이 싫증 난 눈치면 신제품 빵으로 물갈이하여 고객을 계속 잡아두어야 합니다. 이쯤 되면 점주에게 게으름이란 있을 수 없습니다. 업주는 항상 새로운 빵을 연구하고 만들어내려는 자세가 필요합니다.

빵집 입지조건은 버스정류장이나 지하철역 입구 등의 유동 인구 다발지역이 좋으며 오르막길에 있는 점포는 입점을 피하기 바랍니다. 아파트 밀집 지역에서 개인 빵집을 창업할 경우에는 주차장이 있는 점포를 구하는 것도 생각해볼 만합니다.

▌베이커리(빵집) 창업 서류

① 보건증(대표자명의, 관할 보건소)
② 위생교육필증(대한제과협회 각 지역 분원에서 교육 후 발급)
③ 건축물대장, 등기부등본 등(임대 건물의 용도, 부채상태 파악용)
④ 임대차 계약서(건축법상 빵집 개점이 가능한 건물)
⑤ 영업허가신고증(위의 구비서류와 신분증 지참, 관할 시군구청 민원실)
⑥ 사업자등록(사업개시 20일 내 관할 세무서 또는 인터넷 홈택스에서 등록)
⑦ 신용카드 가맹점 신청(가까운 은행)
⑧ 포스시스템 구입 또는 임대 설치(필요한 경우)

제가 이번에 제과제빵 학원에 다니면서 열심히 실습해 200종류를 만들 수 있게 됐어요. 나머지 300품목은 누구에게 배워야 하죠? 유학이라도 다녀와야 하나요?

자체 실습을 위해 가정에 가스 오븐 설비를 갖추세요. 국내 블로그를 통해 다양한 스타일의 빵 제조법을 습득하고, 해외 요리학원 블로그나 맛집 전문가 블로그를 보면서 만드는 법을 배워보세요.

개인 베이커리(빵집) 창업 절차

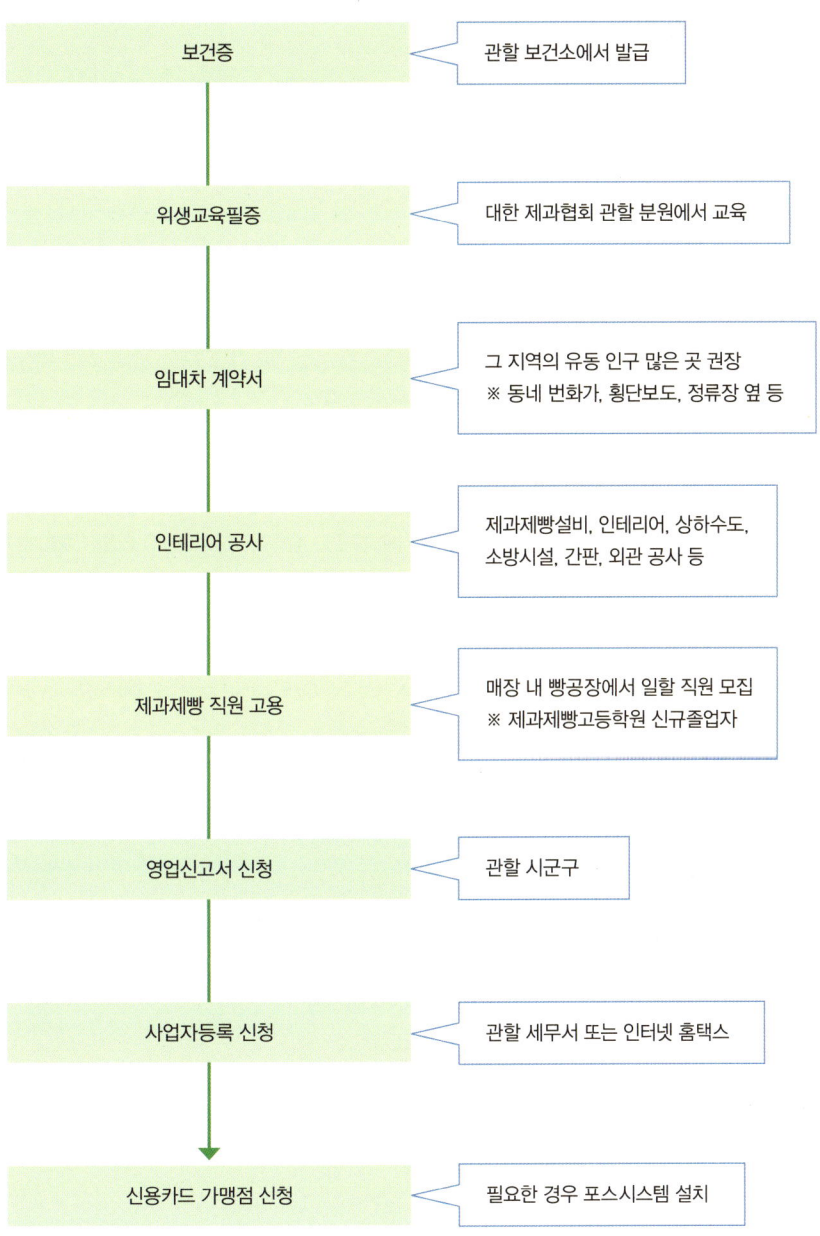

요식업, 주점업 주요 업종 명칭

국세청 홈페이지의 조회·계산- 기준경비율 메뉴에서 확인할 수 있습니다.

1. 기타 음식점업- 분식 및 김밥 전문점, 그 외 기타 음식점업
스낵, 분식집, 튀김집, 만두집, 주먹밥집, 기타 소규모 간이음식점, 자급식 음식점업 등(종합소득세 산정 시 적용하는 기준경비율코드 번호- 552108)

2. 기타 음식점업- 피자, 햄버거, 샌드위치 및 유사 음식점업, 치킨 전문점
피자, 햄버거, 닭튀김, 간이양식, 아이스크림 등 체인화된 음식을 취급하는 업소. 예를 들면 스카이락, 코코스, TGIF, 롯데리아, 피자헛, 맥도날드, 배스킨라빈스 등(552107)

※ 사업자가 직접 조리하는 작은 업소인 [간이과세자] 창업 예정자는 1번, 4번 적용

3. 기타 음식점업- 제과점업
빵, 과자 등을 직접 제조판매하는 개인 빵집. 크라운 베이커리, 고려당 등 공급업체로부터 대리점 형태로 공급받아 판매하는 베이커리 등(552301)

4. 기타 음식점업- 그 외 기타 음식점업, 피자, 햄버거, 샌드위치 및 유사 음식점업
간이양식, 휴게실 등과 같이 접객시설을 갖추고 햄버거·도넛·닭튀김·음료 등을 제공하는 업소, 고속도로 휴게소, 유원지 휴게소, 흑염소 등을 파는 특수음식점(552305)

5. 일반 음식점업- 한식 음식점업
일반한식, 백반 전문점, 꽃게탕집, 해물탕집, 동태탕집 등(552101)

6. 일반 음식점업- 서양식 음식점업, 일식 음식점업, 중식 음식점업
서양음식, 경양식, 한식뷔페(552104). 중국음식(552102). 일식우동, 회센터(552103)

7. 비알콜 음료점업- 비알콜 음료점업
다방, 커피 전문점, 주스 전문점, 찻집, 죽 전문점 등(552303)

8. 주점업- 기타주점업
건전한 형태의 레스토랑·카페 등(552208). 간이주점, 대폿집, 선술집, 그 외 간이 생맥줏집 등(552209). 호프집, 소주방 등(552205)

9. 주점업 - 일반유흥 주점업
유흥접객원이 있는 바, 스탠드바, 비어홀 등(552202). 유흥접객원은 없고 노래방이 허용되는 주점, 단란주점 등(552207). 독립 객실이 있는 유흥주점, 룸살롱 등(552201)

식품 소매업: 편의점 & 슈퍼마켓 등

최근의 편의점은 소자본 창업의 대표주자입니다. 도시의 주택가 골목의 상가에까지도 편의점 창업 열풍이 불고 있지만 겨우 인건비 따먹기 수준임을 인지하는 것이 좋습니다. 자본이 비교적 충분하다면 오히려 슈퍼마켓 창업이 유리합니다.

슈퍼마켓(중견마트)

165~661제곱미터 규모의 매장을 임대할 재력이 있다면 슈퍼마켓(중견마트) 창업을 생각해볼 만합니다. 예컨대 동네표 중견마트가 그것입니다. 사업수완이 좋으면 창업 후 고객을 모은 뒤 중견 슈퍼체인점에 팔아넘길 수도 있지만 동네 상권을 잡을 수 있다면 평생 직업이 될 수 있습니다. 지금까지 승승장구했던 대기업표 대형마트는 '점점 몹쓸 짓을 많이 하여 화이트컨슈머의 신뢰를 잃고 있으므로' 동네표의 탄탄한 중견마트가 유통시장의 한자리를 충분히 차지할 것입니다. 예를 들어 165~330제곱미터 규모의 중견마트들이 연합하여 대기업 마트를 포위하는 형국이면 대기업 마트도 쫓아낼 수 있습니다. 실례로, 아파트단지에서 500미터 떨어진 곳에 대기업 대형마트가 있다 해도, 아파트단지 메인 진입로에 330~661제곱미터 규모의 중견마트를 연다면 합리적인 소비자들의 발길을 잡을 것입니다.

편의점

편의점은 3,000~5,000만 원 정도의 적은 비용으로도 창업할 수 있으므로 최근 소자본 창업의 간판 주자로 떠오르고 있습니다. 서울에서도 주택가와 접한 상가들은 보증금 1,000만 원에 월 100만 원 정도이면 임대가 가능하므로 총 창업비 5,000만 원 정도로 주택가 인접 상가에서 흔히 창업합니다. 단, 주택가 인접 상가들은 유동 인구가 상대적으로 적으므로 골목독점이 불가능할 경우 창업을 심사숙고해야 합니다. 기존 구멍가게를 인수해 편의점으로 재단장하는 경우도 있는데 이 경우 구멍가게의 일 매출이 60만 원 이상일 경우 승산이 있습니다.

▌슈퍼마켓(편의점), 식품소매업, 식품도매업 창업 서류

① 건축물대장, 등기부등본 등 열람(임대 건물의 용도, 부채상태 파악용)
② 임대차 계약서(건축법상 편의점이나 슈퍼마켓 개점이 가능한 건물, 2종 근린생활 이상)
③ 영업신고증(대형슈퍼인 경우)
④ 주류재판매면허(사업자등록 시 병기하면 별도로 허가받지 않아도 됨)
⑤ 사업자등록(사업개시 20일 내 관할 세무서 또는 인터넷 홈택스에서 신청. 임대차 계약서, 그 외 서류, 관할 세무서)

필요한 경우 사업자등록 전 혹은 사업자등록 후 다음 내용을 신청합니다.

① 축산물판매업영업신고서(슈퍼 안에 정육점 판매시설을 만든 경우, 관할 시군구 민원실)
② 밀폐양곡판매(슈퍼에서 포장된 쌀의 판매를 병행할 경우, 법령 해석이 다를 수 있으므로 관할 시군구 민원실에 문의)
③ 담배소매인지정신청서(점포 등기부등본 또는 사업장임대차 계약서, 관할 시군구 지역경제과. 담배판매지정 신청자가 많을 경우 추첨제로 지정되며 장애인 우선으로 지정됨)
④ 복권판매허가(슈퍼에서 종이복권 등을 판매하고 싶은 경우, 복권사업단 지역총판에 신청하면 바로 허가 취득 가능. 즉석복권류의 판매만 가능하고 로또복권판매업은 불가)
⑤ 쓰레기종량제봉투판매지정업소(슈퍼에서 쓰레기봉투를 판매하고 싶은 경우, 관할 시설관리공단에 신청)
⑥ 휴게음식점 신고(슈퍼 내에 즉석 음식매장을 설치할 경우)

식품도매유통업 창업자가 인터넷 판매를 병행할 경우 사업자등록 전 다음 요소를 신청하기 바랍니다.

① 구매안전 서비스 이용확인증 신청(인터넷 등에서 도매상품을 판매할 때 신청. 인터넷 결제를 대행하는 서비스이며 PG사를 통해 신청)
② 통신판매업신고서 신청(인터넷 등에서 도매상품을 판매할 때 필요한 정부 허가신청임. 구매안전 서비스 이용확인증 첨부하여 관할 시군구 경제과)

슈퍼마켓(편의점) 창업 절차

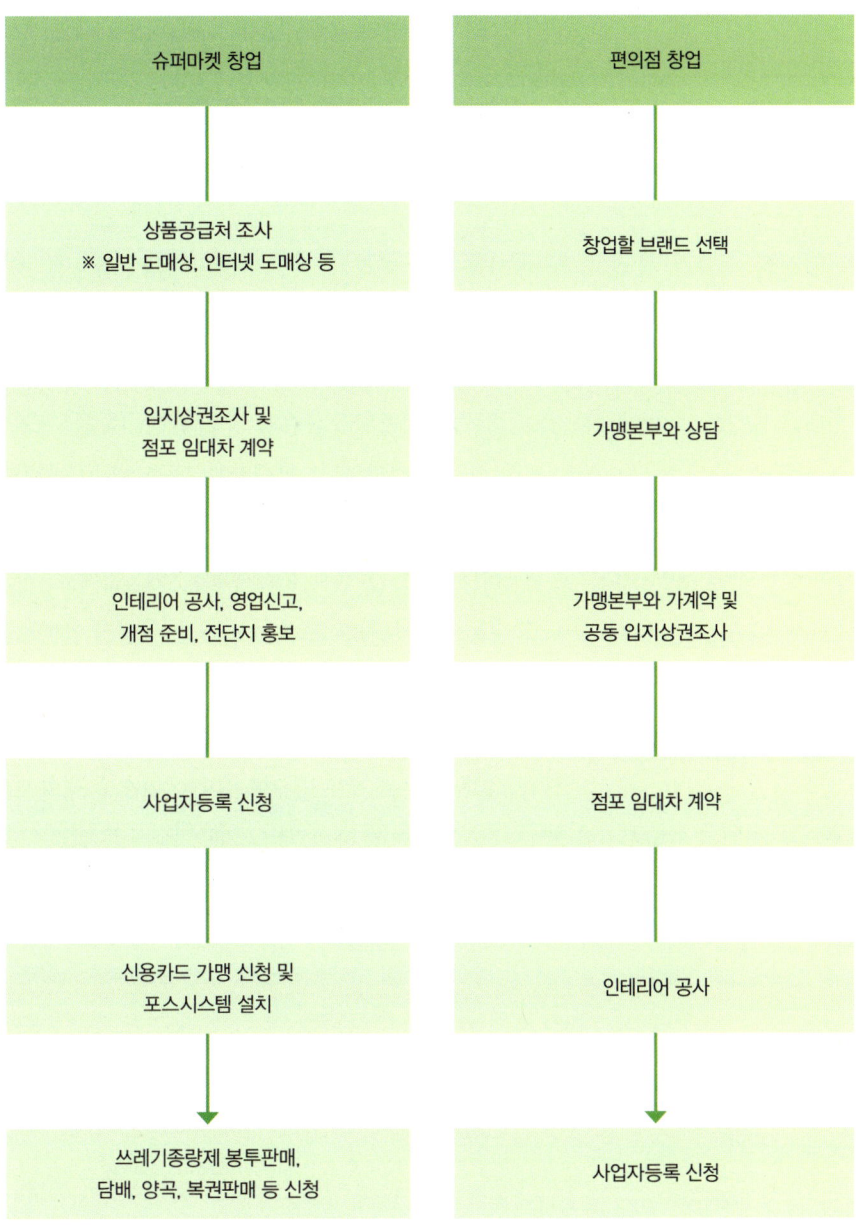

SECTION 13 잡화 소매업: 잡화 전문점(생활용품점) & 다이소 등

각종 생활잡화, 문구, 팬시, 커피메이커, 전자레인지, 믹스커피, 수입 과자 등을 판매하는 잡화 전문점은 소매업종에서 최근 가장 유망한 업종입니다.

소형잡화점

각종 생활잡화, 머그컵, 볼펜, 문구류, 사무용품, 팬시, 소형전자제품, 소형주방용품, 소형목욕용품, 소형세탁용품, 믹스커피, 수입 과자 등의 생활잡화를 판매하는 작은 매장입니다. 프랜차이즈 잡화점 브랜드인 다이소가 1,000원 균일값으로 승승장구하고 있으므로 라이벌이라고 생각하고 깨끗한 형태의 매장으로 창업하는 것이 좋습니다. 소형잡화점의 경우 판매물품을 재구성할 필요가 있는데 사무밀집지역에서는 사무용품 위주로 하고 여고 앞에서는 문구, 팬시, 인형, 수입 과자 품목 위주로 구성할 필요가 있습니다.

프랜차이즈가 아닌 개인 브랜드로 창업할 경우에는 먼저 잡화생활용품을 도매로 구입할 수 있는 구입선(도매상) 조사가 필요합니다. 동대문, 남대문시장 등에서 발품을 팔면서 알아보는 방법과 인터넷의 생활잡화 도매유통점을 알아보는 방법이 있습니다. 이미 그 업종에서 장사하는 사람들을 인맥으로 활용하면 상품도입가를 낮추는 데 유리합니다. 블랙마켓(암시장)에서 떨이로 나오는 물건 중 상품성 있는 잡화물품을 잽싸게 포착하는 자세도 필요합니다. 여기서 블랙마켓은 세금포탈을 목적으로 형성된 지하시장을 말하기도 하지만 도산한 제조업체가 상품을 덤핑으로 내다 파는 시장을 말하기도 하는데 국내에는 생필품은 물론 의류, 생활잡화 덤핑시장이 크게 활성화되어 있습니다.

잡화점 창업 서류

① 건축물대장, 등기부등본 등 열람(임대 건물의 용도, 부채상태 파악용)
② 임대차 계약서(건축법상 잡화유통점이 가능한 건물, 2종 근린생활 이상)
③ 사업자등록(사업개시 20일 내 관할 세무서 또는 인터넷 홈택스)
④ 신용카드 가맹점 신청(사업자등록증 필요)
⑤ 포스시스템 신청(필요한 경우)

잡화백화점 또는 다이소 프랜차이즈

자본력이 있다면 인구밀집지역 요충지에서 330~661제곱미터 규모의 잡화백화점 창업을 생각해볼 만합니다. 일본의 경우 이미 오래전부터 잡화백화점 형태의 사업이 크게 성공하고 있는데 이것은 일본의 버블경제로 인한 각박한 경제환경 때문일 것입니다. 국내도 서민들의 주머니 사정이 그리 좋지 않으므로 저렴한 가격을 무기로 한 디자인 중심의 생활잡화라면 앞으로 승승장구할 사업으로 보입니다.

잡화전문 백화점은 각종 생활잡화, 그릇, 책꽂이, 문구, 사무용품, 팬시, 이불, 커피메이커, 전자레인지, 공 CD, 이어폰, 건전지, 주방용품, 목욕용품, 화장용품, 세탁용품, 믹스커피, 수입 과자, 인형, 완구 등의 생활잡화를 판매합니다. 자본력이 부족하면 프랜차이즈 브랜드인 다이소 132제곱미터 규모의 매장으로 창업할 것도 생각해볼 만합니다.

다이소라면 특별히 홍보하지 않아도 알아서 손님들이 찾습니다. 개인 브랜드의 잡화 전문점은 전단지 광고 등으로 개점 홍보를 하는 것이 좋습니다. 개인 브랜드 잡화점도 사업이 안정화되면 동네 사람들의 뇌리에 '잡화는 그 집에서 사야 해'라고 인식되므로 특별히 홍보할 필요는 없습니다.

생활잡화점 대표 브랜드인 다이소 창업 절차

국내의 생활잡화점 프랜차이즈 브랜드 중에서 가장 인기 있는 다이소의 개설비용입니다. 점포 임차료는 별도입니다.

다이소 개설비용

구분	132m²	165m²	198m²	264m²	330m²
가맹비	220만 원	220만 원	385만 원	385만 원	550만 원
보증금	2,000만 원	3,000만 원	3,000만 원	4,000만 원	4,000만 원
초도상품대금	4,400만 원	5,500만 원	6,600만 원	8,800만 원	1억 1,000만 원
시설비	5,080만 원	6,350만 원	7,620만 원	1억 1,600만 원	1억 2,700만 원
합계	1억 1,700만 원	1억 5,070만 원	1억 7,605만 원	2억 3,345만 원	2억 8,250만 원

※ 2014년 기준. 다이소 아성산업

다이소 가맹점 개설 절차

잡화전문 프랜차이즈인 다이소의 창업 절차는 다음과 같습니다. 자세한 창업상담은 다이소 프랜차이즈 본사인 다이소 아성산업에 문의하기 바랍니다.

14 SECTION

문구·서점·대여업
: 팬시문구점, 사무용품점, 서점, 각종 대여업

팬시문구점, 사무용품점, 서점, 도서대여점, 창고대여점 등의 여러 업종에 대해 알아봅시다.

▌팬시문구점 & 사무용품점 & 서점

팬시문구점 역시 편의점처럼 소자본 창업이 가능한 업종입니다. 여고생 유동 인구가 많은 지역은 팬시문구점을 창업하되 인테리어에 신경 쓰는 것이 좋습니다. 일반 팬시상품, 문구제품, 휴대전화 케이스, 액세서리 등을 판매할 수 있습니다. 대학가나 업무밀집지역은 사무용품점의 창업이 좋으며 컴퓨터용품을 병행 판매합니다. 사무용품점의 경우에는 회사 납품 등의 거래선 개발에 노력하는 것도 좋을 것입니다.

서점은 점점 대형화되는 추세이므로 소자본 창업이 어렵지만 학교 앞이라면 참고서 판매로도 일정 수익을 올릴 수 있습니다. 중견서점은 젊은 여성(직장인 등) 유동 인구가 많은 곳이 좋은 입지 조건이 됩니다.

▌도서대여점 & 각종 렌탈 서비스, 대여업

우리가 흔히 보는 비디오대여점은 DVD, 비디오, 책, 만화를 대여하는 업체로 요즘은 하나의 업종코드로 DVD, 비디오, 도서, 만화를 같이 취급하여 대여할 수 있습니다. DVD는 온라인으로 쉽게 볼 수 있기 때문에 요즘은 서적(로맨스, 무협, 판타지, 추리, 만화, 잡지) 쪽의 비중을 90% 이상으로 잡아야 수익이 발생합니다. DVD는 5% 내외를 구비하고 도서는 청소년 50%, 성인 50% 정도로 구비합니다. 사업이 정상궤도에 오르면 다른 매장을 하나 더 창업해 두 개의 매장을 관리형으로 운영하는 것이 좋습니다. 매장 하나로는 자신의 인건비 챙기기도 바쁘지만 매장을 두세 개 돌리면 수입이 동시에 발생하므로 이때부터 수입이 짭짤해집니다.

국내의 대여점 중 요즘 활성화되는 업종이 개인창고 대여업입니다. 인사동에는 미술품을 안전하게 보관할 수 있는 개인창고 대여업소가 있습니다. 또한 각 지방의 물류 요충지에는 컨테이너에 각종 개인 물품이나 이삿짐 등을 임시로 보관할 수 있는 개인/기업창고 대여업이 차츰 생겨나고 있습니다.

창고대여업 외에 물품대여업을 창업하는 것도 생각해볼 만합니다. 물품대여업 특성상 소유한 물품을 대여하는 서비스이므로 식기류를 취미 삼아 수집한 주부라면 식기류 대여업을, 카메라를 수집한 사람은 카메라 대여업을, 웨딩업체라면 웨딩복 대여사업을 할 수 있습니다. 물론 인터넷을 통한 활발한 영업활동이 필요합니다.

도서대여점(DVD 렌탈 병행) 창업 실전 예제

　도서대여점은 가장 소자본으로 창업할 수 있는 업종입니다. 기본적으로 반경 200미터(지름 400미터) 안에 500~1,000세대가 밀집된 지역, 청소년과 젊은 남녀가 출퇴근할 때 이용하는 메인통로에서 임대료가 가장 저렴한 건물이 창업의 최적지입니다. 메인통로이되 그중 인기가 없는 건물에 입점하는 이유는 이 업종 특성상 임대료가 낮아야 수지타산이 나기 때문입니다. 초비 물품은 인터넷에서 알아낸 총판에서 구간 1만여 권을 1,000만 원 선에 구입하는 방법, 폐업한 도서대여점에서 구간과 구간 DVD, 고객관리 PC를 일괄 인수하는 방법이 있습니다. 도서는 구간만으로는 장사가 되지 않기 때문에 총판의 방문영업사원을 통해 최신 신간과 잡지도 구비해야 합니다. 일반적으로 지역 주민들이 많이 이용하는 지하철역으로 가는 메인통로에 창업하는 것이 좋습니다.

창업 서류

① 건축물대장, 등기부등본 등 열람(임대 건물의 용도, 건물주의 부채 상태 파악용)
② 임대차 계약서(건축법상 도서대여업 창업이 가능한 건물)
③ 사업자등록(사업개시 후 20일 내 관할 세무서 또는 인터넷 홈택스)

도서대여점(DVD 렌탈 병행) 창업 절차

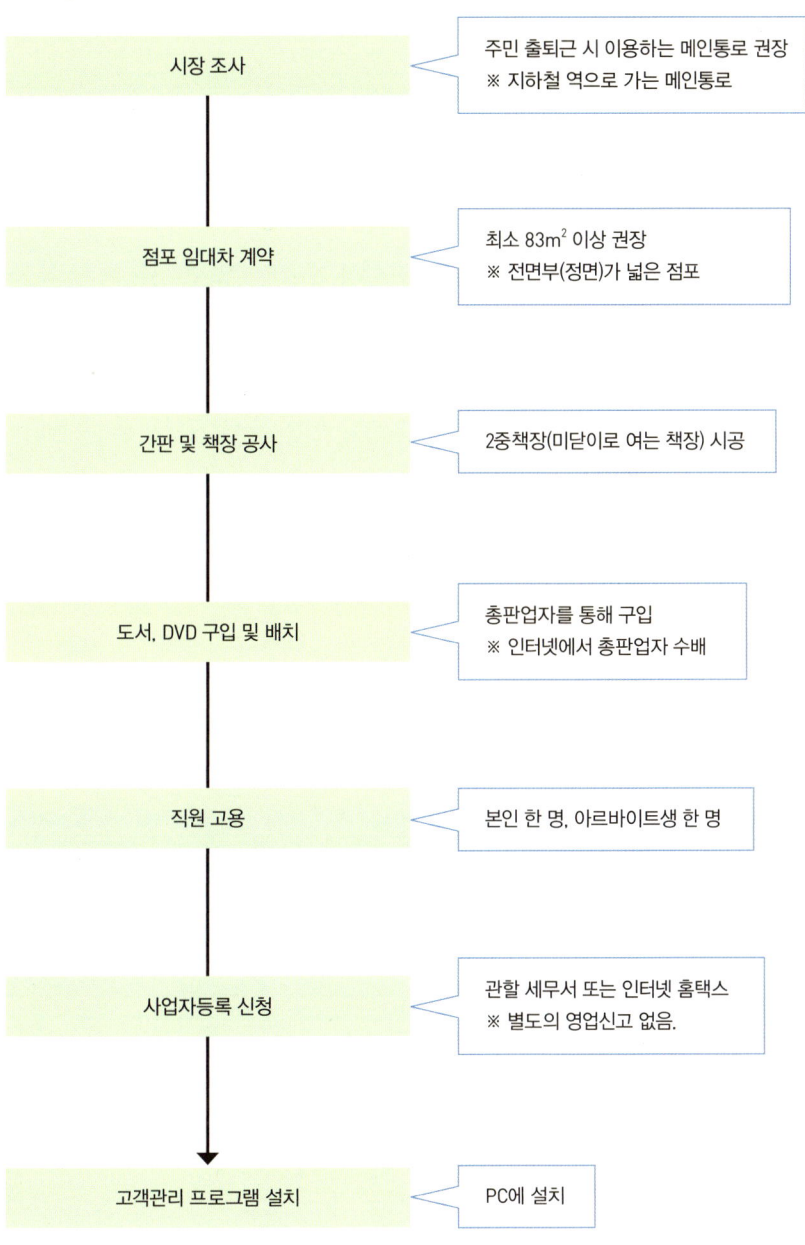

화장·미용·유통: 화장품숍 & 화장품 브랜드숍

화장품 판매업종은 도로변에서 볼 수 있는 점포인 로드숍 방식, 대형마트에서 볼 수 있는 숍인숍 방식, 전통시장 안에 창업하는 방식이 있습니다.

화장품숍

어떤 업종이든 마찬가지지만 화장품숍 역시 단골의 확보가 중요합니다. 한 달 동안 4회 방문한 단골에겐 선물을 주는 등 단골 확보책이 필요합니다. 피부관리 자격증을 소유한 경우에는 화장품숍 안에 간이 피부관리실도 차릴 수 있습니다. 저렴한 가격을 무기로 한 대기업 브랜드숍이 많으므로 박리다매하는 전략도 필요합니다. 화장품숍은 업종 특성상 크림, 로션, 매니큐어, 립스틱, 마스크팩은 물론 비누, 샴푸, 향수 등을 판매할 수 있습니다.

참고로 회사 등과 연계되어 화장품이나 정수기, 학습지, 자동차, 서적 등을 방문판매하는 외판원은 업종 종목상 '기타 자영업(940908)'에 해당합니다. 만일 회사 등과 연계되지 않고 점포도 없는 사람이 자신의 돈으로 화장품을 도매 구입한 뒤 방문판매하는 경우에는 '기타 무점포 소매업(523132)'으로 분류합니다.

화장품 브랜드숍

화장품 브랜드숍 중에서 인기 있는 브랜드는 에뛰드 하우스, 미샤, 더페이스숍, 이니스프리, 아리따움, 스킨푸드, 네이처리퍼블릭, 토니모리 등이 있습니다. 2012년 현재 에뛰드하우스가 평균 매출이 가장 높지만 이 계통은 외국인 관광객들에 의해 매출이 좌지우지되므로 매년 바뀔 수도 있습니다.

브랜드숍 중에서 창업비가 비교적 저렴한 곳은 약 7,000만 원으로도 가맹 및 초도상품을 가져올 수 있습니다(임차료별도). 예를 들어 대전 역세권의 66제곱미터 매장의 임차보증금을 5,000만 원, 권리금을 5,000만 원이라고 가정하고 그곳에서 창업할 경우 가맹 및 초도상품비 7,000만 원이 필요하므로 총 1억 7,000만 원의 창업비가 필요합니다.

만일 유명 브랜드숍을 임차보증금 2,000만 원, 권리금 2,000만 원 수준의 B급 동네 번화가에 창업할 예정이라면 임차보증금 포함 1억 원 이하로 창업이 가능합니다.

화장품숍 창업 서류

① 건축물대장, 등기부등본 등 열람(임대 건물의 용도, 건물의 담보 파악용)
② 임대차 계약서
③ 사업자등록(임대차 계약서, 그 외 서류, 관할 세무서)

화장품을 인터넷에서도 판매하고 싶은 경우 다음 서류를 사업자등록 전후 신청하기 바랍니다.

① 구매안전 서비스 이용확인증(인터넷에서 판매할 때 결제대행, PG사를 통해 발급)
② 통신판매업신고서 작성(구매안전 서비스 이용확인증 첨부하여 관할 시군구 경제과)

화장품숍 중 덤핑 화장품만 판매하는 깔세 점포 방식 화장품숍이 있습니다. 보통 1개월이나 보름 단위로 점포를 빌려서 판매하므로 사업자등록을 할 필요는 없습니다. 아예 자본이 없다면 깔세 방식으로 돈을 모은 뒤 창업하는 것도 나쁘지 않은 방법입니다.

개인 종합 화장품숍 창업 절차

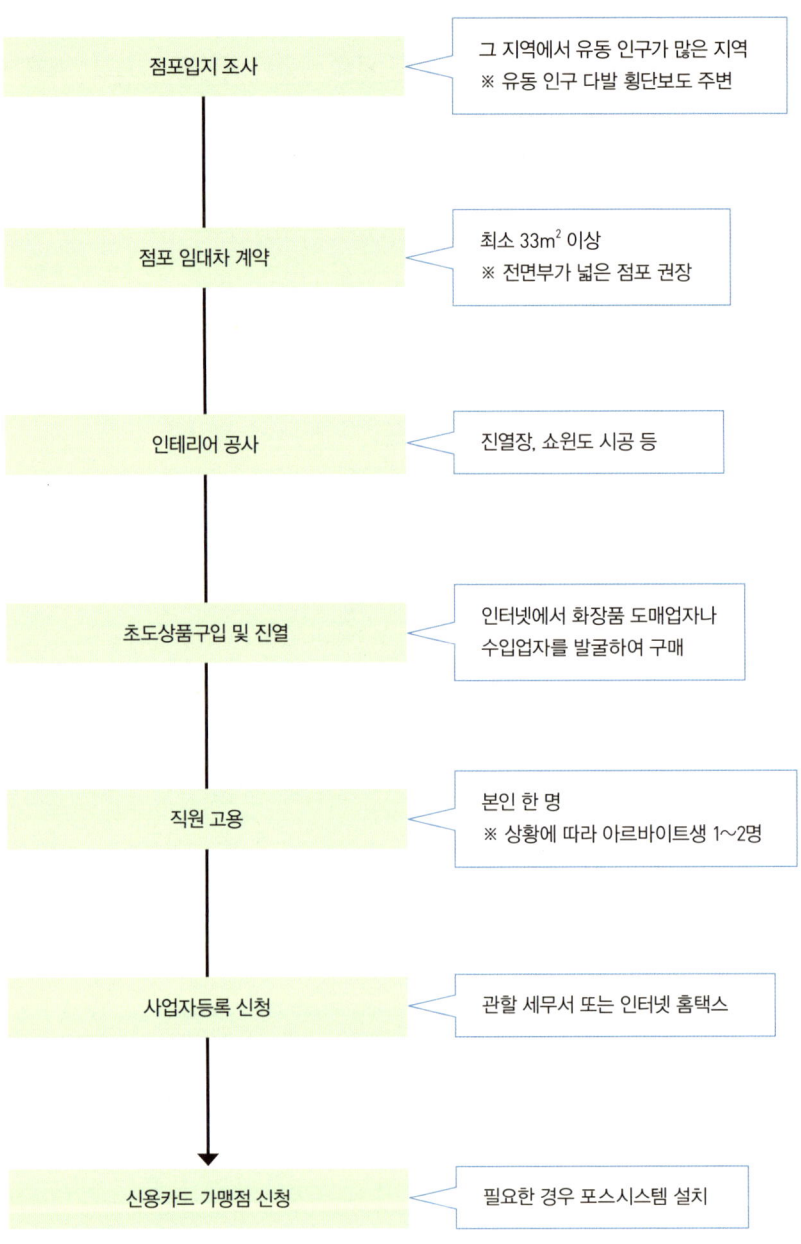

SECTION 16 의류 소매: 일반 의류매장, 의류 멀티숍, SPA 매장

의류 소매업 시장은 밀가루반죽처럼 뒤죽박죽입니다. 최고급 신사복매장과 SPA 매장, 깔세 매장, 중고옷매장이 공존합니다. '재고를 남기지 말자'는 전략만 있다면 돈을 만질 수 있는 업종입니다.

▌일반 의류매장, 의류 멀티숍

일반 의류 소매매장은 보통 동대문시장이나 남대문시장에서 물건을 사입한 뒤 이문을 남기고 판매합니다. 판매 노하우가 있는 사람은 자신의 상표를 붙이는 주문자상표 방식으로 의류를 사입해서 인터넷 쇼핑몰에서 판매하기도 합니다. 어떤 업자는 마음에 드는 옷을 대뜸 중국의 거래공장에 보내어 비슷하게 만들어달라고 한 뒤 그것을 판매하기도 합니다. 다 시간이 지나고 노하우가 생기면 벌어지는 일입니다.

동대문이나 남대문시장에서 물건을 사입하여 동네에서 판매하는 일반 옷집은 초도상품 구입비 1,000만 원, 임대보증금 1,000~2,000만 원, 인테리어 및 간판 1,000~3,000만 원, 합 3,000~6,000만 원의 소자본으로 창업할 수 있습니다. 물론 여성복판매점이나 아동복판매점은 인테리어, 간판, 입지조건 등 모든 것에 신경 써야 하므로 창업비용을 50% 높게 잡아야 합니다.

요즘 들어 크게 각광받는 의류 멀티숍은 여러 유명 브랜드를 한자리에 수집해서 판매하는 의류매장입니다. 그 종류로는 해외 유명메이커만 취급하는 멀티숍, 캐쥬얼 브랜드만 취급하는 멀티숍, 등산복 브랜드와 스포츠의류 브랜드를 모아서 판매하는 멀티숍 등이 있습니다. 의류 멀티숍은 일반 옷집과 달리 수요가 높고 단골고객이 꾸준히 방문합니다. 단, 정품 비메이커 의류를 판매하는 일이 있더라도 짝퉁 판매는 피하는 것이 좋습니다.

메이커 의류 대리점, SPA 대리점

메이커 의류, SPA 의류 대리점의 창업비는 가맹비 1,000만 원 내외, 인테리어 비용 3.3제곱미터당 200만 원 내외, 초도물품구입비 3,000만 원 내외입니다. 임차보증금을 포함하면 유명화장품 브랜드숍과 비슷한 금액의 창업비용이 필요합니다.

필자가 조사한 자료에 따르면 유명 SPA 로드숍의 순이익률은 18~23%, 유명 스포츠복 로드숍의 순이익률은 15~28%, 유명 아웃도어 로드숍의 순이익률은 15~20% 내외로 추정됩니다. 아웃렛에 입점한 메이커 매장들의 순이익률은 12~20% 내외입니다.

의류매장 창업 서류

① 건축물대장, 등기부등본 등의 열람(건물 용도, 건물 담보관계 확인용)
② 임대차 계약서
③ 구매안전 서비스 이용확인증(필요한 경우, 인터넷에서 판매할 때 결제대행, PG사를 통해 발급)
④ 통신판매업신고서 작성(필요한 경우, 구매안전 서비스 이용확인증 첨부하여 관할 시군구 경제과)
⑤ 사업자등록 신청(임대차 계약서, 통신판매업신고필증, 그 외 서류, 관할 세무서)

일반적인 제조업이 대부분 그렇지만, 철이 지난 옷은 다시 판매하기가 쉽지 않기 때문에 의류 소매업은 '재고'와의 싸움이라 할 수 있습니다. 따라서 할인판매 등 이월 상품에 대한 소진책을 적절하게 세워두는 것이 좋습니다.

등산복 혹은 캐주얼복 전문 의류 멀티숍 창업 절차

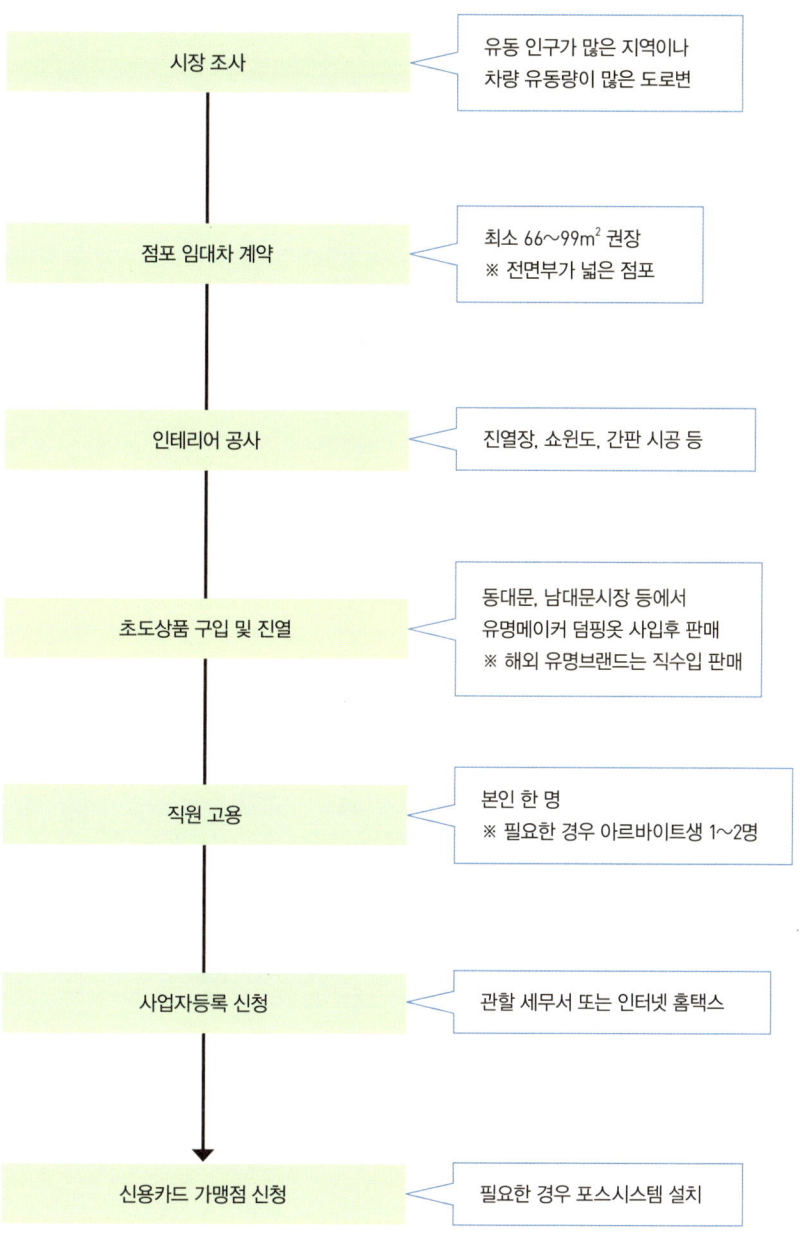

유통판매 소매업, 대여점 업종 명칭

소매업종은 기준경비율코드(세금산출 시 필요) 및 종목 명칭이 매우 많습니다. 검색은 국세청 홈페이지의 조회·계산 – 기준경비율 메뉴에서 하기 바랍니다.

1. 음·식료품 위주 종합 소매업– 체인화 편의점
연중무휴 유명 편의점 등(기준경비율코드 521992)

2. 음·식료품 위주 종합 소매업– 슈퍼마켓(연쇄점)
체인사업자가 직영하거나 이 체인사업자와 가맹계약을 체결한 슈퍼마켓 등(521100)

3. 음·식료품 위주 종합 소매업– 기타 음·식료품 위주 종합 소매업
음식료품 및 일용잡화, 주류, 과자, 달걀, 채소, 과실, 곡물 취급 구멍가게(522071)

4. 그 외 기타 가정용품 소매업– 식탁 및 주방용품 소매업
그릇가게, 요업제품, 식기, 도기, 자기, 유리로 만든 식탁, 주방용품, 금속제 식기, 알루미늄 식기, 냄비, 주전자, 프라이팬, 양동이, 기타 기물 잡화, 가정용품 소매(523332)

5. 서적 및 문구용품 소매업
서적 및 잡지류 소매업, 서점 등(523511), 문구용품 소매업, 사무용품(523520)

6. 의약품, 의료용 기구, 화장품 및 방향제 소매업– 화장품 및 방향제 소매업
화장품숍 소매업소(523131)

7. 기타 개인 및 가정용품 임대업– 그 외 기타 개인 및 가정용품 임대업, 서적 임대업
서적, 만화, 비디오 대여점 등. 종합물품 임대업(713001)

8. 기타 개인 및 가정용품 임대업– 의류 임대업
신부 혹은 신랑 드레스 대여점(930903)

9. 스포츠용품 소매업– 운동 및 경기용품 소매업
등산용의류, 스포츠의류, 등산용품 및 장비, 운동용품, 낚시장비, 스포츠장비, 코트 및 필드게임 장비, 테이블게임 장비, 수렵용 장비, 수중경기용 장비, 레저용품 등(523932)

10. 섬유, 직물, 의복 및 의복 액세서리 소매업
내의, 유아의류, 기타 섬유, 직물 및 의복 액세서리, 양말 등(523221)

SECTION 17 강사·학원: 공부방, 교습소

예전에 볼 수 있었던 가정교사 혹은 과외교사의 발달한 형태가 지금의 공부방이란 업종입니다. 공부방은 과외교사(과외교습자)와 다르므로 유념하기 바랍니다.

공부방, 교습소

공부방은 과외교사의 거주지인 주택, 빌라, 연립주택, 아파트 등에 공부방이라 불리는 학습공간을 차려놓고 아이들을 교습하는 것을 말합니다. 법적으로는 과외교사의 집 안에 갖추어진 공부방에서 교습하거나, 학생의 집을 방문해 교습할 수 있습니다. 교습방법은 1대 1 개인교습과 여러 학생을 모아 수업하는 그룹교습이 있습니다.

공부방은 1개소당 한 명의 선생만 가능하므로 학원과는 다릅니다. 단, 공부방의 주인 부부가 둘 다 과외교사인 경우 공부방 1개소당 두 명의 선생을 인정합니다. 공부방 창업에 필요한 학력 요건은 전문대졸 이상이지만 기술과목을 교습할 경우 자격증 소유자는 학력에 제한이 없습니다. 해외 유학사실을 증빙하거나(해외 대학 졸업증명서), 대학원 졸업증명서를 최종학력으로 내세워 창업하는 것이 유리합니다.

만일 주택, 빌라, 아파트가 아닌 일반 상가에서 공부방을 창업하려면 사업자등록 전 '교습소'로 허가를 받아야 합니다. 교습소는 공부방과 같은 시스템이므로 역시 1개소당 한 명의 선생만 가능하며 별도의 강사진을 채용할 수 없습니다. 만일 강사진을 채용하려면 교습소가 아닌 학원으로 창업합니다.

공부방, 교습소 창업 서류

① 최종학력증명서 원본(졸업증명서나 수료증명서)
② 신분증 사본 및 원본(반명함판 사진 2매 포함)
③ 건축물대장, 임대차 계약서(공부방 위치가 임대인 경우)
④ 개인과외교습자 신고서(현재 4년제 대학 재학 중인 학생은 제출 제외)
⑤ 부동산등기부 사본(공부방 위치가 본인 건물인 경우)
⑥ 사업자등록(개인과외교습자신고증, 임대차 계약서, 그 외 서류, 세무서)

공부방 창업 절차

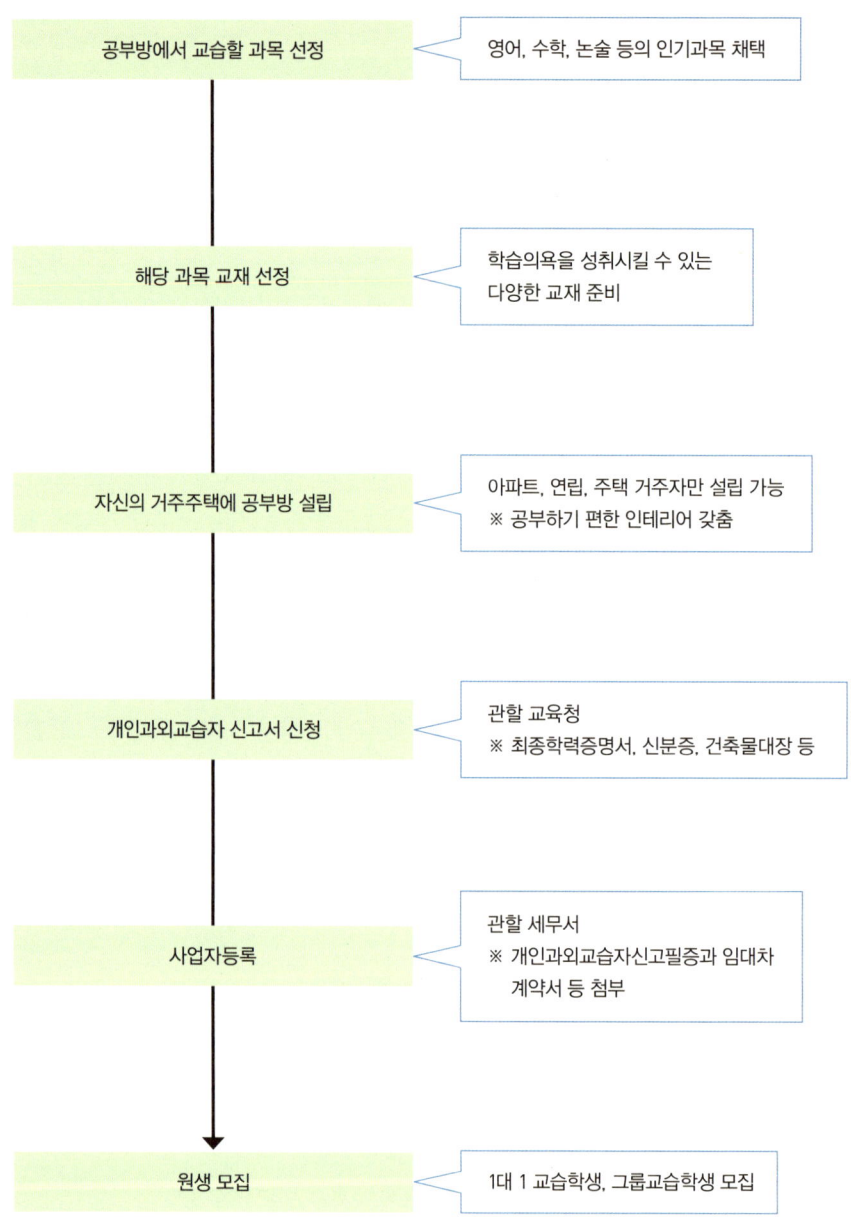

공부방 개인과외교습자신고서 양식

이 양식은 교육청 공식양식이며 교육청 홈페이지에서 다운로드합니다.

개인과외교습자신고서

(앞쪽)

접수번호		접수일		처리기간	1일

성명	한글		주민등록번호		사진 (3cm×4cm)
	한자				
주소	(전화번호:)				
학력 및 전공					
자격					
경력					

> 기술 등을 교습할 경우 관련 자격증 사항 입력

교습과목 및 교습비 등

> 공부방 주인이 책정한 학생 1인당 교습료

교습과목 \ 교습비	초등학교	중학교	고등학교	비고
영어	월 80,000원 (1시간당 10,000원)	월 원 (1시간당 원)	**월 400,000원 (1시간당 50,000원)**	5명
수학	월 원 (1시간당 원)	월 원 (1시간당 원)	월 원 (1시간당 원)	

교습장소	공부방

> 동시교습 가능 학생 수는 10명 이상 초과할 수 없음.

※ 교습비 등은 1인당 금액을 말합니다.
※ 비고란에는 초등학교, 중학교 및 고등학교별 교습인원을 적습니다.

「학원의 설립·운영 및 과외교습에 관한 법률」 제14조의 2 제1항 전단 및 같은 법 시행령 제16조의 2 제1항에 따라 위와 같이 개인과외교습자로 신고합니다.

년 월 일

신고인(개인과외교습자) (서명 또는 인)

○○○시 서부교육지원청 교육장 귀하

신고인(교습자) 제출서류	1. 주민등록증 사본(원본도 함께 제시합니다) 2. 최종학력증명서 3. 자격증 사본(해당자만 제출합니다)	수수료 없음

> 1인당 교습료 및 교습할 과목을 변경한 경우 반드시 '개인과외교습자변경신고서'에 변경내용을 기입하고 제출해야 함.

18 SECTION 아트·디자인: 공예숍

주로 미대출신이거나 미술에 조예가 깊은 사람, 손재주가 좋은 사람들이 창업합니다. 공예점의 경우 커피숍 등과 겸업하는 것도 좋은 생각입니다.

▌패션아트 공예숍

필자의 옛 직원이었던 실력 있는 디자이너가 공예숍을 차렸다는 소식을 페이스북으로 알려왔습니다. 필자가 아끼던 디자이너였으므로 내심 기대하면서 페이스북에 올라온 공예작품 사진을 관찰했습니다. 우드, 와이어, 점토, 손뜨개 인형 등의 공예작품이 많았는데 실력이 뛰어났던 만큼 보잘것없는 문패도 매우 멋있었습니다. 필자와 일하거나 스치고 지나간 20여 명의 디자이너 중 가장 뛰어난 디자이너였으므로 대부분의 작품이 제 눈에 쏙 들어올 정도로 멋졌습니다. 그 모든 것이 공예작가로 도전하는 과정이라고 말한 그 직원의 밝은 앞날이 기대됩니다.

공예숍은 여러 제작 방식으로 공예작품과 생활용품을 만들어 판매하는 업종입니다. 판매 인기 아이템으로는 비누, 향초 등이 있습니다. 비누, 향초는 만들기 쉬운 품목이므로 대량으로 만들어 놓고 차선 아이템들인 패션아트 생활용품이나 작품을 만든 뒤 구색에 추가합니다. 매장과 인터넷으로 판매하면 충분히 승산 있을 뿐 아니라 공예숍 안에 공방을 설치하면 작품판매와 공예강좌를 병행할 수 있습니다.

▌패션아트 공예숍 창업 서류

① 건축물대장, 등기부등본 등의 열람(건물 용도, 건물 담보관계 확인용)
② 임대차 계약서
③ 사업자등록 신청(임대차 계약서, 통신판매업신고필증, 그 외 서류, 세무서)
④ 신용카드 가맹점 신청(사업자등록증 필요)

공예품을 인터넷으로 판매하고 싶은 경우 아래 서류를 추가합니다.

① 구매안전 서비스 이용확인증(인터넷에서 판매할 때 결제대행, PG사)
② 통신판매업신고서 작성(구매안전 서비스 이용확인증 첨부, 관할 시군구)

공예기법 종류

다음 내용은 약 70가지의 공예기법입니다. 모든 공예기법을 잘할 수는 없으므로 이 중에서 자신이 잘하는 공예기법 몇 가지를 주력으로 하여 창업하는 것이 좋습니다.

북아트	POP	손글씨	냅킨아트	우드아트
쉐비로즈	칼라믹스	패션데코파쥬	슈가크래프트	캘리그라피
은점토	비누클레이	쿠키클레이	점핑클레이	코르크클레이
아로마향초	디자인비누	천연비누	한복그림	토피어리
규방공예	칠보공예	원석공예	펠트공예	비즈공예
가죽공예	와이어공예	유리공예	알공예	매듭공예
꽃꽂이	아트플라워	크리스탈분재	서양자수	크리스탈플라워
페이스페인팅	네일아트	메이크업	프레스플라워	테디베어
스텐실	손뜨개	포크아트	폼아트	폼크래프트
컨츄리인형	인형옷	발도르프인형	풍선아트	아동미술
종이감기	종이 조각	종이접기	리본아트	선물포장
애견옷	패션양재	머신퀼트	옷수선	양말공예
폴리머클레이	클레이케익	비즈스티치	데코파쥬	톨컨츄리
패턴	순수미술	세라믹페인팅	키즈톨페인팅	초크아트
손뜨개 인형	생활도자기	압화공예		

 천연비누, 향초, 생활도자기 같은 수공비 대비 판매가가 낮은 제품들은 잡화도매상에서 사입해 판매합니다.

패션아트 공예숍 창업 절차

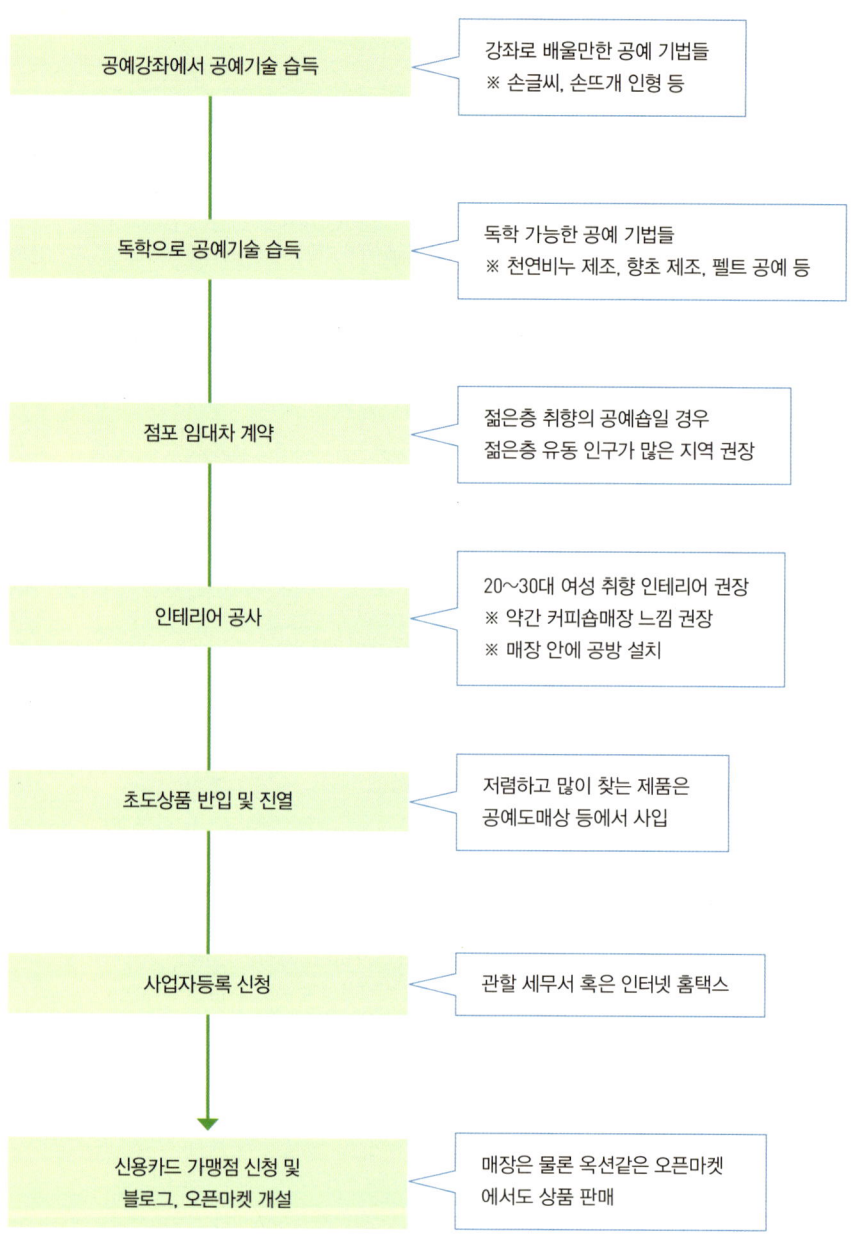

19 SECTION

디자인·편집
: 디자인사무실(편집, 일러스트, 광고, 의류, 인테리어 등)

결혼하기 전 디자인 관련 일을 했던 주부가 그 당시 인맥이 아직 남아 있다면 디자인사무실을 창업하는 것도 생각해볼 만합니다.

▌디자인사무실

디자인업은 업종 특성상 프리랜서가 활발하게 활동하는 분야입니다. 아마 우리나라의 프리랜서 인구의 절반이 디자인 관련 업종과 컴퓨터 프로그래밍 관련 업종에서 일할 것입니다. 프리랜서는 기본적으로 원천징수로 세금을 내기 때문에 굳이 사업자등록을 하지 않습니다. 그러나 수요가 많은 일부 분야들인 인테리어, 3D, 캐드, 건축, 의류 디자인 계통은 사무실 형태로 창업하는 경우도 많습니다.

초반에는 실력 있는 직원을 구하는 것도 힘들고 거래처를 개척하는 것도 힘들어 어려움이 많습니다. 물론 직원 수급의 경우엔 여의치 않을 경우 프리랜서에게 재하청하여 결과물을 만들 수 있으므로 별반 문제가 되지 않습니다.

따라서 직원 수급보다는 디자인 수요자인 거래처 발굴이 무엇보다 중요합니다. 디자인 분야에서 아마 가장 일감이 활발한 분야는 도서 등을 편집하는 편집 디자인과 북표지 디자인, 전단지 제작업체 등이 있을 것입니다. 전단지 제작 등은 디자인 계통에서 가장 밑바닥 계통이지만 영업이 활발할 경우 일정 이상의 수익이 발생합니다. 예컨대 동네에서 영업이 필요한 음식점들을 묶어 책자형태로 홍보하는 전단지 제작 대행 등의 작업을 할 수 있습니다.

▌인테리어, 공간 디스플레이, 환경, 조명, 조경디자인

인테리어, 조경, 조명, 공간 디스플레이, 비주얼 머천다이징 등은 특성상 시공사를 가지고 있어야 합니다. 자체 시공사를 소유하고 있으면 그보다 좋은 것은 없지만 초창기에는 알음알음으로 하청을 주어 시공할 수 있습니다. 최근에는 공간 디스플레이, 비주얼 머천다이징의 중요성이 한층 부각되고 있으므로 수요자 발굴에 따라 사업을 확장할 수 있습니다. 비주얼 머천다이징은 판매장소나 진열대 등의 상품을 시각적으로 매력적으로 보이게 하여 소비자의 수요를 이끄는 분야입니다. 요즘은 너도나도 비슷한 제품과 상품을 판매하는 경쟁 관계이므로 경쟁사에 비해 진열을 보기 좋게 하는 비주얼 머천다이징 산업이 새로 부각되고 있습니다.

디자인사무실 창업 서류

① 건축물대장, 등기부등본 등의 열람(건물 용도, 건물 담보관계 확인용)

② 임대차 계약서

③ 사업자등록 신청(임대차 계약서 외 부대 서류, 관할 세무서)

④ 시공사를 소유할 경우(사업자등록증에 해당 건축 업종을 부업종으로 추가)

10년 동안 쉬고 있다가 디자인 일을 하려니까 거래처 전화번호를 모두 잊어버렸어요. 새 거래처는 어떻게 해야 만들 수 있죠?

먼저 사무실을 대표할 수 있는 포트폴리오를 만들기 바랍니다. 이 업종 특성상 거래처를 뚫으려면 잘 만든 포트폴리오가 필요합니다.

직원과 함께 포트폴리오를 10장 정도 만들었어요! 이제 어떻게 해야 하죠?

디자인 커뮤니티 게시판에다 사무실을 홍보하고, 디자인 수요자(원청)가 있는지 찾아보세요. 디자인해줄 사람을 구한다는 글이 보이면 포트폴리오를 보내세요. 통과되면 일감이 들어올 것입니다. 물론 홈페이지를 개설할 뿐 아니라 인맥을 통한 발굴, DM 발송, E-메일 발송 등의 영업활동도 함께해야 할 것입니다.

디자인사무실 창업 절차

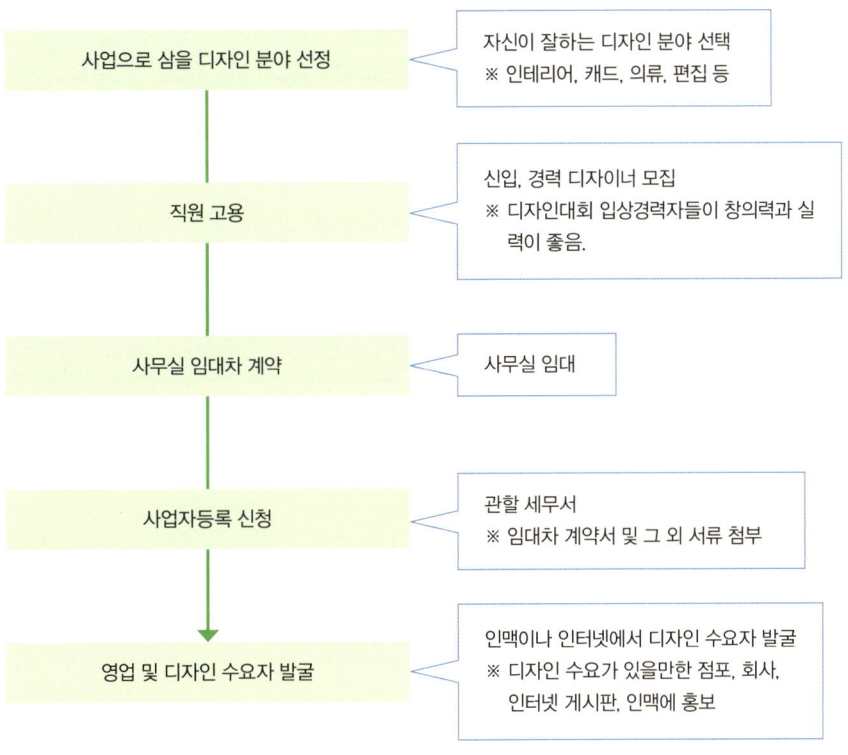

인터넷 공동구매·쇼핑몰
: 공동구매 블로거, 공동구매 쇼핑몰

인터넷 공동구매는 파워블로거가 판매 대행을 하는 경우가 있고 일반 도매업자가 인터넷 쇼핑몰을 만들거나 인터넷 오픈마켓 판매업자로 가입한 뒤 판매하는 방법이 있습니다.

공동구매 운영 파워블로거

일반인도 바이럴 마케팅(Viral Marketing)이란 말을 알 정도로 파워블로거가 득세인 세상입니다. 그리고 광고대행사가 바이럴 마케팅에도 침투하면서 이제 아는 사람들은 인터넷 마케팅이 단 몇 년 만에 구정물이 되었다는 것을 알아차렸습니다. 주부 블로거가 공동구매 블로그를 만들려면 자발적이고 양심적으로 활동해야 합니다. 판매수수료에 매달리지 않고 양심적으로 상품을 발굴하여 소개하면 인기를 얻을 수 있습니다.

대부분의 블로거는 자본력이 없으므로 상품공급업체(주로 제조업체 본사)를 발굴하는 과정이 필요합니다. 예컨대 양질의 보행기를 본 뒤 그것을 꼭 판매하고 싶다면 '보행기 공동구매 판매계획'을 작성한 뒤 '보행기 제조업체'에 E-메일을 보내 상담 날짜를 잡습니다. 제조업체를 만난 뒤 상품가, 수수료율, 배송방법, 위약사항 등을 정해 계약합니다. 그런 후 자신의 블로그와 여러 게시판을 통해 공동구매 이벤트를 시작합니다. 만일 보행기를 100대 팔기로 했다면 100대를 공동구매로 완판하고 그에 대한 판매수수료를 받습니다.

주부들 사이의 공동구매 인기 아이템은 보행기, 주방, 패션용품 등이지만 아무래도 가장 활발한 공동구매 품목은 휴대전화, 의류, 등산용품 종류입니다.

참고로 공동구매 파워블로거는 자신의 계좌로 돈을 받아 물건을 판매하는 경우가 많습니다. 그런데 요즘은 돈을 먹고 튀는 파워블로거 사기가 빈번하여 사업이 여의치 않습니다. 공동구매 파워블로거도 사업자등록 및 통신판매업신고서를 내면 정식사업자가 되므로 이렇게 하면 아무래도 사기성은 없어 보일 것입니다.

쇼핑몰형 공동구매 사이트

쇼핑몰형 공동구매 사이트는 일반 유통업이나 도소매업에 준해 창업합니다. 의류 쇼핑몰일 경우 의류 도소매업에 준해 사업자등록을 낸 뒤 통신판매업신고서를 작성하여 인터넷 판매허가를 받습니다. 그런 뒤 쇼핑몰을 구축한 뒤 판매 아이템을 설정하고 일반 쇼핑몰 식 판매를 하거나 공동구매 방식으로 판매할 수 있습니다. 초기에는 당연히 이용자가 없으므로 쇼핑몰을 홍보하는 과정이 필요합니다.

쇼핑몰의 경우 아무래도 일반업자에 비해서는 자본이 크게 들지 않습니다. 만일 자본력이 있는 쇼핑몰이라면 판매에 자신 있는 상품을 대량 구매한 뒤 공동구매방식으로 판매할 수도 있습니다. 공동구매 역시 경쟁이 치열하므로 판매 아이템 선정이 중요합니다. 예컨대 '군대리아'라고 불리는 '군대 햄버거 세트' 아이템은 공동구매 틈새시장에서 성공한 아이템입니다.

▌공동구매 블로그 창업 서류

① 블로그를 통한 공동구매 방식의 판매 대행일 경우(원천세 납부 대상자임)
② 사업자등록 필요 없음(원천세 납부 대상자이므로)
※ 요즘은 파워블로거가 돈을 챙기고 도망가는 사례가 많으므로 사업자등록을 하여 정식 쇼핑몰 사업자로 영업하는 것도 좋은 방법입니다.

▌인터넷 쇼핑몰 사업자 창업 서류

① 일반 도매유통업에 준해 사업 준비
② 의류 쇼핑몰일 경우 의류도소매업에 준해 사업 준비
③ 식품 쇼핑몰일 경우 식품도소매업에 준해 사업 준비
④ 임대차 계약서(사무실이나 창고 등)
⑤ 구매안전 서비스 이용확인증(인터넷 결제대행, PG사를 통해 발급)
⑥ 통신판매업신고서 작성(인터넷 판매 신청서, 관할 시군구 경제과)
⑦ 사업자등록 신청(임대차 계약서, 통신판매업신고필증, 그 외 서류. 세무서)
⑧ 유명 쇼핑몰이나 오픈마켓에 입점 신청(자신의 쇼핑몰이 없을 경우)

최근 공동구매를 운영하는 파워블로거들이 세금 문제로 곤욕을 겪는 사례가 종종 일어나고 있습니다. 엄연히 매출이 발생하는 사업이므로 추후 발생할 수 있는 세금 문제는 철저하게 대비하는 것이 좋습니다. 파워블로거 수입의 세금계산에 대해서는 214페이지에서 좀 더 자세하게 알아보겠습니다.

공동구매 블로거 창업 절차(판매 대행 방식)

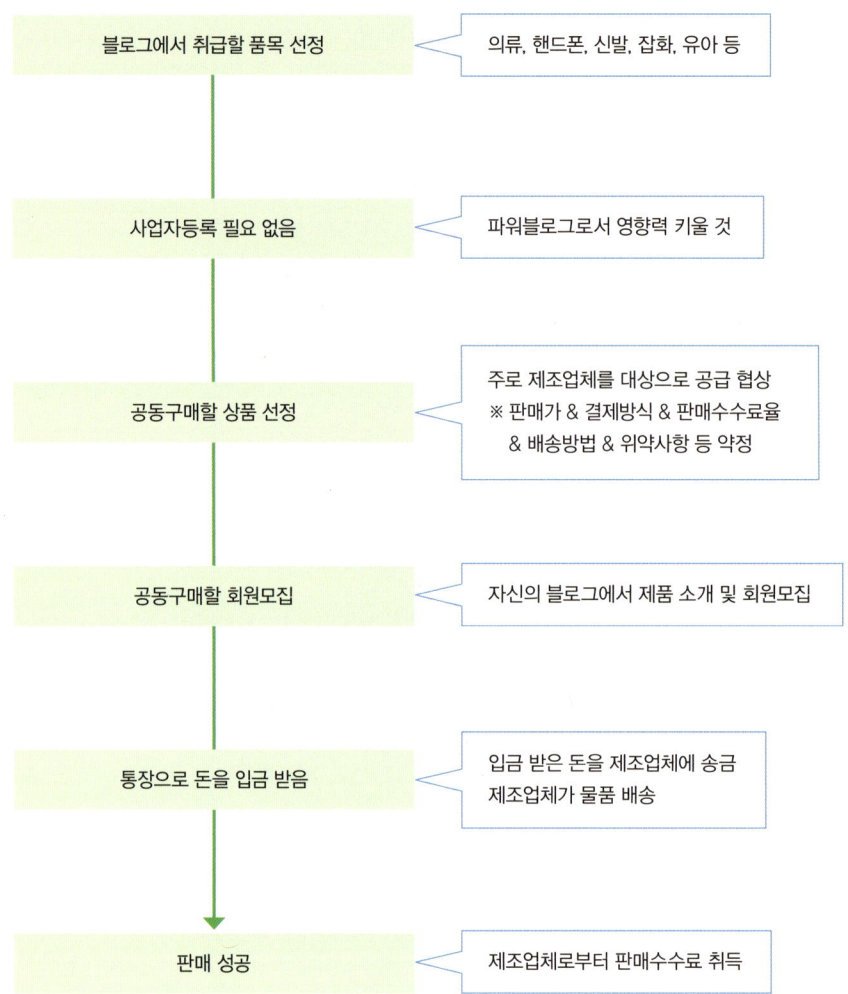

 위의 방법은 상품 준비 없이 블로그 등 자신의 영향력으로 상품의 장점을 소개하고 공동구매할 사람을 모집한 뒤 돈을 통장에 입금받아 제조업체에서 직접 구매 대행을 하는 경우입니다. 즉, 제조업체를 대상으로 일종의 판매를 대행하고 판매한 만큼 판매수수료를 취하는 방식입니다.

판매대행이 아닌 직접 물건을 확보한 뒤 공동구매 방식으로 판매하려면 쇼핑몰을 창업해야 합니다. 쇼핑몰 창업 시에는 도매유통업 등으로 창업한 뒤 '구매안전 서비스 이용확인증'과 '통신판매업신고'를 해 인터넷 쇼핑몰 업자로 사업자등록을 해야 합니다.

공동구매 쇼핑몰 창업 절차(쇼핑몰 사업자 방식)

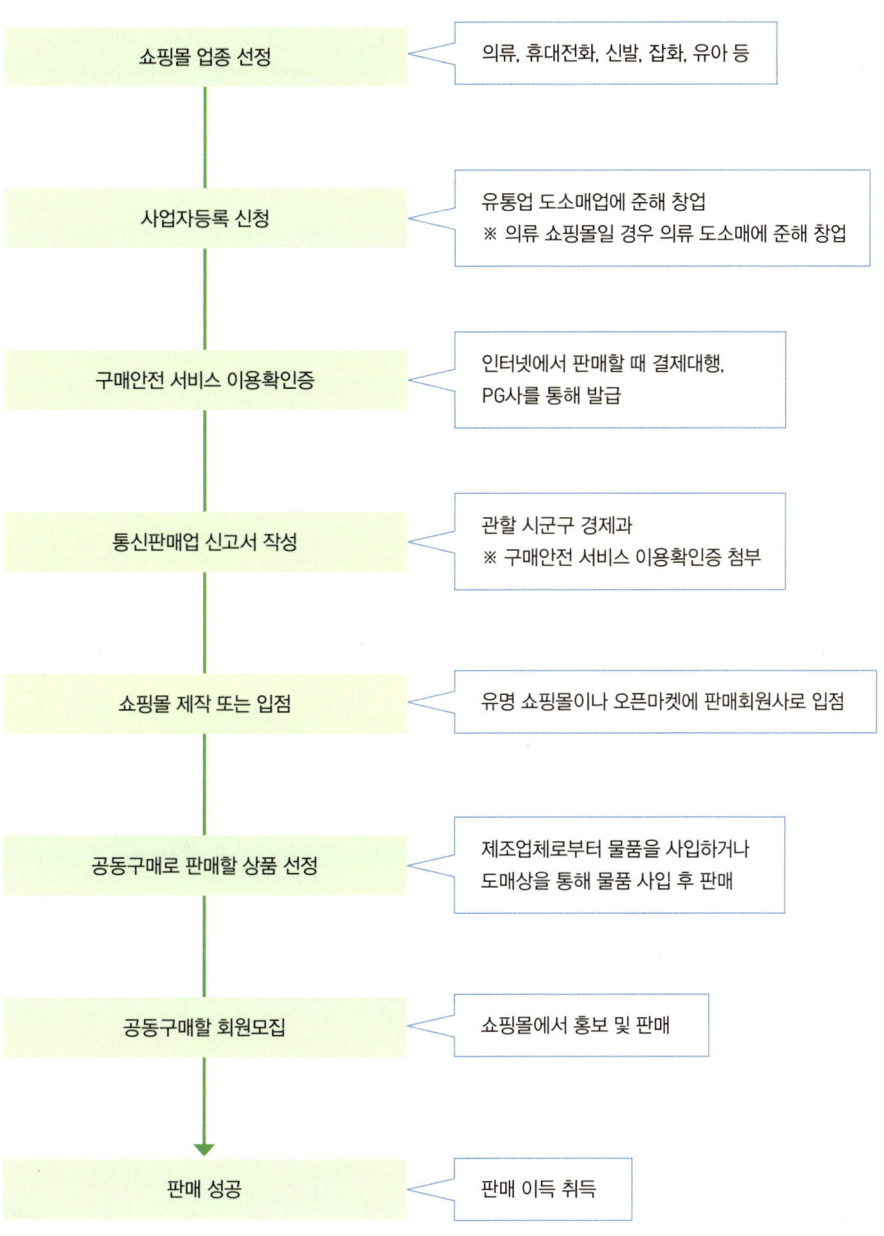

엄마들의 창업 비법노트

공동구매 파워블로거 수입의 세금계산

공동구매 파워블로거의 판매수수료에 대한 세금 문제는 오래전부터 시끄러운 논란거리였습니다. 공동구매 파워블로거 역시 원천세와 소득세를 내는 것은 당연한데 부가세 납부 문제에서 법적 해석이 달랐던 것입니다. 그러나 세무당국에서는 공동구매 기획자를 유통업자로 보기 때문에 판매수수료에 대한 부가세를 받는 것이 원칙이라며 일단락시켰습니다.

따라서 자신의 기획하에 공동구매 활동을 하여 연간 몇천만 원의 판매수수료 이익이 발생했다면 이에 대한 대가로 원천세 3.3%(판매수수료의 3.3%), 소득세 10%, 지방세(소득세의 10%) 외에도 부가세 10%(판매수수료로 받은 금액의 10%)를 세금으로 내야 합니다.

저는 인기 파워블로거인데요. 공동구매를 기획하여 작년에 총 5,000만 원의 판매수수료를 벌었어요. 원천세는 제조업체로부터 판매수수료를 받을 때 제조업체가 이미 공제했다고 하더군요.

맞습니다. 물품공급업체(제조업체)는 판매수수료를 줄 때 원천세분 3.3%를 공제하고 판매수수료를 줍니다. 그렇게 공제한 원천세 3.3%는 판매자를 대신해 세무서에 납부됩니다.

그런데 왜 소득세를 종합소득세 명목으로 다시 납부하나요? 원천세가 소득세를 대신 하는 것 아닌가요? 그리고 부가세는 왜 납부해야 하나요?

원천세가 소득세 역할을 하는 것은 맞습니다. 단, 판매수수료 총합이 경비 빼고도 누진세율 범위를 넘어서면 넘은 금액 부분만 다시 산정해 그 부분에 대한 소득세를 추가 납부해야 합니다. 아울러 공공구매 판매자에게는 부가세를 받아야 한다는 것이 세무서의 입장인 것 같습니다.

SECTION 21 가사·인력대행: 산모신생아 도우미업체

도우미, 인력송출 업종 중에서 산모신생아 도우미 업종은 출산가정의 산모신생아 건강관리를 위한 바우처 제도입니다. 정부가 도우미업체에 돌봄이 대가를 지불하는 업종입니다.

■ 산모신생아 도우미 바우처업체

개인이 산모신생아 도우미업체를 창업(설립)하려면 사회복지사 자격증이 필요합니다. 그러나 의사, 간호사가 창업할 경우에는 바로 창업할 수 있습니다.

산우도우미업체 설립자(기관장)가 될 수 있는 조건

> ① 사회복지사 자격증 소지자, 의료인(의사, 한의사, 치과의사, 간호사, 조산사), 요양보호사(자격 취득 후 2년 이상 요양보호사 경력자), 해당 사회 서비스사업 근무경력 3년 이상자
> ② 설립 전 보건복지부 장관이 고시하는 교육과정 이수

인력구성은 해당 기관장 한 명, 관리책임자 한 명(제공인력 50명당, 기관장이 겸직 가능), 제공인력(직원) 10명 등이며 농어촌 지역은 세 명입니다.

제공인력(직원)은 보건복지부 고시에 따른 산모신생아 방문 서비스 제공인력 교육과정 수료자일 경우 직원이 될 수 있습니다.

사무실을 얻고 창업한 후에는 보건복지부의 산모신생아 도우미 제공기관으로 등록해야 운영에 이점이 발생합니다. 또한 타부처의 산모도우미 기관으로 등록하거나 정 여의치 않으면 사설 산모도우미 파견기관을 창업할 수도 있습니다. 보통은 보건복지부의 산모신생아 도우미 바우처 제공기관에 등록하는 경우가 많습니다.

등록 신청 시에는 등록하려는 기관의 등록기준(시설, 장비, 인력, 자격기준)을 갖추어 신청서 및 구비서류를 제출합니다.

산모도우미 파견 직종이므로 사무실에는 영업이 가능한 통신장비 등을 설치합니다.

▎산우신생아 도우미 바우처업체 창업 서류

① 사회 서비스 제공자 등록신청서(관할 보건소)
② 산모신생아 도우미 제공인력 교육 이수증(관할 제공인력 교육기관서 이수)
　　※ 기본과정 40시간, 심화과정 40시간 이수 후 발급(사회복지사, 간호사는 기본과정 생략)
③ 건물 등기부등본, 임대차 계약서 등
④ 법인창업일 경우 법인 등기사항 증명서, 법인 정관, 법인임원 명부 등
⑤ 사업자등록증

설립 후에는 다음 서류를 첨부하여 관할 보건소에 산모·신생아 도우미 기관으로 등록해야 합니다. 등록할 경우에만 정식 바우처업체가 됩니다.

① 제공인력 근로계약서 사본
② 제공인력 자격증(산모신생아 도우미 제공인력 교육 이수증) 사본
③ 4대 사회보험 사업장 가입자명부
④ 기관장(창업자) 및 관리책임자 자격증명서 사본
⑤ 사업계획서(서비스 제공인력 확보현황·임금 및 교육 실시 계획·서비스 제공인력 임금·사회보험 가입 등, 근로조건 서비스 제공 항목별 세부 내역 등, 서비스 모니터링 및 환류 계획-민원불만처리 시스템 구축 등, 관내 서비스 제공이 가능한 지역 범위 명시)

바우처 제도란 정부가 지정한 취약계층이나 특정 대상이 해당 복지를 구매할 수 있도록 정부가 지불을 보증하는 제도입니다. 정부는 매년 취약 산모신생아 가족이 돌봄이 서비스를 받도록 자금을 책정하고 있으므로 취약 산모신생아 가족은 산모도우미 바우처업체에 돌봄이 서비스를 무료로 받고 정부가 대신 지불하는 것입니다. 앞에서 설명한 노인돌봄 방문 서비스, 노인돌봄 주간보호 서비스 등도 바우처 개념입니다.

바우처 제도

■ 산모신생아 도우미 바우처업체 창업 절차

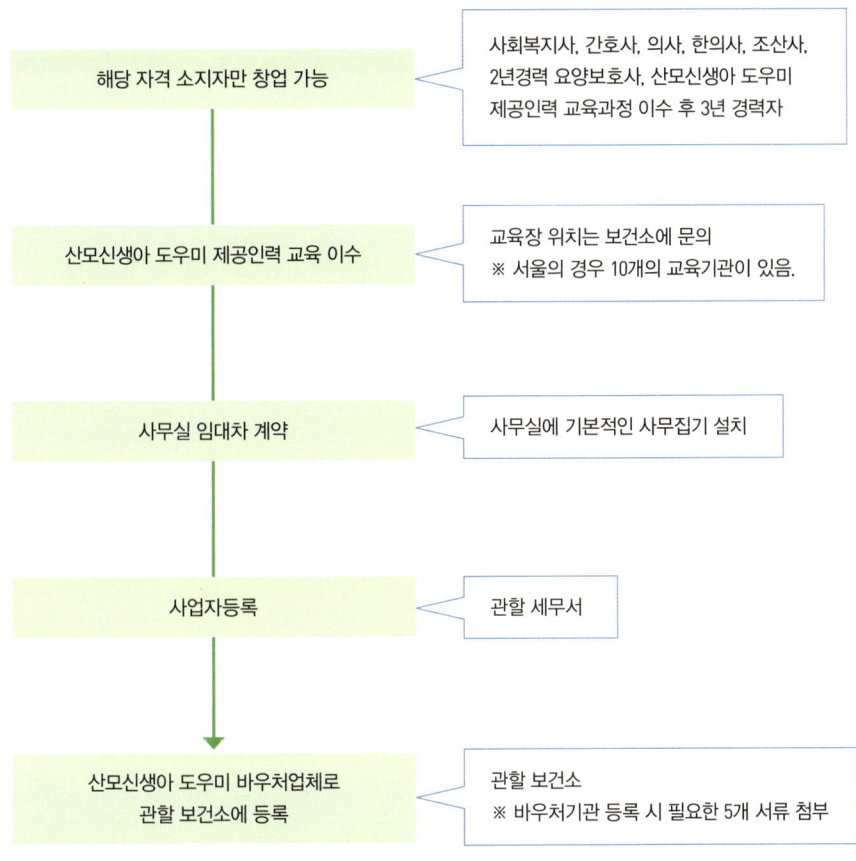

산모도우미는 바우처업체 특성상 각 구역만 담당할 수 있습니다. 현재 자신이 사는 곳에 기존 바우처업체가 많을 경우 바우처 등록이 불가할 수 있으므로 다른 지방의 바우처가 없는 곳에서 창업해야 합니다. 사설 산모도우미 기관을 창업한 경우 바우처 혜택을 받을 수 없습니다.

산모도우미

사회 서비스 제공자 등록신청서

이 양식은 정부 공식양식이며 관할 보건소에서 다운로드할 수 있습니다.

■ 사회 서비스 이용 및 이용권 관리에 관한 법률 시행규칙 [별지 제1호 서식]

사회서비스 제공자 등록신청서

※ [ ]에는 해당되는 곳에 "√" 표시를 합니다. (제1쪽)

접수번호		접수일		처리기간	30일 간

① 서비스 종류	[ ] 가사·간병 방문 서비스　　[ ] 노인돌봄 방문 서비스　　[ ] 노인돌봄 주간보호 서비스 [ ] 산모·신생아 방문 서비스　　[ ] 지역사회 서비스 투자사업(세부 사업명:　　　　)

② 사회 서비스 제공자	기관명		사업자등록번호	
	주소			
	전화번호	팩스번호	전자우편주소	

③ 대표자 (신청인)	성명		주민등록번호	
	주소		전화번호	

④ 법인	법인명	법인등록번호	등록일

⑤ 지급계좌	예금주	은행명	계좌번호

⑥ 시설기준	시설면적　　m²	통신설비	그 밖의 설비·비품

⑦ 자격기준	대표자 (제공기관의 장)	성명	자격	경력
	관리책임자	성명	자격	경력

「사회 서비스 이용 및 이용권 관리에 관한 법률」 제16조 제1항 및 같은 법 시행규칙 제7조 제1항에 따라 위와 같이 사회 서비스 제공자 등록을 신청합니다.

년　　월　　일

신청인:　　　　　　(서명 또는 인)

시장·군수·구청장 귀하

신청인 제출서류	「사회 서비스 이용 및 이용권 관리에 관한 법률 시행규칙」 제9조의 등록기준을 충족하는지를 확인할 수 있는 서류(인력의 자격증 사본, 근로계약서 등) 각 1부	수수료 없음
담당 공무원 확인사항	1. 법인 등기사항 증명서(법인만 확인합니다) 2. 건물등기부등본	

가사·인력대행
: 가사도우미, 퀵서비스, 인력사무소, 직업소개소

가사도우미업체와 퀵서비스도 경쟁이 있으므로 차별화된 아이템으로 창업해야 소기의 목적을 달성할 수 있습니다.

▌오토바이 퀵서비스 병행

1일 인력대행업체는 가사도우미(파출부, 음식점 1일 주방직원 송출 등)와 잔심부름, 각종 건설일용직, 파견직, 간병인, 청소대행, 퀵서비스 등이 있습니다. 오토바이 퀵서비스는 별도의 퀵서비스 직원이 필요 없지만 그 외 가사도우미 송출 등은 일할 사람을 확보해야 합니다.

오토바이 퀵서비스는 퀵서비스 프로그램을 돌려 오더를 내리면 가까운 곳을 지나가던 일거리 없는 퀵서비스 오토바이가 스마트폰으로 오더를 받아 심부름을 대행합니다. 그리고 심부름 값의 20%를 프로그램 운영업체로부터 자신의 통장으로 입금받습니다. 근처를 돌아다니는 퀵서비스 오토바이에 일거리를 연결해주고 수수료로 20%를 받는 셈인데 이 중 500원은 프로그램 사용료로 납부합니다. 따라서 퀵서비스 오토바이가 즐겨 사용하는 인기 있는 프로그램을 설치하면 퀵서비스 쪽으로 수입이 발생합니다.

창업 시 필요한 것은 전국 대표 전화번호 두 대(1599 등으로 시작하는 대표전화번호), 사무집기, 퀵서비스 콜프로그램(콜마너 등), 콜프로그램을 설치할 PC 등입니다. 심부름용 차량으로는 가내공장의 옷 등을 운송하기 쉬운 다마스 등이 좋습니다. 자신의 차량이나 오토바이를 퀵서비스용으로 사용하려면 영업용 번호를 달아야 합니다.

사업자등록이 나오면 바로 홍보 스티커를 대량으로 뿌려 광고를 시작합니다. 파출부나 1인 식당 종업원 등의 가사도우미 송출을 전문으로 하려면 음식점이나 주택가 위주로 스티커를 뿌리고, 퀵서비스를 전문으로 하려면 사무실, 가내공장 위주로 뿌립니다.

 사업자 등록 시 주업종은 '택배업', 부업종은 '고용알선업'으로 하면 퀵서비스 택배업과 파출부 파견업(직업소개소, 인력사무소 등)을 병행할 수 있습니다.

유료직업소개소, 인력사무소(용역사무소)

유료직업소개소는 직업상담사 1급 또는 2급 자격증 소지자, 직업상담·직업지도·직업훈련 기타 직업 소개와 관련된 직종의 2년 이상 경력자, 공인노무사, 노동조합 업무 2년 경력자, 노무관리 업무 2년 이상 경력자, 공무원 2년 이상 경력자, 교사 경력 2년 이상인 자만이 창업할 수 있습니다. 창업 시에는 자격증 또는 자격증명서와 보증보험이나 공제의 가입 또는 금융기관에 예치금을 예치한 증명서를 증비해 사업자등록을 해야 합니다.

거리에서 흔히 보는 인력사무소(용역사무소)는 노동법이 많이 바뀌어 이전과 달리 쉽게 창업할 수 없습니다. 일반적으로 가장 쉬운 것은 '유료직업소개소(업종 세분류 명-고용알선업)' 방식으로 창업하는 것입니다.

직업소개소와 인력사무소는 창업 시 공통적으로 보증보험가입증명서(1,000만 원), 직업소개소 사업등록 신청서를 작성합니다. 보증보험료와 사무실 임대보증금을 포함하면 총 창업비 2,000만 원 한도에서 창업할 수 있습니다.

퀵서비스 택배업 창업 서류

① 건축물대장, 등기부등본 등의 열람(건물 용도, 건물 담보관계 확인용)
② 임대차 계약서
③ 사업자등록 신청(임대차 계약서 외 서류, 관할 세무서)
　※ 초반에는 사업의 성패를 모르므로 사업자등록 시 간이과세자로 등록 권장

직업소개소, 인력사무소 창업 서류

① 임대차 계약서
② 보증보험가입증명서(1,000만 원)
③ 직업소개소 사업등록신청서
④ 사업자등록 신청(임대차 계약서 외 서류, 관할 세무서)

직업 알선 개념의 업종을 창업하려면 사업자등록 시 '고용알선업' 종목으로 창업해야 하며 그러면 세금 면에서도 부가세가 면제됩니다. 흔히 말하는 인력사무소, 용역사무소, 직업소개소를 창업할 때는 업종명을 '고용알선업'으로 창업하며 사업자등록 시 볼 수 있는 '인력공급업'이란 종목은 직업알선 개념이 아니라 하도급 개념의 업체입니다.

유료직업소개소, 인력사무소(용역사무소) 창업 절차

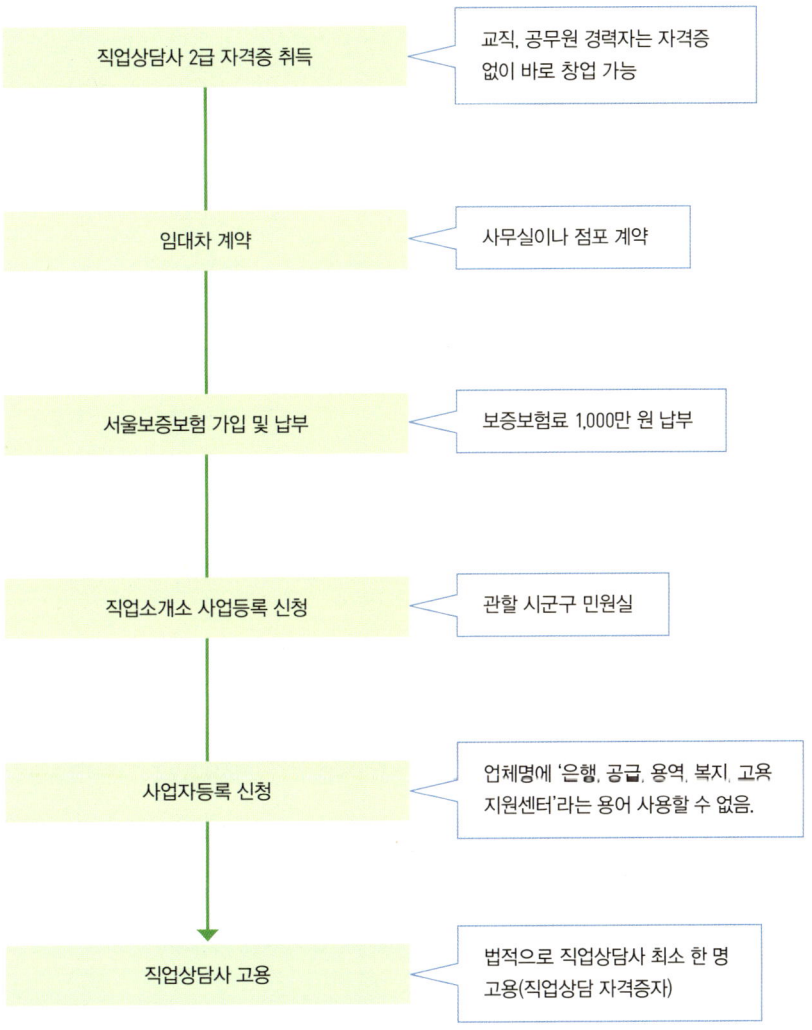

유료직업소개사업 등록신청서

[ ]국내 [ ]해외 유료직업소개사업 등록신청서

※ 유의사항과 작성방법을 읽고 작성하여 주시기 바라며, [ ]에는 해당되는 곳에 √ 표시를 합니다. (앞쪽)

접수번호		접수일	처리일	처리기간 15일

신청인	대표자성명*		주민등록번호*	
	법인등기번호*		전화번호*	

신청내용	사업소명칭*			
	사업소 소재지*			
	전화번호*		휴대전화번호*	
	직업상담원*			
	사업소 자산상황	동산		원
		부동산		원
	사무실전용면적*			
	주 소개 직종* (한국표준직업 분류코드)	1) ( )		
		2)		( )
		3)		( )
	겸업내용*	업종		사업체 명
		사업자등록번호		
	직업정보 제공사업 운영 여부*	[ ] 해당 (홈페이지 주소) [ ] 비해당		
	분 사무소	개수		지역

등록기준지	사업자(법인의 대표자)*

「직업안정법」 제19조 제1항 및 같은 법 시행규칙 제17조 제1항에 따라 위와 같이 신청합니다.

년 월 일

신청인(대표자) (서명 또는 인)

고용알선업, 인력공급원, 근로자파견업의 차이

법률적으로 검토하면 복잡하고 이견이 분분한 요소가 많지만 간략하게 차이점을 소개합니다. 해당 업종 창업 시 참고하기 바랍니다. 법 해석이 다를 수 있으므로 창업 전 반드시 관할 시군구 민원실과 상담 바랍니다.

1. 국세청 업종 종목명– 고용알선업
고용알선업은 인력사무소(용역사무소), 직업소개소, 리크루트 등의 다양한 사업 형태로 발전하고 있는 가장 뜨거운 분야입니다.

2. 국세청 업종 종목명– 인력공급업
사업자등록 시 '인력공급업' 종목으로 창업하면 '도급(하청)' 개념의 인력공급업체가 됩니다. 예컨대 대기업 콜센터, 대형 쇼핑몰 주차관리원, 청소업 등의 일감을 하청받아 직원을 공급합니다. 이때 파견된 직원들을 관리하고 명령하는 자는 원청사업자가 아닌 자기 자신(인력공급원 사업자)입니다. 원청사업자는 파견 온 직원들을 관리하거나 명령할 권한이 없으며, 원청사업자가 관리 및 명령할 경우에는 불법파견업이 됩니다. 인력공급 사업자는 원청업자에게서 돈을 받아 파견직원들의 봉급을 주고 이문을 남깁니다.

3. 근로자파견업– 국세청 업종 종목명 없음(별도 노동부 허가 필요)
근로자파견업은 '고용알선업'이나 '인력공급원'으로 법인 창업한 뒤 자본금 1억 이상 구비하고 상시직원 다섯 명 이상 고용자, 4대 보험 가입 사업장 등이 자격조건을 갖춘 사업자가 '근로자파견사업허가'를 관할 노동청에서 취득하면 운용할 수 있습니다. 그런 뒤 대학 청소업이나 제조업체와 근로자파견 계약을 한 뒤 근로자를 파견합니다. 이 경우 근로자에 대한 명령자는 대학과 대기업 등의 원청사업자에게 있습니다. 근로자파견을 한 사업자는 원청업자에게서 돈을 받아 직원들의 봉급을 주고 이문을 남깁니다.

 사회적으로 비정규직 문제를 일으키고 있는 업종이 도급, 하청, 근로자파견업체들입니다.

SECTION 23 청소세탁업: 빨래방 & 운동화 세탁방

코인 빨래방은 기계값이 비싸서 창업비용이 많이 듭니다. 운동화 세탁방은 상대적으로 기계값이 싸서 소자본으로도 창업할 수 있습니다.

▶ 운동화 세탁방

아파트, 원룸, 대학이 밀집된 유동 인구가 많은 곳이 창업 적격지입니다. 운동화, 부츠, 가죽 가방 세탁이 주수입원이지만 이불빨래 세탁기 등 부가 시설도 갖추는 것이 좋습니다. 최소 운동화 세탁기 한 대, 운동화건조기 한 대의 기계가 필요하며, 추가로 이불빨래 세탁기, 이불빨래 짤순이, 불림통 등이 필요합니다. 운동화빨래 세트 기계는 700만 원 내외, 이불빨래 세트를 포함하면 총 기계값은 1,000만 원이 조금 넘습니다. 부츠 세탁기, 가죽 세탁기 등을 추가하면 창업비가 조금 높아질 수 있습니다. 수입은 운동화 1족당 3,000~4,000원입니다. 기존 고객이 다시 찾아오는 데는 3~6개월이 걸리므로 창업 후 아파트와 원룸을 대상으로 전단지 홍보를 많이 해야 합니다. 또한 건조가 끝난 신발은 오후에 일괄 배달하는 서비스를 하는 것도 생각해볼 만합니다. 점포 임차료 포함 총 3,000~4,000만 원으로 창업할 수 있습니다.

▶ 빨래방 & 코인 빨래방

아파트, 원룸이 대규모로 밀집된 곳과 밀집된 대학가 등이 창업 적격지입니다. 유흥가를 끼고 있지 않되 어느 정도 유동 인구가 활발한 도로변이 적지이며 매장 앞에 주차가 가능해야 합니다. 기본적으로 코인 빨래기계와 건조기를 설치해야 합니다. 평균가격은 1,000~2,000만 원으로 매우 다양합니다. 특히 코인 빨래방을 창업할 경우에는 무인으로 운영하므로 기계가 파손되지 않도록 관리에 신경 써야 합니다.

무인 빨래방을 할 경우에 손 놓고 손님이 오길 기다리는 것보다는 고정 매출처를 발굴하는 과정이 중요합니다. 에어로빅센터, 헬스클럽 등의 옷이나 모텔 등의 침구류나 커튼 등을 수거한 뒤 세탁하는 시스템을 구축하면 비수기에도 월수입이 꾸준하게 발생합니다. 점포 임차료 포함 총 5,000~7,000만 원으로 창업할 수 있습니다.

코인 빨래방 & 운동화 세탁방 창업 절차

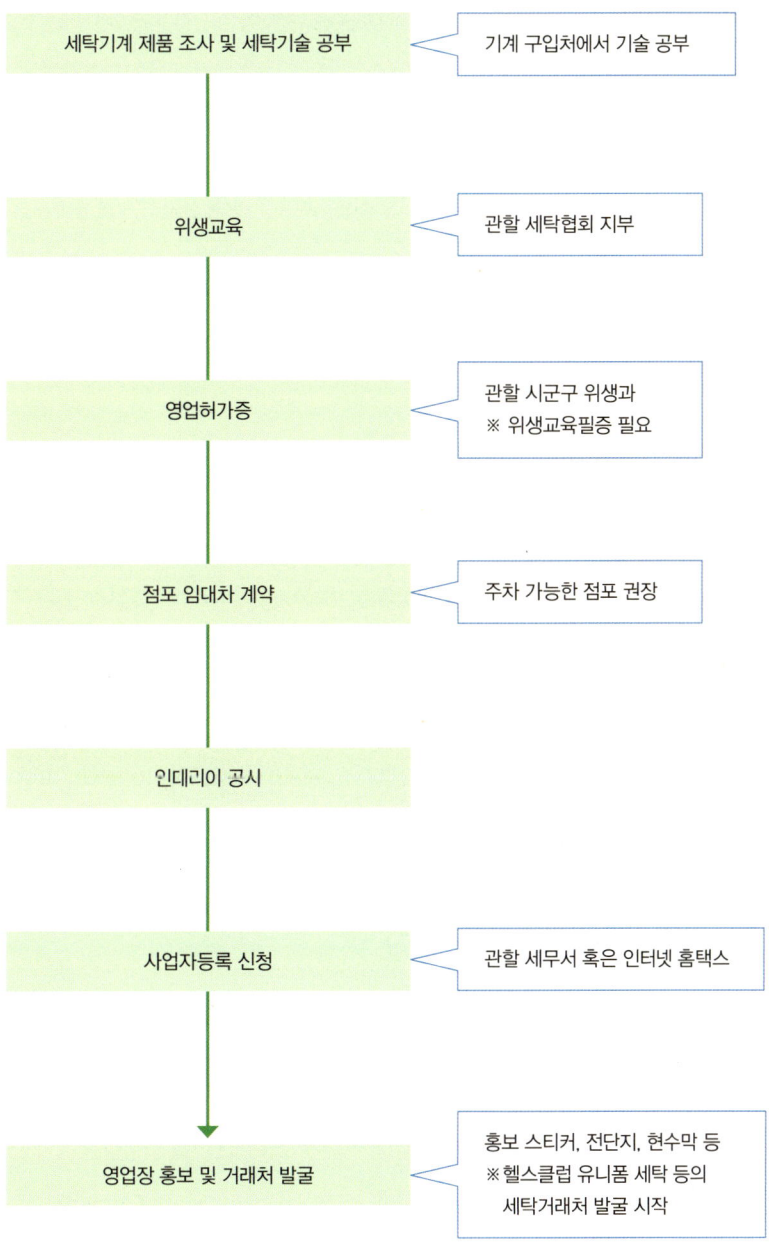

심부름, 퀵서비스, 세탁업 종목 명칭

자세한 검색은 국세청 홈페이지의 조회·계산- 기준경비율 메뉴에서 할 수 있습니다. 흥신소 창업 예정자는 세무서 업종 종목상 흥신소라는 업종은 없으므로 사업자등록을 할 때 '탐정 및 조사 서비스업'으로 등록합니다. 흥신소는 전국을 대상으로 영업해야 하므로 신문이나 지역 생활정보지에 홍보해야 합니다.

1. 고용알선업- 고용알선업
직업소개소업, 고용알선업. 고용자와 일자리를 찾는 실업자를 대리하여 고용과 관련된 인력조사, 선발, 조회, 배치, 알선 등의 서비스(749100)

2. 인력공급업- 인력공급업
인력공급업, 인력파견업. 자기관리하에 모델, 기능인 및 기타 노동력을 확보하고 계약에 의해 타인 또는 타 사업체에 임시로 수요인력을 수시 제공하는 사업체의 산업활동(749101)

3. 탐정 및 조사 서비스업- 탐정 및 조사 서비스업
흥신소업. 특정인의 재산, 신용 등을 비밀리에 조사하여 의뢰인에게 알려주는 업(930916)

4. 탐정 및 조사 서비스업- 탐정 및 조사 서비스업
흥신소업. 개인 및 재산을 위한 탐지, 감시, 경호 및 기타 보호 서비스를 제공하는 업으로서 지문 채취, 거짓말 탐지 및 유사 서비스. 사무실, 공장, 호텔, 극장 등의 경호 및 경비경호견 임대, 자금운송장갑차 서비스, 산업안전, 화재예방상담, 필체감정, 방범전문산업 등의 서비스 포함(749200)

5. 소화물 전문 운송업- 택배업
택배업(가정배달업). 직접 운수사업체를 갖지 않고 수수료 또는 계약에 의해 화물운송에 관한 책임을 지고 탁송자로부터 수령자에게 화물운송을 대행하는 업

6. 세탁업- 산업용 세탁업, 가정용 세탁업세탁물 공급업
산업용품세탁업, 가정용품세탁업, 자동세탁기운영업, 세탁물공급업, 산업·상업 또는 가정 사용자에게 린네르, 유니폼, 에이프런, 타올, 테이블보, 침대보, 기저귀 등을 세탁하여 임대 기준에 의하여 공급하는 업(930100)

건강·심리·치유: 피부관리실 & 다이어트숍(비만관리실)

요즘 골목길까지 침투한 다이어트숍은 '회원 직접판매(네트워크마케팅, 구 다단계)' 방식 다이어트 숍입니다. 여기서는 회원 직접판매 방식 다이어트숍이 아닌 각종 관리장비를 구비한 피부·비만 관리실 창업을 알아봅니다.

피부·비만 관리실

피부관리실은 피부, 여드름 등을 관리 치료하는 업입니다. 비만과 체형을 관리하는 업종은 제각기 다이어트숍, 비만클리닉, 체형관리센터 등으로 불리지만 하는 일은 똑같습니다. 보통 피부관리실이나 다이어트숍은 개인이 운영하는 매장, 비만클리닉은 병원이나 한의원에서 창업하는 방식, 체형관리센터는 휘트니스센터 등과 연계된 경우입니다.

이들 숍에서 사용하는 피부·비만 관리장비는 저주파치료기, 초음파치료기, 고주파치료기, 체지방분석기, 샌드배드, 엔더몰러지, 제트슬림, 진동운동기 등이 있습니다. 이 장비들은 대부분 의료용으로 허가 난 장비이므로 의사만이 조작할 수 있습니다. 피부·비만 관리실에서 사용하려면 미용용으로 허가 난 장비를 사용해야 하지만 신뢰성 때문에 대부분의 피부·비만 관리실이 의료용 장비를 사용합니다. 물론 고주파치료기 같은 의료장비는 가정용 장비로 대체하면 하등의 문제가 없지만 이 경우 경쟁 피부관리실에 비해 낙후되었다는 느낌을 지울 수 없을 것입니다. 기계장비를 사용하지 않는 피부 및 비만관리방법으로는 경락마사지, 장세척, 부황기 등이 있습니다.

피부관리 및 비만관리는 '이용 및 미용업'의 '피부미용업, 기타미용업'으로 분류되므로 미용사(피부) 자격증 소지자가 창업할 수 있습니다. 피부관리실에 비만관리를 추가하려면 비만관리사 자격증과 다이어트 프로그래머 자격증을 공부하는 것이 바람직합니다.

피부관리실 & 다이어트숍 창업 서류

① 미용사(피부) 자격증(피부관리실 취업 용도, 한국피부미용사회 중앙회)

   ※ 연 1~2회 자격증시험 시행, 합격률 필기 50~60%, 실기 40~50%

   ※ 대학에서 피부관리 관련 학과를 졸업한 사람에 한해 시험 없이 발급

② 미용사(피부) 면허증(피부관리실 창업 용도, 한국피부미용사회 중앙회)

   ※ 피부미용사자격증 취득자에 한해 면허 가능

③ 영업신고서(피부미용사면허증, 그 외 서류. 관할 시군구 위생과)

④ 사업자등록 신청(임대차 계약서, 피부미용사면허증, 그 외 서류. 세무서)

피부관리숍 & 다이어트숍 창업 절차

- 미용사(피부) 자격증 공부 ← 학원에 등록 후 공부
- 자격증 시험 및 합격 ← 자격증 발급은 큐넷(www.q-net.co.kr) 또는 관할 산업인력공단
- 피부관리실 스태프로 취업 ← 6개월 정도 취업하여 노하우와 기술습득
- 건강진단서(미용사용) 발급 ← 관할 보건소나 병원
- 미용(피부)면허증 신청 및 발급 ← 관할구청 위생과
  ※ 건강진단서, 자격증원본, 반명함 사진 등
- 피부미용 위생교육 ← 관할 피부미용사협회에서 실시
  ※ 위생교육필증 발급
- 피부관리 & 비만관리 장비 설치 및 사용법 습득 ← 의료용으로 허가 난 장비는 사용할 수 없으나 대부분의 피부관리실이 암묵적으로 의료용 피부·비만관리장비 사용함.
- 영업신고서 신청 ← 관할 시군구 위생과
  ※ 신분증, 면허증원본, 위생교육필증, 도장, 영업시설 및 설비개요서
- 임대차 계약 및 사업자등록 신청 ← 관할 세무서 혹은 인터넷 홈택스
- 신용카드 가맹 신청 ← 필요한 경우 포스시스템 설치

1. 한국피부미용사회 중앙회(www.kocea.org)
2. 대한비만관리사협회(www.viman.or.kr)
3. 한국다이어트프로그래머협회(www.dp.or.kr)

SECTION 25 애완동물: 애견숍

애견숍은 강아지 분양, 애견미용, 애견호텔(애견돌봄이), 애견간식, 애견용품, 사료 판매를 주업으로 합니다.

▌애견숍(고양이 포함)

애견숍의 좋은 입지는 아파트 밀집지구나 주택 밀집지구에서 학교 방향으로 가는 메인 길목과 지하철역으로 가는 메인 길목입니다. 건물에 입점할 때는 반드시 1층 매장이 좋습니다. 매장의 위치는 아래 조건을 충족시키면 더 좋을 것입니다.

> 1. 매장의 전면부는 가로방향으로 넓을수록 좋습니다.
>   ※ 분양견을 종류별로 전시·판매할 수 있습니다.
> 2. 매장 앞 인도 너비는 최소 2m 이상을 권장합니다.
>   ※ 견주가 매장을 방문할 때 견주의 개와 행인 사이에 불상사가 발생하지 않는 조건
> 3. 매장 앞 도로에 10분 동안 자동차를 정차해도 문제없는 곳이 좋습니다.
>   ※ 견주가 사료를 구입해 자가용에 실을 수 있는 조건

고객에게 분양할 강아지를 확보하는 방법은 가정견 새끼나 농장에서 낳은 강아지를 구입하는 방법과 애견경매장에서 경매를 받는 방법이 있습니다. 강아지를 경매로 받다 보면 대부분 예산을 초과하는 높은 가격으로 분양받기 쉬우므로 예산을 초과하지 않도록 주의합니다. 가정견의 새끼는 혈통 증명에 문제가 있을 수 있으므로 분양보다는 대행판매를 하고 수수료를 취합니다.

애견 미용은 주인이 직접 하는 경우와 아르바이트생에게 위임하는 경우가 있습니다. 예컨대 강아지를 좋아하고 애견미용을 즐겨 했던 동네 여학생을 미리 알아두면(주로 20대 여성), 매장에 미용 의뢰가 들어올 때마다 여학생을 불러 일감으로 줄 수 있습니다.

애견숍 창업 시의 초도물품구입비는 1,000만 원 내외, 실내 인테리어 역시 1,000만 원 이하로 할 수 있습니다. 단, 번화가나 아파트 지역에서 창업할 예정이라면 점포 외형과 인테리어에 많은 신경을 써야 합니다.

애견숍 창업 서류

① 애견미용사 자격증 취득(강제 사항 아님)
② 건축물대장, 등기부등본 등의 열람(건물 용도, 건물 담보관계 확인용)
③ 임대차 계약서
④ 구매안전 서비스 이용확인증 및 통신판매업신고서 신청
  (애견용품이나 사료 등을 인터넷에서 판매하고 싶은 경우 신청)
⑤ 사업자등록 신청(임대차 계약서, 통신판매업신고필증, 그 외 서류, 세무서)
⑥ 신용카드 가맹점 신청(사업자등록증 필요)

애견숍(애견미용, 애견호텔 겸용) 창업 절차

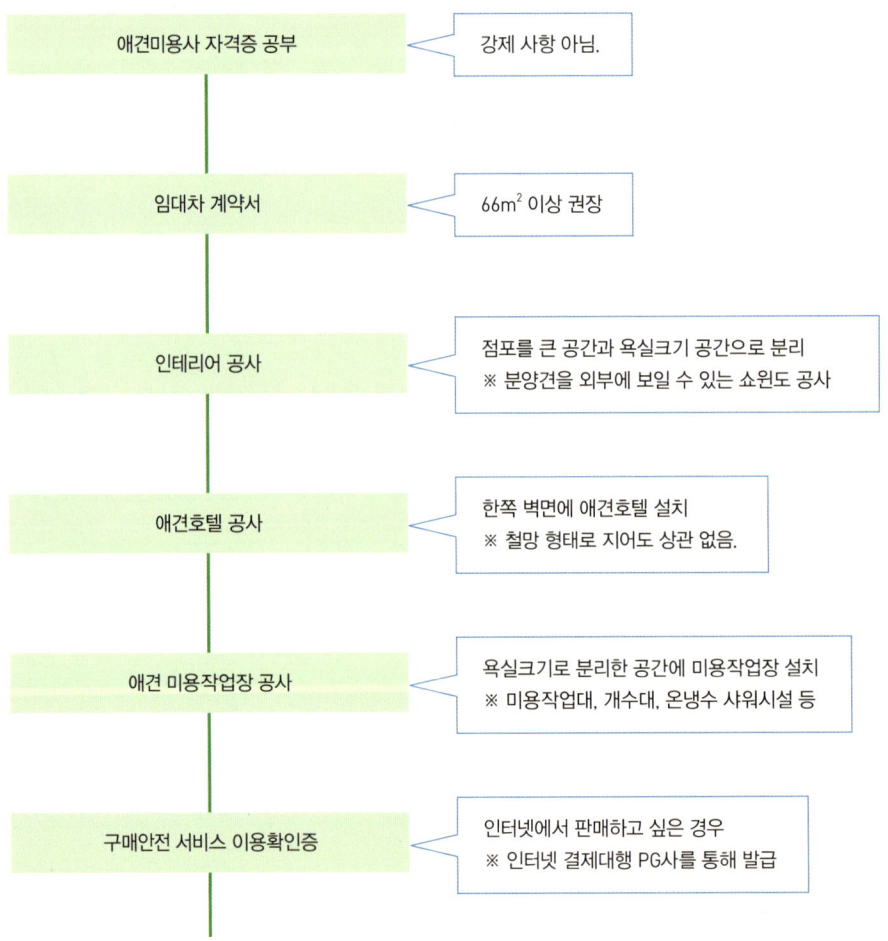

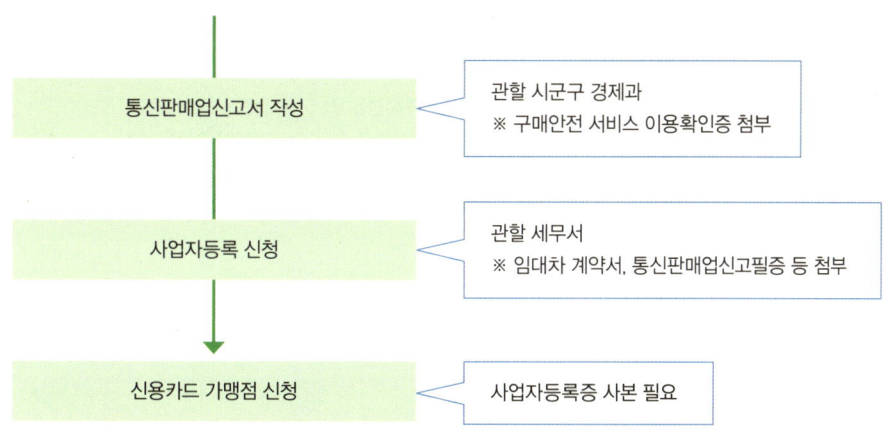

SECTION 26 식물·수족관: 꽃집, 수족관 등

국내에는 1~2만 개의 꽃집이 있습니다. 꽃집은 지역특성을 잘 타는 업종임에도 변화가 보다는 동네 상권에서 많이 볼 수 있습니다. 꽃집 역시 충동구매를 일으키는 전략이 필요합니다.

▌꽃집 & 플라워숍

꽃집은 지역특성을 잘 타는 업종입니다. 주택가와 아파트 같은 주거 지역은 공기정화 식물, 묘목, 소품, 허브, 선인장 모종, 채소 모종, 비료, 화분 등이 인기 있습니다. 오피스 밀집지역은 꽃다발, 꽃바구니, 화환, 소품, 난초류가 인기 있으며 학교와 젊은 층의 유동 인구가 많은 번화가는 절화, 꽃다발, 꽃바구니 종류가 인기 있습니다.

이 특징을 다시 분석하면 주거지역의 경우에는 30~50대 주부들이 애호하는 실용식물들이, 오피스 밀집 지역은 각종 개업을 축하하기 위한 선물용이나 사무실용 식물이 잘 팔리며, 번화가에서는 젊은 층이 연인에게 선물하거나 꽃의 예쁜 모습에 충동적으로 구매하는 것을 알 수 있습니다.

소품이란 앙증맞은 꽃이나 어린 모종을 아트 스타일의 화분 등에 담아 장식용으로 만든 상품입니다. 우리나라의 소품은 지난 몇 년간 크게 발달했지만 아직 젊은 층에 어필하지 못한 상태입니다. 꽃을 공예용기에 담아내는 기법, 컵에 담아대는 기법, 패션잡화 느낌으로 만들어내는 기술이 발전하고 있는데 가격이 저렴해지면 향후 젊은 층에도 어필할 수 있을 것으로 추정됩니다.

▌숍인숍 꽃집

현재 잘 만들어진 소품들의 가격은 5,000~1만 원대입니다. 꽃값보다는 화분값이 더 비쌉니다. 젊은 층이 과자처럼 쉽게 소비할 수 있는 가격은 아니므로 5,000원대 이하의 소품 상품이 필요합니다. 아마도 3,000원대 정도의 예쁘장한 소품이라면 젊은 층들이 과자 사듯 살 것입니다.

매출을 올리는 또 다른 방법은 숍인숍 매장입니다. 꽃집+편의점, 꽃집+커피숍, 꽃집+팬시점, 꽃집+공예방 등의 방법에 착안해볼 만합니다. 예컨대 커피숍과 결합한 꽃집은 공기정화 식물, 절화, 소품이 주력상품일 수 있고, 팬시점과 결합한 꽃집은 소품이나 꽃다발이 주력상품, 편의점과 결합한 꽃집은 소품이나 공기정화 식물 등이 주력상품이 될 수 있습니다. 혹은 팬시점에서 3,000원대의 귀엽고 앙증맞은 소품을 구비하면 젊은 층이나 여고생들에게 어필할 수도 있어 보입니다. 극장을 끼고 창업하는 것은 젊은 층을 대상으로 한 꽃집으로 안성맞춤이며 절화, 꽃다발, 꽃바구니가 주력 상품이 됩니다.

꽃집 창업 서류

① 화훼강좌 수강(꽃을 취급하는 기본 방법 습득. 강제 사항 아님)
② 건축물대장, 등기부등본 등의 열람(건물 용도, 건물 담보관계 확인용)
③ 임대차 계약서
④ 사업자등록 신청(임대차 계약서, 그 외 서류, 관할 세무서)
⑤ 신용카드 가맹점 신청(사업자등록증 필요)

꽃집과 다른 업종을 같이 창업할 수 있을까요?

물론입니다. 사업자등록을 낼 때 주업종은 꽃집으로 하고, 부업종으로 잡화팬시점 등 자신이 하고 싶은 업종을 선택하면 됩니다.

이때 두 업종이 구분되도록 매장을 정확히 나누어야 할까요?

법적으로는 매장을 정확히 나누어야 하지만 운영의 묘미를 살려 두 업종이 잘 혼합되도록 나누는 방법을 강구하는 것이 좋습니다.

꽃집 창업 절차

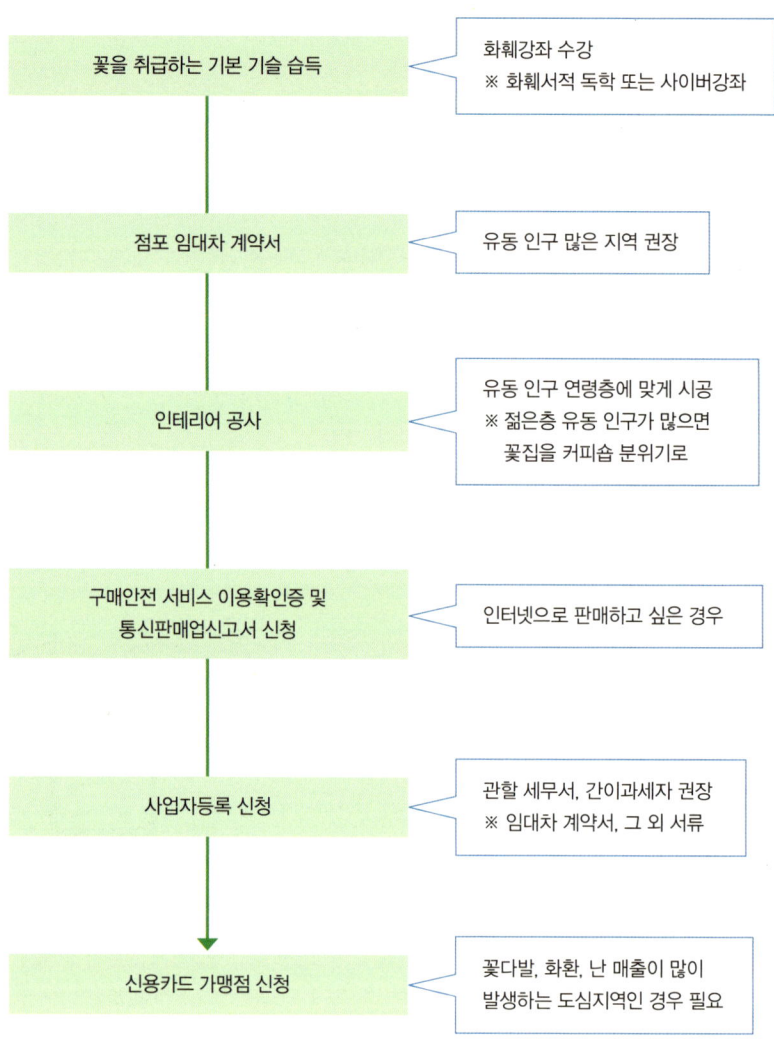

애완동물·식물·수족관·조경공사 업종 명칭

자세한 검색은 국세청 홈페이지의 조회·계산- 기준경비율 메뉴에서 할 수 있습니다.

1. 그 외 기타 상품 전문 소매업- 애완용 동물 및 관련 용품 소매업
애완동물, 애완용 동물사료, 관상어, 수족관, 애완동물 관련 서비스 포함(523996)

2. 동물용 사료 및 조제식품 제조업- 동물용 사료 및 조제식품 제조업
배합사료, 보조사료, 사료제조용 제품, 어분, 애완동물 및 물고기·어류양식용 사료, 개 껌, 단미사료 제조 등(153300)

3. 식물원, 동물원 및 자연공원 운영업- 식물원 및 동물원 운영업
주로 일반대중에게 관람, 휴식, 휴양용의 각종 동물 및 식물을 관리 운영하는 문화 및 오락시설을 말하며, 관람목적의 수족관 운영 등이 포함(923300)

4. 그 외 기타 상품 전문 소매업 - 화초 및 산식물 소매업
생화 및 화분에 들어 있는 식물 판매업(523988)

5. 그 외 기타 상품 전문 소매업- 화초 및 산식물 소매업
정원수, 분재, 잔디, 묘목, 종묘 판매업(523989)

6. 토목시설물 건설업- 조경업, 기타 선분공사업, 교량, 터널 및 철도, 수중 공시업
조경수목식재공사, 잔디 등 지피식물 공사, 조경시설물설치공사, 자연석, 인조목, 인조암 등의 설치공사, 강구조물공사, 철구조교량조립·설치공사, 건축물 철구조물조립·설치공사, 철탑공사, 갑문 및 댐수문설치공사, 야외의자 및 파고라설치공사, 수중잠수공사, 수중구조물기초공사, 수중암석폐쇄공사, 수중콘크리트공사, 수중관부설공사, 철강재 및 삭도설치공사, 이들 시설물을 신축·개축·이축·유지보수공사, 철골제작조립설치및제거공사 등(452109)

컴퓨터: 컴퓨터 조립판매점 & CCTV 제품판매

컴퓨터조립판매점은 시장 상황이 매우 좋지 않습니다. 하지만 사업자금이 없는 사람들은 2,000~3,000만 원으로도 창업할 수 있는 분야이자 노력에 따라 수익을 발생시킬 수 있으므로 시도할 만합니다.

컴퓨터판매점 & CCTV 보안제품 판매

컴퓨터판매점의 수익은 AS 고장수리, 바이러스 치료, 조립판매, 프로그램 설치, 잉크리필, 네트워크 설치, 무선인터넷 장비판매, 중고판매, PC 용품 판매, 조립 PC 인터넷 판매로 발생합니다. 용산상가 같은 전문상가에 입점한 경우 PC 용품 및 조립 PC 인터넷 판매만으로도 매장을 돌릴 수 있지만 일반 동네 매장들은 부품 도매상에서 멀리 떨어져 있으므로 보통 AS 고장수리, 잉크용품 판매 및 리필, PC 조립 등으로 수입을 올립니다.

동네 매장의 경우 CCTV 보안장비 판매나 사무용품 소매업종 등을 부업종으로 하여 연계 창업하는 것이 아무래도 좋습니다. 사무용품 소매업은 초도물품비가 많이 들어서 사업자금이 넉넉지 않은 창업자는 초도물품비가 적게 들고 영업력으로 승부를 걸 수 있는 CCTV 보안장비 판매 및 설치업을 병행하는 것을 생각해볼 만합니다. CCTV 보안장비는 동네 업소나 주택마다 설치할 수 있는 훌륭한 아이템이므로 동네 가구를 대상으로 영업을 활발히 하면 소기의 목적을 달성할 수 있을 것입니다. 입지조건에 따라 다르겠지만 점포임차료와 초도물품비를 포함해도 총 창업비 2,000~3,000만 원으로 창업할 수 있는 업종입니다.

컴퓨터조립판매점 창업 서류

① 컴퓨터조립방법 독학(PC 조립 책 2~3권으로 충분히 독학할 수 있음)
② 임대차 계약서
③ 사업자등록 신청(임대차 계약서, 그 외 서류, 관할 세무서)
④ 신용카드 가맹점 신청(사업자등록증 필요)
⑤ CCTV 보안장비 판매업이 부업종일 경우
   ※ CCTV 설치시공기술을 도매업자를 통해 습득

컴퓨터조립판매점 창업 절차

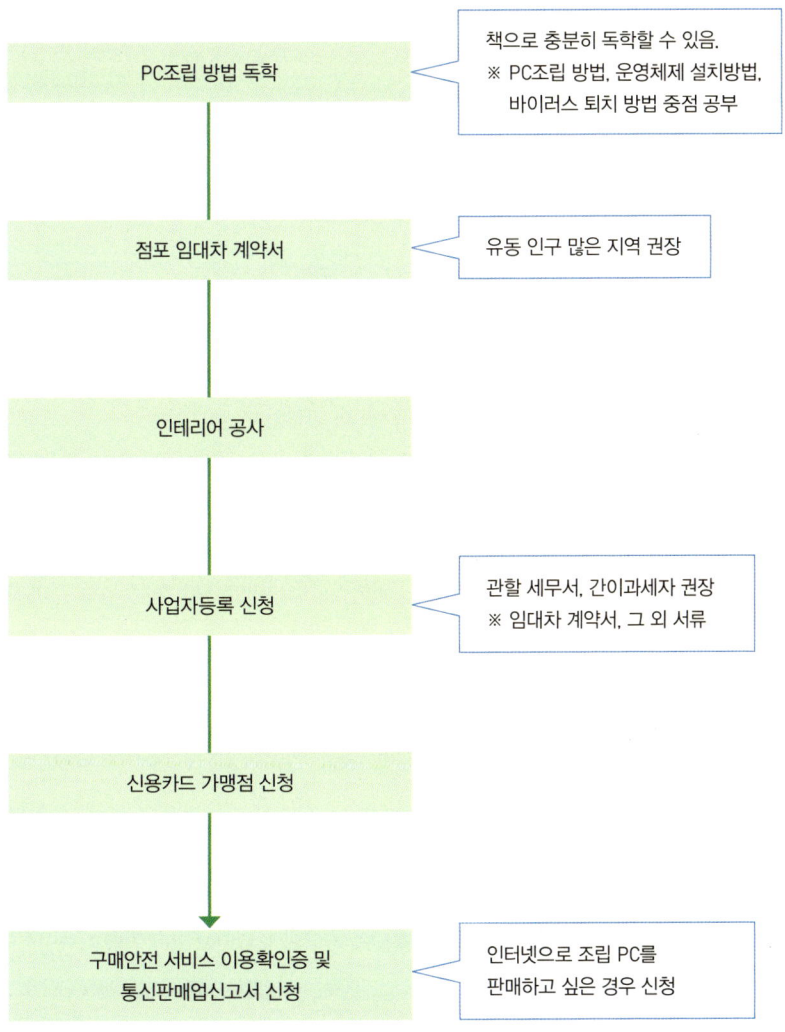

컴퓨터, 소프트웨어, 게임 업종 명칭

자세한 검색은 국세청 홈페이지의 조회·계산– 기준경비율 메뉴에서 할 수 있습니다.

1. 컴퓨터 및 주변장치, 소프트웨어 및 통신기기 소매업– 컴퓨터 및 주변장치, 소프트웨어 소매업
PC 및 주변장치, 컴퓨터 및 범용성 소프트웨어 소매업(523531)

2. 시스템·응용 소프트웨어 개발 및 공급업– 소프트웨어 개발 및 공급업
컴퓨터 프로그램 번역, 임대, 개발, 공급, 범용성 및 주문형 컴퓨터 소프트웨어에 관하여 자문, 제작 및 공급을 수행하는 산업활동, 게임 소프트웨어 제작, 프로그래밍 수반 웹디자인(722000)

3. 그 외 기타 정보 서비스업– 데이터베이스 및 온라인정보 제공업
1차 자료를 수집 조합하여 일정 포맷에 따라 컴퓨터에 수록 후 주문에 따라 온라인, 자동응답전화, 디스켓 등의 전자매체로 제공하는 산업활동. 증권, 여행 등 특정 산업활동을 주로 수행하는 사업체가 관련 정보를 온라인으로 서비스하는 경우는 그 본질적인 활동에 따라 분류된다. 온라인검색 정보제공·온라인정보제공(IP)·자동응답 전화정보제공·700 전화 서비스, 인터넷정보사이트, PC 통신 정보 서비스(인포숍) 등 (724000)

4. 전기, 전자, 통신 및 정밀기기 수리업– 컴퓨터 및 사무용 기기 수리업
사무 및 회계기, 컴퓨터 또는 주변기기를 유지, 수리하는 업(725000)

5. 오락장 운영업– 컴퓨터 게임방 운영업
인터넷 PC방(924909)

6. 기타 자영업– 기타 자영업
컴퓨터 프로그래머(프리랜서), 조율사, 전기·가스검침원 등 달리 분류되지 않은 기타 자영업으로서, 독립된 자격으로 고정보수를 받지 아니하고 그 실적에 따라 수수료를 지급받는 경우 포함(940909)

7. 컴퓨터 및 주변장치, 소프트웨어 도매업– 컴퓨터 및 주변장치, 소프트웨어 도매업
컴퓨터 및 주변장치 도매업. 램, LCD 모니터 등 PC 주변장치의 특정 품목만 도매로 취급할 경우 사업자등록 시 도매업으로 등록 권장(515050)

28 SECTION 자동차
: 스팀 세차업, 셀프 세차업, 타이어·자동차용품점

외국에서는 여성들도 카센터를 운영합니다. 스팀세차, 셀프세차, 자동차용품 전문점, 타이어 전문점 등은 기술이 필요하지만 직원에게 시킬 수 있으므로 여성들도 창업할 수 있습니다.

▌무자본 스팀세차업 & 손세차업(셀프세차)

　스팀세차장은 운영자나 직원이 스팀세차기로 세차하는 업종입니다. 셀프방식의 손세차장은 고객이 직접 세차하고 운영자는 카운터 역할을 합니다. 손세차업은 기사식당에서 오래전부터 여성 주부들의 손세차 영업이 있었습니다. 주부 두 명이 팀을 짜서 기사식당과 계약한 뒤 식당을 방문한 고객 중 세차를 원하는 분의 차량을 손세차하여 돈을 버는 구조입니다. 정식사업자는 아니지만 여름에는 정신없을 정도로 바쁩니다.

　정식 손세차업은 사업자가 세차장 영업이 가능한 부지를 확보한 뒤 건축 및 환경 허가를 받아야 합니다. 또한 손세차를 할 수 있도록 부지를 개조하고 고압세척기, 콤프레서, 폐수처리시설 등을 구비해야 합니다. 소자본 창업을 준비 중이라면 스팀세차업을 생각해볼 만합니다. 스팀세차업은 물의 사용량이 적으므로 환경 인허가가 필요 없습니다. 따라서 스팀세차기를 구비한 뒤 사업자등록을 하면 추가 인허가 없이 바로 영업할 수 있습니다. 스팀세차업의 장점은 출장 영업이 가능하다는 점이지만 세차 시간이 많이 소요되는 것이 단점입니다. 스팀세차를 하는 데 걸리는 시간은 자동차 한 대당 20~50분 정도이므로 업주 스스로 세차 시간을 줄이는 기술력을 습득해야 합니다. 소자본 창업이 가능한 스팀세차업은 보통 부부가 같이 일하며 아파트 차량을 대상으로 방문 세차업을 할 때 생각해볼 만합니다.

▌무자본 스팀세차업 & 손세차업 창업 서류

① 건축물대장, 등기부등본 열람(손세차장 창업 시 세차장 가능한지 확인)
② 임대차 계약서
③ 관련 환경인허가 & 건축허가(손세차장일 경우, 관할 환경과 및 건축과)
④ 폐수처리기 수질검사 신청서(손세차장일 경우)
⑤ 사업자등록 신청(임대차 계약서, 그 외 서류, 관할 세무서)

무자본 스팀세차업 & 손세차장(셀프세차장) 창업 절차

스팀세차업은 각종 인허가를 하지 않고 사업자등록만으로도 창업할 수 있습니다. 손세차장은 넓은 부지가 있어야 하며, 스팀세차업은 실내나 출장 영업 방식으로 창업합니다.

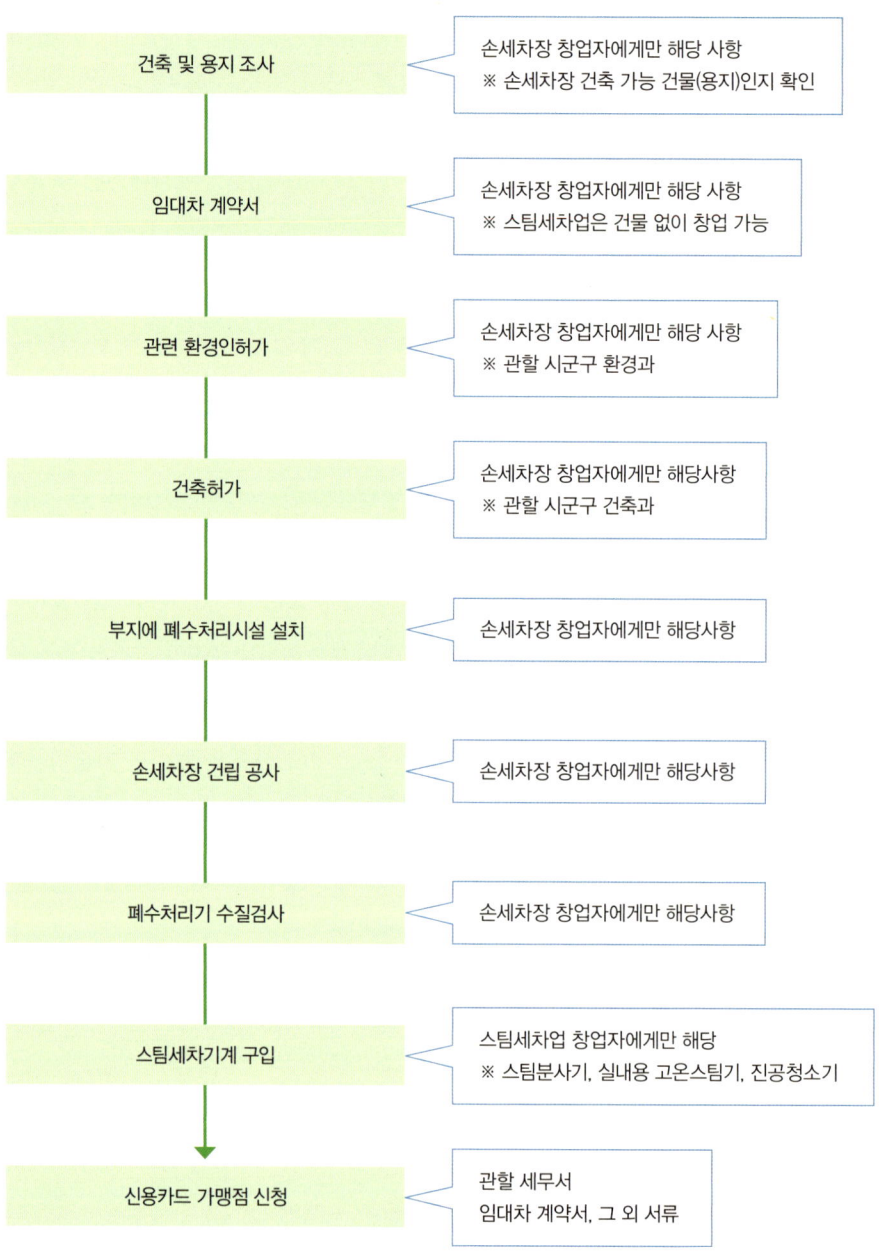

■ 자동차용품점 & 타이어 판매점 창업 절차

셀프세차장 등 세차장을 창업하려면 같은 건물에 자동차용품점이나 타이어 판매점을 구비하고 부업으로 하는 것이 좋습니다. 만일 세차장을 주업으로 하고 판매점을 부업으로 하려면 사업자등록 시 주업종은 세차업(자동차 세차업), 부업종은 판매업(기타 자동차 신품 부품 및 내장품 판매업, 타이어 및 튜브소매 등)으로 등록합니다.

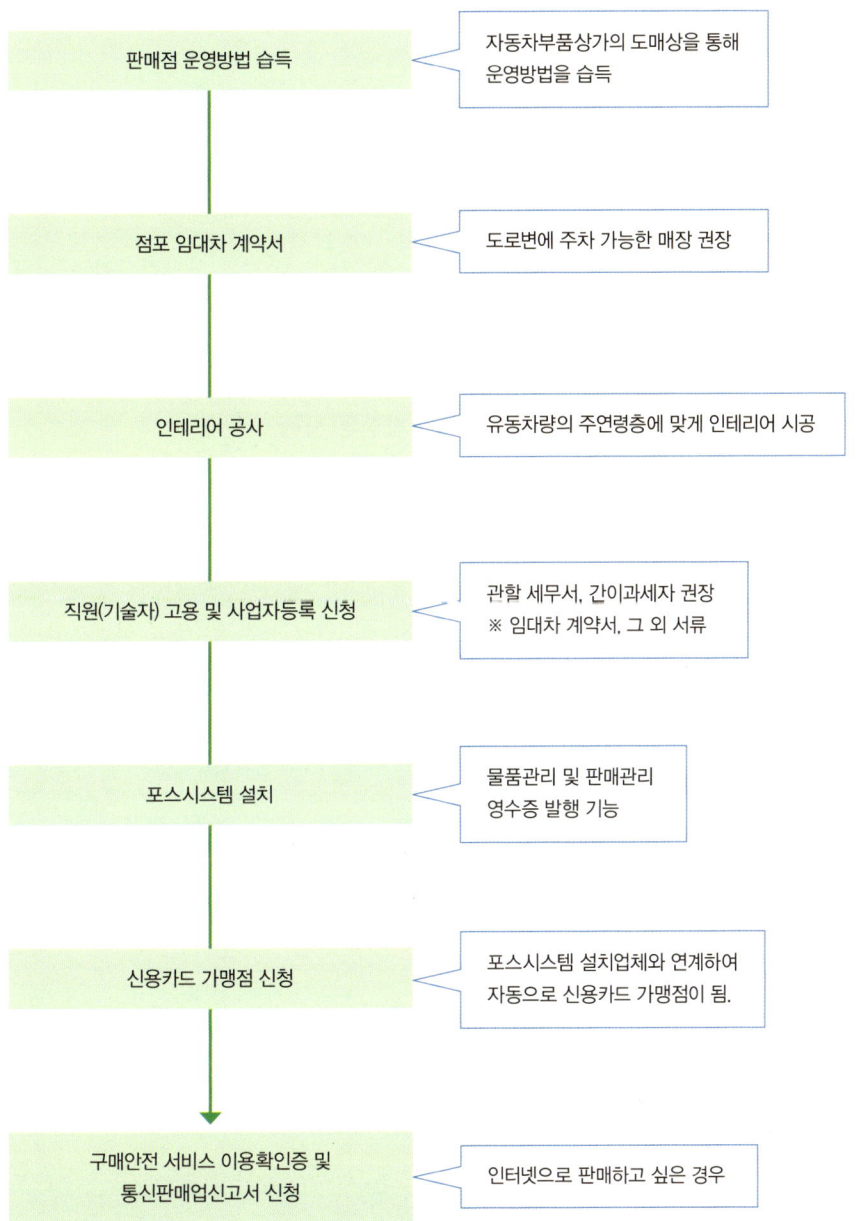

29 SECTION

장난감·완구
: 장난감 전문점, 인형 전문점, RC·프라모델 전문점

장남감 전문점은 경기에 따라 변동이 심한 업종입니다. 그러나 할인매장 형태로 창업을 준비한다면 어느 정도 시장 장악이 가능하며, 시장을 장악하면 경기변동에 영향을 덜 받습니다.

▍장난감(완구)·인형·프라모델 판매 전문점 & 대여업

　출산율이 점점 하락하는 것은 국가적으로도 큰 문제입니다. 이런 시기에 장난감 전문점을 창업하는 것은 큰 도전일 수 있지만 어느 한 지역의 장난감 유통을 완전히 장악하려는 계획을 세우고 창업한다면 소기의 목적을 달성할 수 있을 것입니다.

　장난감은 완구라고도 불리며 장난감 전문점은 우리가 흔히 보는 장난감류를 판매하는 업소입니다. 저학년 초등을 위한 장난감은 물론 유아용 완구나 보행기를 같이 취급할 수 있습니다. 매장을 세밀하게 나누어 유아용 완구, 저학년 초등용 장난감이나 레고 블록, 10대용 인형, 20대용 프라모델 등을 보기 좋게 진열하면 고객들도 쉽게 자신의 카테고리에서 원하는 물품을 집어들 수 있습니다.

　만일 청소년 대상이라면 인형이나 프라모델 전문점 형태로 창업하는 것도 생각해볼 만합니다. 입점할 지역의 주 구매층을 염두에 두고 그것에 맞게 카테고리를 잘 설정하는 것도 생각해볼 만합니다. 예컨대 프라모델 전문점을 표방하여 업체명을 '건담 전문점' 등의 이름으로 창업할 수도 있을 것입니다. 만일 대학생이나 성인애호가를 타깃으로 할 경우 프라모델 전문점에 RC 비행, RC 헬기, RC 보트 등을 취급하는 RC 전문점을 조합해 창업하는 것이 좋을 것입니다.

　비어 있는 부지를 임대하거나 소유하고 있다면 용도변경을 한 뒤 장난감·레고블록·인형·프라모델·RC 제품을 모두 판매하는 양판점 형태의 창업도 가능할 것입니다. 국내의 경우 장난감 양판점은 대형마트에 들어서고 있으나 판매하는 제품들의 가격이 비싼 편이므로 조금 저렴한 가격으로 판매할 수 있다면 장난감 양판점도 점차 나타날 것으로 보입니다.

장난감·인형·프라모델·RC 판매 전문점 & 대여업 창업 절차

판매점만 할 경우 게임용구·인형 및 장난감 소매업으로, 대여업만 할 경우 대여업으로, 둘 다 할 경우 주업종과 부업종에 각각 설정합니다.

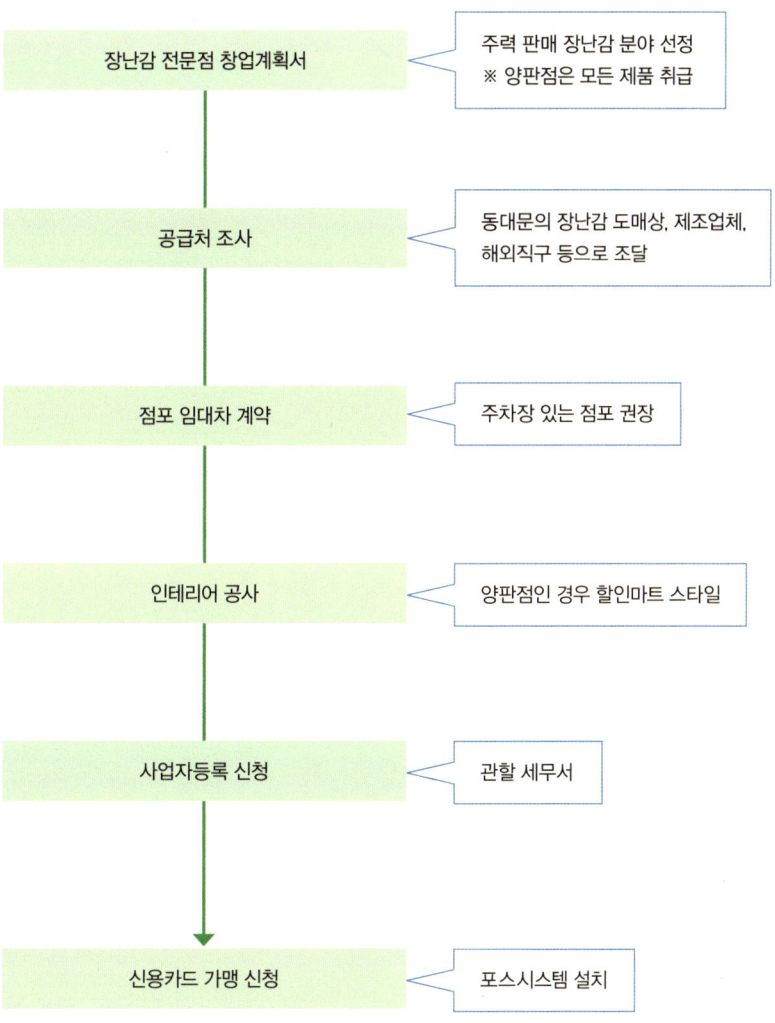

 인터넷 쇼핑몰을 운영할 경우 구매안전 서비스 이용확인증 및 통신판매업신고를 신청합니다.

장난감·완구
: 수제인형 공방, 봉제인형 제조업(가내공업)

여성이 소자본으로 할 수 있는 업종이 봉제인형 및 의류 제조업입니다. 개성공단이나 베트남에 자신의 공장을 만들어 봉제인형이나 의류를 제조하겠다는 각오하에 창업합니다.

▌수제인형 공방, 봉제인형제조업(가내공업 또는 공장)

봉제인형제조업은 일단 공방 형태로 창업하는 수제인형제조업과 미싱과 비슷하게 생긴 봉제기계를 네 대 정도 들여놓고 창업하는 봉제공장이 있습니다. 봉제인형제조업은 업종 종목상 '인형, 장난감 및 오락용품 제조업- 인형 및 장난감 제조업'에 속하므로 봉제인형 외의 각종 봉제 장난감을 생산해도 법적 문제가 없습니다. 손기술이나 공예를 이용한 수제인형 제조 분야는 업종명이 딱히 정해져 있지 않으므로 '예술품 및 선물 용품 소매업- 관광 민예품 및 선물용품 소매업' 등의 업종명으로 창업한 뒤 수제인형을 만들어 판매할 수 있을 것입니다(창업 전 관할 시군구 민원실에 종목명 반드시 확인 요망).

창업 전 사업계획을 세울 때 유통망 조사를 하여 납품 가능한 업체를 파악한 다음 봉제인형 생산 계획을 세운 뒤 봉제기계 구입 계획을 세웁니다. 가내봉제업이나 미싱업의 경우 보통 네 대의 봉제기계와 일고여덟 명 정도의 직원이 필요합니다. 공장이 정상적으로 활발히 돌아가도 사장은 월수입 300만 원 건지기 바쁩니다. 그러므로 상품성이 높은 인형 캐릭터의 개발이 선행되어야 할 것입니다.

초반에는 조심스럽게 접근할 필요가 있는 사업이므로 먼저 공방 형태로 수제인형을 만들어보거나, 컴퓨터 디자인을 할 줄 안다면 캐릭터 디자인을 해본 뒤 시장의 반응과 자신의 기술력을 테스트하기 바랍니다. 또한 상품성 높은 캐릭터를 개발한 경우에는 특허청에 캐릭터 디자인권을 등록합니다(특허사무소에 위임). 봉제공장 창업비는 편의점 창업비보다 적지만 창업자금이 여의치 않은 사람도 있을 것입니다. 이런 경우라면 장난감 도매점을 창업하여 자신은 유통·판매를 담당하고 상품제작은 봉제공장에 하청하는 것도 생각해볼 만합니다. 먼 훗날 개성공단이나 베트남에 자신의 공장을 만들겠다는 개척 정신이라면 봉제업종도 시도할만한 사업일 것입니다.

봉제인형제조업(가내공업 또는 공장) 창업 서류

① 임대차 계약서
② 영업시설 및 설비개요서, 평면도 포함(관할 시군구 위생과)
③ 제조방법설명서(관할 시군구 위생과)
④ 장난감제조업신고서 신청(위 서류들 첨부, 관할 시군구 위생과)
⑤ 사업자등록 신청(장난감제조업신고필증 및 그 외 서류, 관할 세무서)
   ※ 의류 제조업을 병행할 경우 사업자등록 부업종에 의류 관련 제조업 추가
⑥ 구매안전 서비스 이용확인증 및 통신판매업신고서 신청(인터넷에서 판매하고 싶은 경우)

봉제인형제조업(가내공업 또는 공장 등) 창업 절차

먼저 수제인형을 만들어본 뒤 사업성이 있다 판단되면 봉제인형을 대량생산할 목적으로 장난감 제조업(봉제인형제조업)을 개인 사업자로 창업합니다. 만일 사업이 여의치 않다면 봉제기계는 의류봉제할 때도 사용하므로 봉제의류업체로 바꿀 수도 있을 것입니다. 의류 제조업도 영위하려면 사업자등록을 할 때 부업종에 관련 의류 제조업 업종을 추가하기 바랍니다.

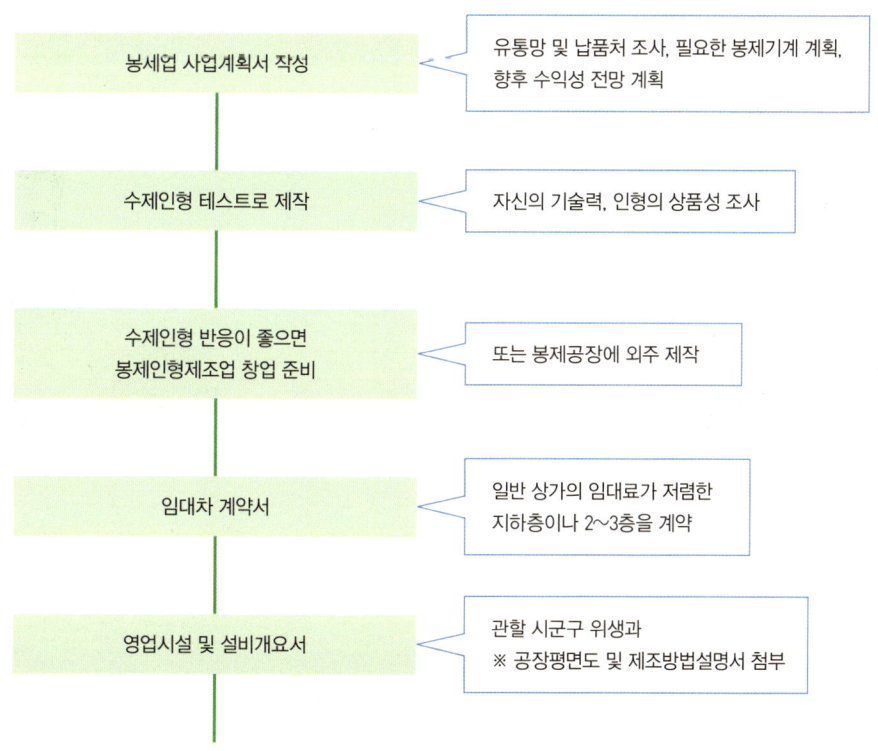

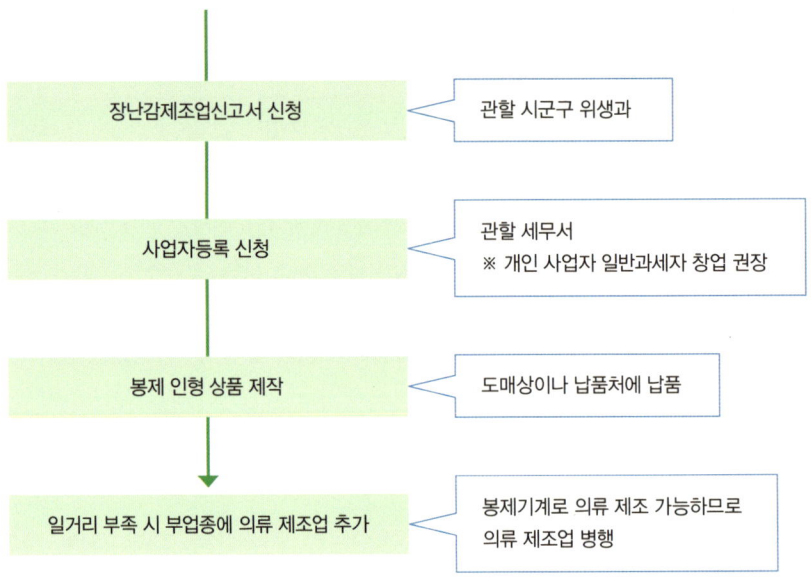

장난감제조업 신고서(봉제인형공장, 세척제공장 창업 겸용)

이 양식은 정부 공식양식이며 시군구 민원실 혹은 위생과에 비치되어 있습니다.

□ 세척제 □ 기타 위생용품 제조업 신고서 □ 장난감제조업 _____	장난감제조업에 체크합니다.	처리기간
		7 일

신청인	성 명		주민등록번호	
	주 소		전화번호	

영업소	영업소(상호)		영업의 종류	
	소재지		전화번호	

위생 관리인	성 명		주민등록번호	
	면허 및 자격명		면허(자격) 번호	
	출신학교 및 학과명			
	경력			

세척제제조업인 경우 추가 작성하는 부분입니다.

공중위생법 제14조의 2 제2항(제39조 제1항)의 규정에 따라 위와 같이 신고합니다.

　　　　　　　　　　년　　월　　일

　　　　　　　　　　　　　신청(신고)인　　　　　　　　(서명 또는 인)

○○ 구청장 귀 하	구 비 서 류	일자	결과
	건축물대장등본 도시계획확인원		

〈구비서류〉
1. 영업시설 및 설비개요서(평면도를 포함함) 1부
2. 제조방법 설명서 1부
3. 위생관리인 자격을 증명하는 서류 1부
(세척제제조업의 경우에 한함)

수수료
지방자치단 체의 조례

장남감 도소매 및 제조업의 업종 명칭

장난감 분야 중 가내공업 형태로 창업할 수 있는 분야가 봉제인형, 조립인형, 꼭두각시 및 유사제품 제조업입니다. 여기서는 장난감 관련 도소매업과 제조업의 업종 명칭을 정리합니다. 자세한 검색은 국세청 홈페이지의 조회·계산- 기준경비율 메뉴에서 할 수 있습니다.

1. 게임용구, 인형 및 장난감 소매업- 게임용구, 인형 및 장난감 소매업
각종 재료의 인형 및 장난감 등 완구류. 바둑, 장기 및 오락게임 용구 소매업(523940)

2. 오락, 취미 및 경기용품 도매업- 장난감 및 취미용품 도매업
전자식 오락게임기, 오락게임용품, 당구, 바둑, 장기용품, 오락용 기계장비 등의 오락용품, 각종재료의 인형을 포함한 완구류(513921)

3. 인형, 장난감 및 오락용품 제조업- 인형 및 장난감 제조업
봉제인형, 조립인형, 꼭두각시 및 유사제품 제조업(369401)

4. 인형, 장난감 및 오락용품 제조업- 기타 오락용품 제조업
놀이용 카드, 도박게임장비 등 유희용구 제조업(369409)

5. 인형, 장난감 및 오락용품 제조업- 인형 및 장난감 제조, 영상게임기 제조, 기타 오락용품 제조업
비승용 장난감·과학용 장난감, 동력식 장난감, 장난감 무기 및 악기, 장난감집 및 모형, 조립식 장난감, 봉제완구, 알파벳 세트. 비디오게임기·영상수상기를 갖춘 비디오 게임기·전자오락기계. 장기, 바둑, 체스, 스포츠 오락용 기계. 당구 및 볼링 장비·당구대, 큐, 큐팁, 큐패드, 브리지, 볼·기계식핀, 세팅기, 핀포스터, 셔폴보드판. 페달 추진식 또는 다른 사람이 밀거나 끌도록 설계된 아동용 차와 유사 장난감 자동차, 아동용 세발자전거, 보행기 등 바퀴 달린 승용 장난감, 동물, 오토스킨프 등 아동이 탈 수 있도록 설계된 장난감(369402). 어린이용 진짜 자전거제조업(359200)

6. 기타 고무제품 제조업 - 고무 의류 및 기타 위생용 고무제품 제조업, 그 외 기타 고무제품 제조업
고무제 장난감, 인형, 풍선, 고무공, 공기매트리스, 고무베개, 고무보트, 부교, 단추, 기타 고무제품·관 및 띠, 고무혼방 직물, 고무가루 혼합물. 고무 의류 및 기타위생용 고무제품·관장기, 고무 주머니, 젖꼭지, 피임용 기구, 고무의복, 고무장갑, 고무모자·방사선 방호복. 경화고무 및 그 제품·에보나이트 및 벨카나이트 제조업(251902)

SECTION 31
여행·관광: 여행사 & 국내여행사 & 해외여행사

여행사는 국내여행 전문여행업과 해외여행 전문여행업, 둘 다 취급할 수 있는 일반여행업이 있습니다.

국내여행업(국내여행 전문여행사)

내국인을 대상으로 국내여행을 알선하는 여행사입니다. 예컨대 자신의 지역에서 홍도, 울릉도, 지리산 등의 유명 여행지로 여행을 알선하는 일을 합니다. 먼저 관광버스 대절업체와 계약한 뒤 여행자를 일정 이상 모집한 뒤 정해진 여행기간 동안 여행지, 숙박, 식당을 알선합니다. 요즘은 신청자가 주는 여행비만 받아서는 사업이 안 되므로 음식점, 숙박지를 미리 섭외하고 계약한 뒤 이용한 머리 수만큼 수수료를 받아야 여행사 운영이 됩니다.

> **신비의 섬 청산도와 지리산 매화마을!**
> 무박 2일 여행. 1인 13만 원, 정원 30명. 매주 토요일 저녁 9시. 서울역에서 관광버스 출발. 여객선비 무료. 그 고장 맛집에서 아침, 점심, 저녁 총 3식 식사 무료 제공, 여행자보험 가입(모객 인원 부족시 행사가 취소될 수 있습니다.)

위의 예처럼 신문광고, 벼룩시장광고, 전단지 광고를 하여 여행할 사람을 모집한 뒤 약속된 날짜에 계약한 관광버스로 여행을 보내는 방식이 있으며 인솔직원이 필요합니다. 보시다시피 13만 원으로 서울에서 청산도와 매화마을을 다녀오는 사업은 수지가 나지 않는 사업입니다. 따라서 음식점이나 숙박지와 미리 계약해 숙식비를 절감해야 합니다.

국내 전문여행사의 지출/수익구조는 다음과 같습니다.
① 국내여행사 지출: 관광객 숙박비, 관광객 식대, 관광객 버스 대절비, 관광지 입장료, 가이드 일당 및 인센티브, 홍보비 등
② 국내여행사 수입: 고객에게 받은 여행경비, 유명항공사 발권 대행

국내여행상품을 개발하려면 먼저 여행지를 답사해 숙박, 음식점, 여행지를 파악하고 코스, 소요시간 등을 모두 분석해 이문이 남도록 여행상품을 개발해야 합니다. 요즘은 코레일 KTX 여행이 인기 있으므로 코레일과 연동하는 여행상품의 개발도 중요합니다.

여행사의 영업에는 다양한 방법이 있습니다. 부근에 대학이 있다면 대학생을 대상으로 미팅 여행상품을 개발해 학과 단위로 판매하는 것을 생각해볼 만합니다. 예컨대 공대+간호대생을 대상으로 한 미팅 여행상품을 개발해 홍보하여 모집할 수 있습니다. 물론 대학생들은 주머니 사정이 좋지 않으므로 3만 원대의 싸고 저렴한 상품 개발이 필요합니다. 이를테면 '가평 쁘띠프랑스 미팅 여행' 등의 여행상품이 있을 것입니다.

참고로 국내여행업의 창업 자본금은 5,000만 원(영업보험금 2,000만 원 포함)이며 개인 및 법인명으로 창업할 수 있습니다. 소자본 창업자라면 먼저 사무실을 낸 뒤 남아 있는 돈은 모두 통장에 집어넣고 5,000만 원 이상의 자본금이 있음을 잔고증명하여 '관광사업등록신청'을 해야 사업자등록을 할 수 있습니다. 사업자등록증이 나오면 통장의 돈을 꺼내 사무집기를 구입하고 인테리어 비용으로 사용하기 바랍니다. 이때 영업보험금 2,000만 원은 고객의 사고나 손해발생 시 보험금지급을 대비해 미리 예치하는 성격의 돈입니다. 만일 주부가 세우는 여행사라면 여성고객을 전문으로 하는 국내여행사를 차리는 것도 좋은 생각입니다.

해외여행업(아웃바운드 전문) – 내국인 대상 해외여행 알선

여행업 중에서 가장 활발하게 창업되는 분야가 아웃바운드 전문여행사입니다. 아웃바운드 전문여행사는 내국인을 모집한 뒤 해외여행을 알선하는 업체입니다. 이때 해외에서의 여행지 안내는 국내에서 인력을 파견하는 것이 아니라 해외 현지 여행사를 컨택하여 맡깁니다. 즉, 국내에서 해외여행할 사람을 모은 뒤 비행기로 실어 보내면 컨택한 현지 여행사에서 가이드 업무를 전담합니다. 소자본 창업의 경우 국내에서 해외 현지 여행사를 컨택하는 것이 어려우므로 중간 거래처를 끼는데 이를 '랜드사'라고 말합니다.

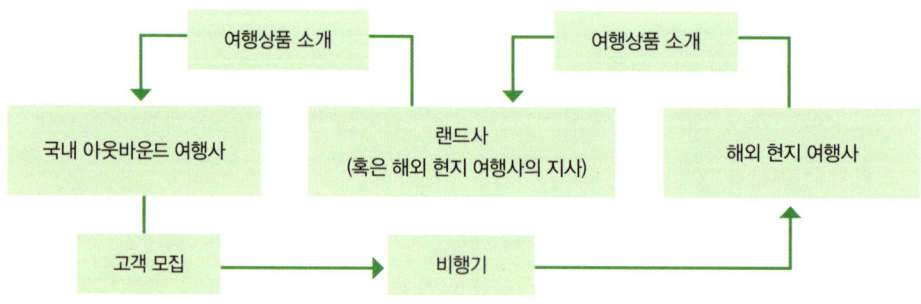

즉, 국내 아웃바운드 여행사가 현지로 가서 여행상품을 개발하는 것이 아니라, 현지 인바운드 여행사가 만든 여행상품을 랜드사를 통해 입수하고 그 여행상품에 맞는 고객을 뽑아 비행기에 태

워 보내는 방식입니다. 이 경우 현지 여행사가 현지에서 가이드를 담당합니다. 국내 아웃바운드 여행사는 고객에게 받은 돈을 일정액 나누어서 현지 여행사에 지상비로 줘야 합니다.

아웃바운드 전문여행사를 창업하려면 통장에 1억 원(영업보증금 3,000만 원 포함)의 자본금이 있음을 잔고증명해야 사업자등록을 할 수 있습니다. 사업자등록 후에는 영업보증금 3,000만 원을 예치한 뒤 나머지 7,000만 원을 사업경비로 사용합니다. 영업보증금 3,000만 원은 고객의 사고 시를 대비하는 비용입니다.

만일 국내 아웃바운드 여행사가 해외 여러 관광지를 조사한 뒤 직접 '허니문 여행상품' 같은 기획상품(테마여행상품)을 개발 판매하려면 영업보증금 3,000만 원 외에 5억 원 이상의 '기획여행보증보험'에 가입해야 합니다.

해외여행업(인바운드 전문) – 외국인 대상 국내여행 가이드

인바운드 전문여행사 역시 통장에 1억 원(영업보증금 3,000만 원 포함)의 자본금이 있어야 사업자등록을 할 수 있습니다. 인바운드 전문여행사는 해외에서 국내를 여행할 관광객을 뽑는 업체입니다. 이 역시 랜드사를 통해 연결하거나 국내에서 외국인을 위한 여행상품을 개발한 뒤 해외 현지의 한국여행 전문여행사에 여행상품을 소개하는 방식입니다. 이 경우 해외 현지 여행사가 우리나라를 여행할 사람을 모집한 뒤 비행기에 실어 보내면 국내여행사가 받아서 여행상품에 맞게 가이드를 합니다.

예컨대 일본인 대상 '춘천 여행상품'을 개발한 뒤 일본 현지에 있는 한국 전문여행사와 계약하면 그 회사가 일본 현지에서 춘천을 여행할 사람을 뽑아 비행기에 태우는 방식입니다. 이렇게 하면 '춘천 여행상품'을 개발한 인바운드 여행사가 공항에서 일본인 관광객들을 받아 춘천 여행을 가이드합니다. 이 경우 일본여행사를 통해 받는 지상비가 수입원이 되고, 지출은 관광객을 가이드할 때 발생합니다.

인바운드 전문여행사 지출 구조	
숙박비	해외 현지 여행사가 판매한 여행상품 규격에 맞는 호텔 숙박비
식대	해외 현지 여행사가 판매한 여행상품 규격에 맞는 식대
버스 대절비	해외 현지 여행사가 판매한 여행상품 규격에 맞는 버스 대절비
입장료	해외 현지 여행사가 판매한 여행상품 규격에 맞는 입장료
가이드 및 보험료	가이드 일당 및 인센티브 등의 운영비

인바운드 전문여행사 수입구조	
지상비	해외 현지 여행사와 계약서에 의거해 받는 가이드 비용
각종 커미션	쇼핑센터나 음식점에서 받는 소정의 커미션(가급적 수취 자제)
티켓 수입	여행상품에 없는 연극 등을 추가 관람했을 경우 티켓값의 할인료
팁	관광객이 주는 팁
지자체 지원	외국인 관광객을 일정이상 알선했을 때 받는 지원비(없을 수 있음)

▌일반여행업(종합여행사) – 국내, 해외여행 전부 취급

앞의 국내여행, 인바운드 여행, 아웃바운드 여행을 전부 취급할 수 있는 종합여행사입니다. 국내의 유명 여행사들은 대부분 이 업종에 해당합니다. 창업 시 통장에 3억 5,000만 원 이상의 자본금이 있어야 창업할 수 있습니다. 3억 5,000만 원 중 5,000만 원은 영업보증금으로 납부하고 나머지는 사업자금으로 사용합니다. 이때 허니문 여행 같은 기획여행 사업을 추가하려면 5억 원 이상의 '기획여행보증보험'에 가입해야 합니다. 전에는 없었던 이 조항은 허니문 여행상품을 판매한 뒤 돈을 받고 튀거나 부도내는 여행사가 많아지면서 생긴 조항입니다.

▌개인 창업 여행사

앞의 경우는 사업자등록을 개인명으로 한 여행사입니다. 개인명으로 창업한 여행사는 여행사의 이익 중 직원급여, 세금 등을 제하고 남은 순이익을 사장 몫으로 다 가져갈 수 있습니다. 단, 여행사고가 발생했을 경우 여행사보험으로 처리할 부분은 처리하고 만일 부족할 경우 자신의 집을 팔아서라도 보상해야 합니다.

▌법인 창업 여행사

앞의 여행업을 창업할 때 사업자등록을 법인명으로 창업한 회사형태의 여행사입니다. 회사(법인) 형태로 창업한 여행사이므로 여행사의 순이익이 많다고 해서 사장(법인 대표자) 몫으로 다 가져갈 수 없습니다. 이익이 많아도 사장은 정해진 급여만 받을 수 있고, 남은 이익은 회사통장에 보관되어 사업 확장 등에 사용해야 합니다.

법인 창업 여행사의 장점은 여행사고가 발생했을 경우 여행사보험으로 처리할 부분은 처리하고 만일 부족할 경우 회사자본 한도 내에서 보상해도 법적 문제가 발생하지 않습니다. 예컨대 10억의 보상이 필요할 때 회사의 남아 있는 자본이 2억일 경우 2억만 보상해도 법적으로 하자가 없습니다. 단, 도덕적으로 문제가 되기 때문에 그 이후 다시 영업할 때 어려움이 발생하고, 여행사고가 크게 난 경우 대개 여행사를 폐업하는 수순을 밟습니다.

여행사 창업 서류

① 관광사업등록신청서(관할 시군구 관광과) ※ 종합여행사를 창업하는 경우 신청서 2매 필요
② 법인등기부 등본, 그 외 법인 창업 관련 서류들(법인 창업인 경우)
③ 임대차 계약서
④ 사업계획서(규정된 양식 없음)
⑤ 보증보험 또는 공제보험가입증명서 사본
⑥ 사업자등록 신청(임대차 계약서, 그 외 첨부 서류, 관할 세무서)

개인 명의 여행사(인터넷 여행사 겸용) 창업 절차

해외여행사를 창업할 때는 유학원을 같이 경영하길 권장합니다.

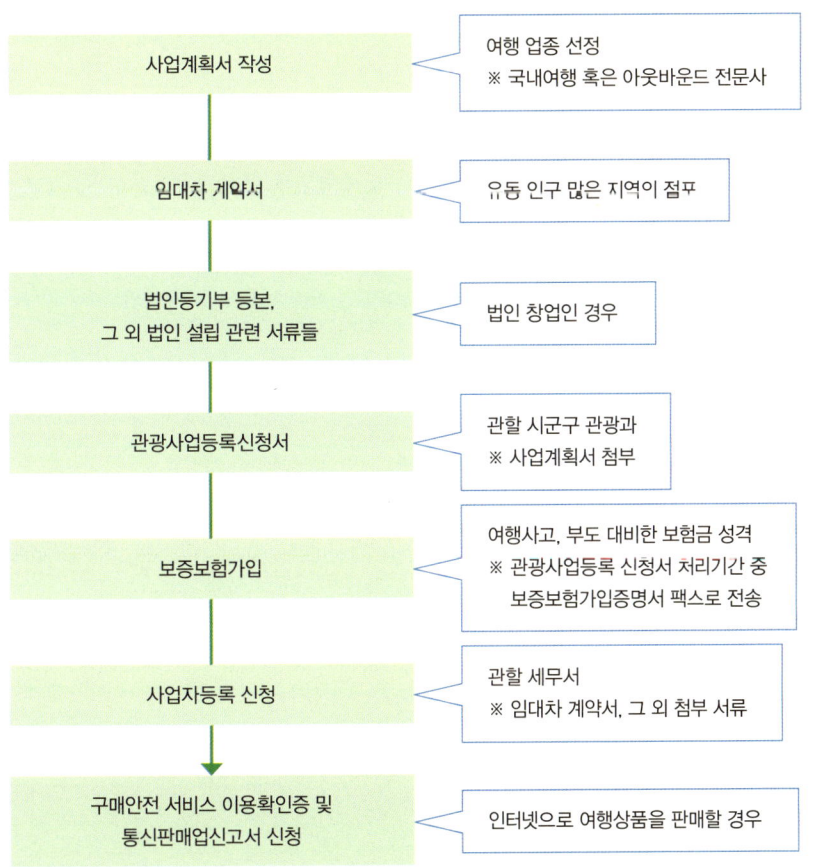

관광사업등록신청서 양식

이 양식은 정부공식 양식이며 관할 시군구 관광과에 비치되어 있습니다.

<table>
<tr><td colspan="6" align="center">관광사업등록신청서</td><td>처 리 기 간</td></tr>
<tr><td colspan="6"></td><td>7일</td></tr>
<tr><td rowspan="4">신
청
인</td><td colspan="2">① 성명(대표자)</td><td>허민영</td><td>② 주민등록번호</td><td colspan="2">770411-0000000</td></tr>
<tr><td colspan="2">③ 주 소</td><td colspan="4">강원도 강릉시 주문진읍 7771-1023</td></tr>
<tr><td colspan="2">④ 본 적</td><td colspan="4">강원도 강릉시 주문진읍 7771-1023</td></tr>
<tr><td colspan="2">⑤ 상호(명칭)</td><td colspan="4">해 뜨는 번개여행사</td></tr>
<tr><td colspan="3">⑥ 업 종</td><td colspan="4">일반 및 해외 여행사업, 기타 여행보조 및 예약 서비스업</td></tr>
<tr><td colspan="3">⑦ 주사업장 소재지</td><td colspan="4">(우)　　　　　　　　(전화)
강원도 강릉시 새냉이길 10291</td></tr>
<tr><td colspan="3">⑧ 자 본 금</td><td colspan="4">50,000,000원</td></tr>
<tr><td colspan="3">⑨ 영업개시 연월일</td><td colspan="4">2014. 07. 07</td></tr>
</table>

> 처리기간 7일 내에 보증보험에 가입한 서류를 팩스로 보내야 합니다.

관광진흥법 제4조 제1항 및 동법시행규칙 제2조의 규정에 의하여 관광사업의 등록을 신청합니다.

년　　　월　　　일

신 청 인　　　　　　　　서명 또는 인

문 화 관 광 부 장 관 귀 하

구비서류	수수료
가. 사업계획서 1부 나. 신청인(법인의 경우에는 대표자)의 성명·주민등록번호 및 본적을 기재한 서류(외국인의 경우에는 법 제7조 제1항 각호에 해당하지 아니함을 증명하는 당해 국가의 정부 기타 권한 있는 기관이 발행한 서류 또는 공증한 신청인의 진술서로서 재외공관공증법에 의하여 당해 국가에 주재하는 대한민국공관의 영사관이 확인한 서류) 1부 다. 법인등기부등본(법인의 경우에 한합니다) 1부 라. 부동산의 소유권 또는 사용권을 증명하는 서류(가족호텔업·휴양콘도미니엄업의 경우에는 신청인 소유의 부동산등기부등본을 제출하되, 각 부동산에 저당권이 설정되어 있는 경우에는 영 제25조 제1항 제2호 단서의 규정에 의한 보증보험가입 증명서류를 함께 제출하여야 합니다) 1부 마. 외국인투자촉진법에 의한 외국인투자를 증명하는 서류(외국인투자기업의 경우에 한합니다) 1부 바. 관할세무서장 또는 공인회계사가 확인한 등록신청 당시의 대차대조표(개인의 경우에는 영업용 자산액명세서 및 그 증빙서류) 1부	정부수입인지 30,000원

32 SECTION

이벤트업: 행사대행업(이벤트업), 웨딩 이벤트업

행사대행, 이벤트업, 나레이터 모델 송출업은 행사대행업 특성상 많은 수의 스피커, 앰프 등의 시설이 필요하지만 초기에는 소자본 창업이 가능합니다.

■ 행사대행업(이벤트업) & 출장 레크리에이션업

이벤트업은 행사대행업 특징답게 행사용 앰프, 스피커, 평면 TV, 운반용 차량 등을 갖추는 것이 좋지만 나레이터 모델 송출 등의 행사는 인력만 구비되면 장비를 적게 구축하고도 창업할 수 있습니다. 앰프, 스피커, 평면 TV, 운반용 차량 등은 소자본으로 구성 가능하므로 처음부터 무리할 필요는 없습니다.

중요한 것은 영업이므로 지역 내의 기업, 공장, 학교 등에 홍보전단이나 DM을 발송해 홍보역량을 키우는 것이 좋습니다. 또한 신규 개업하려는 업주 사장님들을 집중 공략하여 오픈행사를 잡는 것도 중요합니다.

■ 웨딩이벤트업 & 예식 사진촬영

공식적으로 국세청 사업 세분류에는 웨딩이벤트업이란 업종은 없습니다. 그러나 '사진 촬영 및 처리업- 인물사진 및 행사용 비디오 촬영업'이 있으므로 웨딩이벤트업은 이 항목으로 창업해야 합니다.

웨딩이벤트업은 보통 웨딩이벤트 기획자(창업자) 한 명, 사진작가 한 명, 이벤트 진행직원 두 명(미용담당, 의복담당)으로 구성되어 있습니다. 예컨대 경기도 남양주 다산유적지 부근의 능내마을에 가면 팔당호반의 한 귀퉁이가 호수처럼 아름답게 펼쳐진 곳이 있습니다. 그림처럼 아름다운 이곳은 봄가을 사이에 웨딩이벤트 사진을 찍는 팀으로 온종일 번잡합니다. 요즘은 웨딩 이벤트 진행자가 30대 여성인 경우를 보아 30대 여성이 많이 창업하고 있음을 알 수 있습니다.

창업자가 사진촬영 기술이 있으면 더할 나위 없이 좋지만 사진촬영 기술이 없다면 프리랜서 사진가와 업무 협약을 하고 자신은 웨딩기획을 담당하는 방식으로 창업할 수 있습니다. 사진작가는 물론 미용담당 직원도 프리랜서로 계약하고, 의복담당만 정직원을 고용해도 무방합니다.

행사대행업 & 웨딩이벤트업 창업 절차

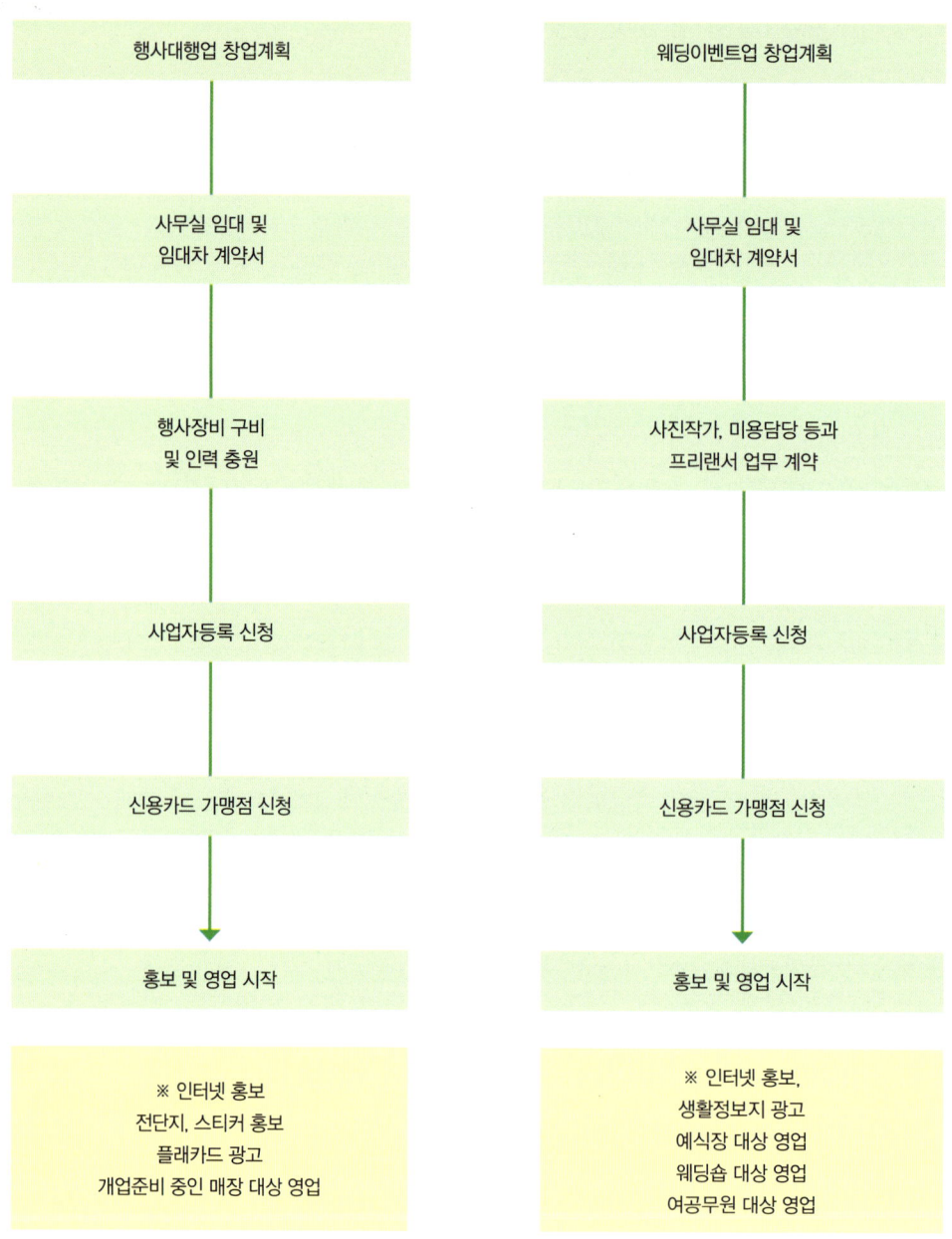

여행, 레크리에이션, 숙박업 업종 명칭

자세한 검색은 국세청 홈페이지의 조회·계산– 기준경비율 메뉴에서 할 수 있습니다.

1. 여행사업 – 일반 및 해외여행 사업, 기타 여행보조 및 예약 서비스업
국내·외 여행자를 위하여 각종 여행 관련 서비스를 총괄적으로 제공하는 업. 수수료 또는 계약에 의하여 여객 및 여객 수화물의 수송 및 이에 관련 서비스를 알선하는 여행사 및 대리점의 영업, 기타 여행 알선. 해외 어학연수 명목으로 관광 알선을 전문으로 하는 학원형태의 여행 알선 포함(630600)

2. 기타 여행보조 및 예약 서비스업– 기타 여행보조 및 예약 서비스업
버스표 판매점(523990)

3. 관광숙박시설 운영업– 여관업
여관, 모텔, 휴게텔(551002)

4. 관광숙박시설 운영업– 여관업, 기타 관광숙박시설 운영업
여인숙, 시장·군수 등으로부터 수학여행 학생단체를 수용하는 업소로 인정받아 음식요금을 포함하여 대가를 받는 숙박업소, 기타 숙박업, 하숙, 합숙소, 기숙사, 숙식제공 위주 고시원, 캠프장 시설 운영업·휴가센터 및 휴식소 운영(551009)

5. 그 외 기타 사업지원 서비스업– 신용조사 및 추심 대행업, 전시 및 행사 대행업
이벤트업, 상품전시 및 행사대행업·각종 전시회 및 행사를 대리 운영하는 업. 신용조사사업·개인 또는 회사의 신용도, 사업실적 등을 평가 보고하는 서비스, 수금대리 서비스 포함(749907)

6. 오락장 운영업– 기타 수상오락 서비스업, 낚시장 운영업, 그 외 기타 분류 안 된 오락 관련 서비스업, 기타 오락장 운영업
해수욕장운영업·레크리에이션 목적용 해수욕장운영, 낚시장운영업·실내외 유료 낚시터, 농업박람회 운영 및 오락성의 전시장 운영, 관광, 보드게임방, 철도, 레크리에이션 목적용 삭도 등 오락용 수송설비 등을 운영(924911)

7. 사진 촬영 및 처리업 – 인물사진 및 행사용 비디오 촬영업
예식사진 촬영업·신혼부부 야외촬영, 테마 사진, 광고사진촬영 포함(930904)

SECTION 33
국제교류: 유학원, 어학연수 알선업

유학원은 유학을 가려는 학생들을 해외 어학원이나 해외 학교와 연결하고 수수료를 취하는 업종입니다. 직접 업체를 창업하는 방법과 유명 유학원의 대리점이 되는 방법이 있습니다.

▌유학원

'교육지원 서비스업'에 속하는 유학원은 유학알선, 어학연수 알선이 주업입니다. 영어, 일어, 중국어 등에서 어느 하나의 언어를 구사하거나 읽고 쓸 수 있는 사람들이 창업합니다. 일어를 잘하면 일본유학원이나 어학연수 전문 유학원을 창업할 수 있을 것입니다.

유학원 창업은 특별한 자격요건이 없으므로 대상이 되는 국가의 학교나 어학원 정보를 많이 소유한 사람이 사업에 유리합니다. 보통 1,000개 정도의 학교와 어학원 정보를 데이터베이스로 구축하는 것이 좋습니다. 예컨대 호주, 뉴질랜드, 캐나다 유학을 전문으로 창업하려면 이들 국가의 학교(초중고대학), 어학원 정보를 많이 가질수록 유리합니다. 이들 정보는 인터넷을 통해 검색하여 확보합니다. 주업무는 유학 혹은 연수상담을 요청한 유학 지망생들의 학업목적, 성격, 선호도, 체류기간을 고려한 뒤 적합한 학교나 어학원을 추천하여 성공적인 유학이나 연수를 할 수 있도록 안내하는 일입니다. 요즘은 해외 유명학교나 어학원이 국내의 유명 유학원과 연계하여 다른 유학원에서 보내려는 학생들을 받지 않는 경우도 있으므로 이런 경우에는 연계된 국내 유학원을 통해 학생을 보내야 합니다.

유학원의 세부 업무는 해외 학교와 어학원 발굴, 조기유학이나 어학연수 상품 개발, 대상 해외 학교나 어학원에 제출하는 신청서 대행 작성, 대상 학교에서 요구하는 각종 서류 번역 및 제출 대행, 학업계획서 대리 작성, 입학등록 대행, 입학비 송금 대행, 홈스테이 발굴 및 계약 대행, 인턴십이나 테솔(TESOL) 프로그램 등 트렌드가 되는 유학 및 연수 프로그램 판매, 유학생보험 안내, 항공권 안내, 비자획득 대행 등이 있습니다.

아울러 현지로 보낸 학생들의 어려움이나 고충을 성심껏 도와주기 위해 24시간 비상연락망을 구축해야 합니다. 주수입원은 유학업무대행료 수수료와 해외 어학원 등에서 받는 수수료입니다.

유학원 창업 서류

① 임대차 계약서
② 사업자등록 신청(임대차 계약서, 그 외 첨부 서류, 관할 세무서)
③ 한국유학협회 가입(강제사항 아님)

유학원 창업 절차

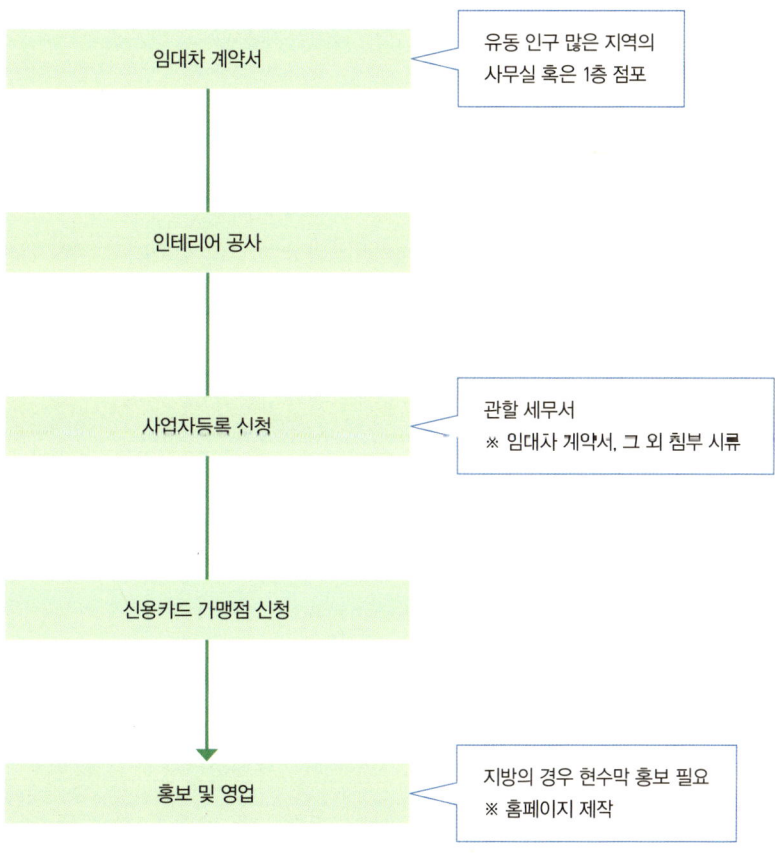

인재파견·채용
: 리크루트, 헤드헌터, 근로자파견 아웃소싱업체

인재발굴업, 채용 컨설팅업, 리크루트업, 헤드헌터업은 구인구직자를 연결하는 직업소개소 기능의 업종들입니다. 그러므로 사업자등록 시 '고용알선업' 종목으로 창업할 수 있습니다.

인재발굴업, 채용 컨설팅업, 리크루트업, 헤드헌터업은 서민 대상 직업소개소와 달리 어떤 업종에 특화된 직업소개소이거나 고급 직업소개소라고 할 수 있습니다. 업종 종명은 '고용알선업'이므로 고용알선업 창업 요건을 갖추고 창업할 수 있습니다.

▌리크루트업

말 그대로 신입사원을 새로 뽑는, 구인구직을 연결하는 사업인 직업소개소입니다. 새로운 직원을 충원하거나 때로는 스카웃하기도 합니다. 즉, '고용알선업' 업종명으로 창업할 수 있는 인력소개소는 하루 먹고 살기 바쁜 일용노동자나 서민대상의 알선 업체이고 역시 '고용알선업' 업종명으로 창업할 수 있는 리크루트업종은 직장인, 아르바이트, 학생, 졸업자 등을 대상으로 하는 직업알선업종입니다. 리크루트업종의 발달한 모습으로는 해외인력을 국내업체에 리크루트하는 전문업체, 국내인력을 해외에 리크루트하는 해외취업 전문업체가 있을 것입니다. 국내인력을 해외에 리크루트하는 해외취업 전문사업자가 되려면 아무래도 유학원 업종을 병행해야 할 것입니다. 소자본 창업자는 보통 아르바이트직 전문 리크루트회사를 차리는 경우가 많으며 인터넷을 통해 구인구직을 연결할 수 있도록 홈페이지를 만드는 경우가 많습니다. 생활정보지의 구인구직난을 아예 인터넷에 만든 것이 리크루트업종이라 할 수 있습니다.

▌인재 발굴

숨은 인재를 발굴하는 것을 말합니다. 보통 어떤 특정업종에서 다른 사람에 비해 상대적으로 장점이 있는 인재를 뽑고 특출나도록 양성하기도 합니다. 예컨대 IT 업종이나 공학업종이라면 그 분야에서 특별히 장점이 있는 인재를 발굴 양성하여 관련 업체 근무 시 재능을 발휘하도록 합니다. 작업소개소 기능과 양성소 기능이 결합한 경우가 많으며 '인재발굴센터'나 '글로벌인재센터' 등의 이름으로 대학이나 기업체에 부속된 경우도 있습니다.

채용 컨설팅업

업체에서 신입사원을 뽑다 보면 신입사원의 업무능력이 기대에 미흡한 경우가 많습니다. 막상 뽑아놓고 보니 업무의 효율성이 떨어지는 것입니다. 채용 컨설팅업은 채용 감각이 떨어지거나 채용 노하우가 없는 업체들을 대상으로 채용 컨설팅을 하는 업종입니다. 직업상담사 경력과 인사관리, 면접관 경력이 많고 노련한 사람이 아무래도 이런 업종의 대표로 어울릴 것입니다. 업체의 채용관습을 개선하고 적합한 인재를 찾는 방법, 유지하는 방법을 컨설팅하는 업무가 있고 그에 수반되어 기업체에 인재채용, 인재 스카웃을 추천할 수도 있을 것입니다. 업종 종명을 '고용알선업' 등으로 한 뒤 창업합니다.

헤드헌터업

평사원이 아닌 중간관리자 이상의 직급, 예를 들면 과장·부장·사장 직급을 대상으로 데이터를 수집해놓고 취업을 알선하거나 스카웃하여 연결하는 업입니다. 결혼상담소를 예로 들면 의사, 검사 등을 부잣집 신부와 연결하는 것과 비슷하므로 고용알선업 업종에서 가장 상위 사업입니다. 보통 기업체의 의뢰로 인재를 대신 발굴하고 기업체로부터 알선비를 받습니다.

헤드헌터업 창업은 특성상 어떤 업종을 잘 아는 전문가나 경력자들이 유리합니다. 예컨대 제약, 바이오, IT, 금융, 소프트웨어, 대기업에서 오랫동안 근무한 경력자라면 그 분야의 인맥이나 고위직 사람들의 정보를 많이 가지고 있을 것입니다. 따라서 알선에 훨씬 정확할 수밖에 없습니다. 헤드헌터업을 회사조직으로 만들려면 업무 적격자를 찾는 리서치 직원, 기업 대상 영업을 하는 영업직원이 필요합니다.

인재발굴, 채용 컨설팅, 리크루트, 헤드헌터업 창업 서류

인재발굴업, 채용 컨설팅업, 리크루트업, 헤드헌터업의 창업은 앞의 '유료직업소개소(인력사무소)' 방식으로 할 수 있습니다. 창업 요건은 공무원 경력자, 교직 경력자, 노무사, 직업상담사 자격자입니다. 예컨대 'IT 인재발굴 및 양성 회사'를 창업하려면 사업자등록 시 주업종을 '고용알선업', 부업종을 '기타 기술 및 직업훈련학원, 컴퓨터 학원'이나 '위탁교육훈련 서비스' 업종을 추가합니다. 이렇게 하면 인재발굴과 양성소 기능의 업종이 됩니다.

■ 아웃소싱업체(근로자파견업, 인력공급업)

사업자등록 시 창업 업종명을 '인력공급업'이나 해당 업종에 맞는 도급업 등으로 하면 도급업 창업자가 되고 별도의 '근로자파견허가'를 받으면 근로자파견업도 할 수 있는 회사가 됩니다. 도급업은 어떤 기업체에서 상품포장 같은 일감이나 경비원 일감 등을 도급받아 자신이 뽑은 근로자들을 자신이 관리하여 일을 시킵니다.

근로자파견업 역시 제조업체나 경비지원이 필요한 업체와 계약한 후 생산직이나 경비직을 뽑아 근로자파견 방식으로 해당 업체에 보내는 업종을 말하고 근로자 지휘는 해당 업체에서 합니다. 건설·토목 도급업 같은 경우는 그나마 안정적이지만 근로자파견업은 비정규직 등의 고용불안을 양산하므로 사회적으론 이미지가 좋지 않습니다. 보통 리크루트 업체들이 수익을 더 남기기 위해 아웃소싱업체를 하나 더 창업하는 경향이 있습니다.

근로자파견업을 창업하려면 업종 종목명을 '인력공급원'이나 '고용알선업' 등으로 하고 부업종은 '경비업' 등으로 하고 창업합니다.

■ 근로자파견업(아웃소싱업체) 창업 절차

자본금 1억, 66제곱미터 이상의 사무실, 상시직원 다섯 명, 4대 보험 가입 사업장 이상의 자격조건을 갖추어야 합니다. 이 중 상시직원 다섯 명은 파견근로자를 관리하는 직원입니다. 먼저 해당 자격요건으로 법인회사를 차린 뒤 관할 노동청에서 '근로자파견업 허가신청'을 취득하면 파견업무를 할 수 있습니다.

이후 파견할 대상 기업체를 발굴한 뒤 기업체가 요구하는 조건의 직원을 뽑아서 파견합니다. 파견한 직원들은 대상 기업체에서 지휘합니다. 일반적으로 50명 이상을 파견할 수 있는 기업체를 발굴해야 사업채산성이 있습니다. 고용불안을 양산하는 사업이므로 파견한 직원들이 추후 그 회사의 정규직이 되도록 적극 추천하는 양심적인 업체가 되기 바랍니다.

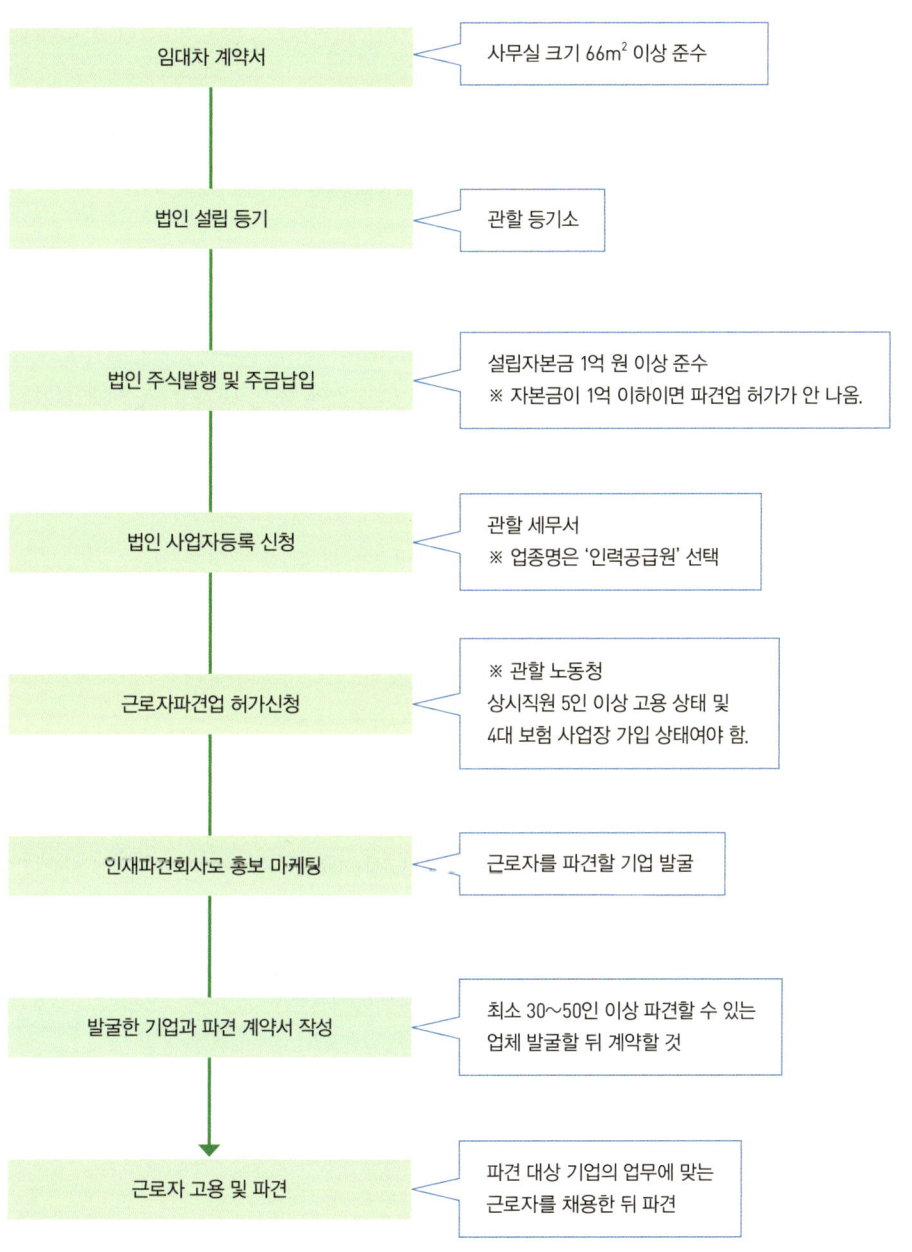

자문업: 컨설팅, 자문업

분야가 수없이 많은 컨설팅업은 대부분 그 분야 전문가나 경력자들이 창업합니다. 창업에는 자격조건이 필요한 업종도 있고 자격조건 없이 창업할 수 있는 분야도 있습니다.

컨설팅업은 기획, 전략, 경영, 영업, 관리, 경영분석, 창업, 부동산, 웨딩, 환경 컨설팅 등의 분야가 있습니다. 해당 업종 전문가이거나 자격증 소지자이면 소자본 창업이 가능한 분야입니다. 다음 설명하는 컨설팅 업종들은 사업자등록만으로도 할 수 있지만 때에 따라 관련 허가증이나 자격증이 필요할 수 있으므로 컨설팅업 창업 시에는 반드시 관할 시군구 민원실에 확인 바랍니다.

▌경영 컨설팅업 및 공공관계 서비스업

국세청 기준경비율코드는 741400입니다. 사업경영 및 사업관리자문, 사업자문, 경영자문, 경영지도, 진단, 조언, 안내 등을 컨설팅하는 업종입니다.

▌경영 컨설팅업(경영지도사 자격증 소지자)

국세청 기준경비율코드는 741401입니다. '경영지도사 자격증'을 소지한 사람은 사업경영 및 사업관리자문, 사업자문, 경영자문, 경영지도, 조언, 안내 등을 컨설팅하거나 경영 컨설팅업을 창업할 수 있습니다.

▌P·R, 자료처리 및 품질관리 컨설팅업

국세청 기준경비율코드는 729000입니다.

▌세무상담 컨설팅업

국세청 기준경비율코드는 741201, 741202입니다. 세무사와 공인회계사만이 세무상담 컨설팅업체를 창업할 수 있습니다.

▌프로그램 및 컴퓨터 자문 서비스

국세청 기준경비율코드는 721000입니다.

▍부동산 자문 및 중개업(부동산 컨설팅업)

국세청 기준경비율코드는 702001입니다. 공인중개사나 부동산업 창업자는 모두 부동산 컨설팅업을 병행할 수 있습니다.

▍환경 컨설팅업

국세청 기준경비율코드는 742104입니다. 건축 및 토목 서비스업에 해당합니다.

▍그 외 기타 금융지원 서비스업(투자 자문업)

국세청 기준경비율코드는 671900입니다. 증권투자자문업종을 창업할 수 있습니다.

▍보험대리 및 중개업(보험자문업)

국세청 기준경비율코드는 672000입니다. 보험중개사와 보험대리점 창업자는 보험 컨설팅업을 창업할 수 있고, 보험모집인은 창업할 수 없습니다.

▍컴퓨터시스템 통합 자문, 구축 및 관리업(컴퓨터시스템 통합 자문업)

국세청 기준경비율코드는 721000입니다.

▍건물 및 토목 엔지니어링 서비스업(기술사), 자문업

국세청 기준경비율코드는 742106입니다. 각종 '국가기술사' 자격증을 소지한 사람은 자신의 분야에서 컨설팅업을 창업할 수 있습니다. 기술사 자격증 종류는 국토개발, 건축, 광업, 기계, 금속, 섬유, 산업, 에너지, 전자, 전기, 정보 처리, 조선, 토목, 통신, 환경관리, 항공 등 약 100여 개 있으므로 분야별로 사업성이 있을 경우 컨설팅업을 창업하기 바랍니다.

▍교육 관련 자문 및 평가업(교육자문업)

국세청 기준경비율코드는 930921입니다. 적성검사, IQ 검사, 시험문제 출제, 채점, 분석 등을 포함한 교육자문업을 할 수 있습니다.

창업 컨설팅업

국세청 기준경비율코드에 존재하지 않는 업종입니다. 사업자등록 시 경영 컨설팅업 및 공공관계 서비스(741400) 업종으로 창업해야 하지만, 점포 창업자를 위한 컨설팅 업무라면 부동산 자문 및 중개(702001) 업종으로 창업해도 무방합니다.

기타자영업(무점포 자문업자, 해당 자격을 소지한 자문업자)

국세청 기준경비율코드는 940600입니다. 어떤 전문적인 자격이 있는 자는 사무실이 없어도 일시적으로 자문, 감독, 지도를 한 뒤 자문료를 취득할 수 있으며 자문료를 받은 경우에는 '기타자영업'으로 소득세를 납부해야 할 의무가 있습니다. 고증, 교정, 필경, 타자, 음반 취입의 대가로 받는 금품도 자문료에 해당하므로 별도의 소득세를 납부해야 합니다.

자문업과 비슷한 업종 중 해볼 만한 것이 있을까요?

사회복지사 중 정신보건복지 분야의 치유 쪽이 아무래도 전망이 있어 보입니다. 아직은 정신성 질환에 대해 관대하지 않은 경향이 있지만 향후에는 스트레스, 불안, 치유 등의 정신보건 쪽의 소비를 감추지 않고 할 수 있는 분위기가 조성될 것으로 보입니다.

6장

지원과 혜택이 가득한 1인 창조기업 완전정복

정부가 적극 육성하는 1인 창조기업

건강한 기업 활동을 위해서 정부에서는 1인 창조기업을 적극 육성하고 있습니다. 이에 따른 법규도 정비하여 예비 창업자 입장에서는 다양한 지원과 혜택을 받을 수도 있습니다.

1인 창조기업 가이드라인

대통령령으로 정한 지식 서비스업, 제조업 등에서 창의성과 전문성을 갖춘 1인이 상시 근로자 없이 사업을 영위하는 기업을 말합니다. 공동창업자, 공동대표, 공동사업자 등의 형태로 공동으로 사업을 영위하는 자가 5인 미만일 경우에도 1인 창조기업으로 인정합니다. 1인 창조기업이 규모 확대의 이유로 1인 창조기업에 해당하지 아니하게 된 경우에도 3년간은 1인 창조기업으로 인정합니다.

1인 창조기업 지원 대상

2013년 12월 현재 1인 창조기업 대상에 해당하는 업종은 429개입니다. 기본적으로 다음 사항에 해당하는 기업을 1인 창조기업으로 인정합니다. 기본적으로 국민의 창조적 아이디어 등이 발현되어 경제적 부가가치 및 일자리 창출이 타 업종에 비해 높은 업종들이 해당합니다.

① S/W, 인터넷 서비스, 컨설팅, 디자인, 전시 등 제조 관련 서비스업
② 영화·예술·관광·저술·시나리오 등 문화 관련 서비스업
③ 건축기술, 엔지니어링, 연구개발업 등 전문과학 및 기술 서비스업
④ 제조업(전통식품, 공예품, 컴퓨터 및 전자부품 등 일부 업종)

1인 창조기업 지원 해당 업종

만일 소자본 창업을 준비하고 있다면 먼저 정부지원 1인 창조기업에 해당하는지 알아보는 것이 좋습니다. 창업넷(www.changupnet.go.kr)에 접속하면 이에 해당하는 429개 업종을 확인할 수 있습니다. 만약 이에 해당한다면 관련 서류를 작성한 뒤 창업넷에 정회원으로 가입하고 서류를 등록하기 바랍니다. 운영, 세무 등의 컨설팅 서비스, 창조기업관(쇼핑몰)을 통한 제품 판매 서비스를 받을 수 있습니다.

또한 정부는 1인 창조기업의 설립 및 활동에 필요한 자금을 원활하게 조달하기 위하여 '신용보

증기금', '기술신용보증기금', '신용보증재단'으로 하여금 1인 창조기업을 대상으로 신용보증제도를 수립·운용하도록 할 수 있으므로 때에 따라 자금 융자를 받을 수 있습니다. 물론 융자 및 투자는 1인 창조기업 모두에게 시행되는 것이 아니므로 좋은 사업 아이템을 잡은 뒤 그 기술력과 향후 사업성을 인정받아 신용보증서를 취득한 뒤 융자를 받게 됩니다.

1인 창조기업에 해당하는 429개 업종에 해당하면서 사업 아이템이 좋을 경우 창업넷 및 신용보증기관과 상담하여 신용보증서를 발급받을 수 있는지 확인하기 바랍니다. 예컨대 집안 대대로 내려오는 전통민속주 제조를 위한 1인 창조기업을 세운 어느 업체가 그 후 융자를 포함한 적극적인 지원 하에 사업화에 성공한 사례가 있습니다.

창업넷에 회원으로 가입해두면 창업 관련 강의, 박람회, 컨설팅 등 다양한 정보를 메일과 SNS 등으로 받아볼 수 있습니다. 예비 창업자는 반드시 가입하세요.

02 SECTION · 1인 창조기업에 주어지는 특별한 지원

다음은 1인 창조기업 정식회원들을 위한 지원내용입니다. 융자 지원은 사업성 유무를 판단한 뒤 사업성이 있을 경우 신용보증서를 발급받고, 신용보증서를 이용해 은행에서 받습니다.

신청대상(1인 창조기업 등록대상)

1인 창조기업 및 1인 창조기업 창업 예정자로 앞의 429개 업종에 해당하는 창업자 및 창업 예정자를 말합니다. 인터넷 창업넷(www.changupnet.go.kr)에서 1인 창조기업으로 등록할 수 있습니다.

지원규모

2013년도에 총 60억 원을 지원했습니다. 사업성이 있을 경우 제품화하도록 자금을 투자하는 사례가 있습니다.

※ 1인 창조기업을 대상으로 한 융자 제도는 기술보증기금의 '1인 창조기업 특례보증제도'가 있습니다.

지원내용

사무공간 지원	사무(작업공간), 회의실, 상담실, 휴게실, 창조카페 등 비즈니스 공간 지원. 팩스, 프린터, PC 등 사무용 집기 무료이용 지원. 회의장으로 활용할 수 있는 공간 지원
경영지원	세무·회계·법률·마케팅·창업 등 전문가 상담, 교육, 정보제공 등(무료)
사업화 지원	1인 창조기업과 외부기관(기업) 간 프로젝트 연계 및 수행 기회 제공, 지식 서비스 거래 및 사업화 지원(특화센터)
1인 창조기업 패밀리카드	1인 창조기업 패밀리카드를 발급받으면 전국의 1인 창조기업 비즈니스센터를 수시 이용 가능
판매지원	마케팅, 제품판매용 인터넷 쇼핑몰(창조기업관) 지원

※ 문의 : 창업진흥원 지식창업팀 ☎ 042-480-4383, 창업넷(www.changupnet.go.kr)

SECTION 03   1인 창조기업을 위한 자금마련 혜택

1인 창조기업을 위한 융자는 예비 창업자가 준비 중인 사업의 아이디어, 기술성, 시장성을 기술보증기금이 평가한 뒤 적격일 경우 '보증서'를 발급합니다. 발급받은 보증서를 은행에 저당 잡히고 융자를 받습니다.

기술보증기금의 1인 창조기업을 위한 '보증서' 발급 기준입니다.

구분	내용
대상기업	창의적인 아이디어, 전문지식·기술, 지식재산권을 사업화하는 1인 기업으로 아래 2가지 항목을 모두 충족하는 기업만 해당합니다. 1. 별도의 상시근로자 없이 대표자 1인이 영위하는 신기술 사업자 2. 1인 창조기업 지원대상 업종 해당자
융자 자금 내역	창업 및 운영을 위한 운전자금, 사업장 임차자금 및 시설자금
특례보증 지원 한도	같은 기업당 보증금액 3억 원 이내(시설자금은 해지 후 잔액 기준)
기술평가모형	1. 1인 창조기업용 평가표를 적용하여 신용보증 여부를 결정합니다. 2. 기술성, 사업성, 시장성 평가 후 보증여부, 보증금액 결정 3. 같은 기업당 보증금액 최대 3억 원까지 적용하며, 3억 원 초과 또는 벤처확인 등이 필요한 경우 KTRS, KTRS-Startup, BM 등 적용
운전자금 보증금액 사정	1. 같은 기업당 보증금액 1억 원까지 매출액에 관계 없이 사정특례 2. 1억 원 초과 시 경상적 소요 자금의 130%(핵심분야는 150%)
고용창출 특별운전자금 한도 신설	1. 향후 6개월 이내 신규 고용(예정)인원에 대해 1인당 2,000만 원을 특별한도로 추가 지원(국가통계포털 중소제조업체 2007년 연평균 인건비 2,100만 원 감안) 2. 신규 고용인원 10명을 한도로 최고 2억 원까지 보증금액 사정 특례 적용(사전 보증 승인하고 실제 근로자 고용 여부 확인 후 보증서 발급. 신규 고용인원 확인방법 – 갑종근로소득세 원천징수확인서, 건강보험 납부내역서 등 객관적인 자료에 의해 확인)
보증료 감면비율	1. 같은 기업당 보증금액 1억 원까지 0.3% 감면 2. 같은 기업당 보증금액 3억 원까지 0.2% 감면 3. 같은 기업당 보증금액 3억 원 초과기업은 현행 보증료 관련 제규정 적용

※ 기술보증기금 홈페이지 참조(kibo.or.kr)

04 SECTION 식품업과 관련된 1인 창조기업의 업종과 창업 절차

전통 고추장 등의 제조업은 '조미료 및 식품 첨가물 제조업-장류 제조업(154502)' 종목에 속하므로 사업자등록 서류상 업종명을 '조미료 및 식품 첨가물 제조업-장류 제조업'으로 지정해야 합니다.

▌전통 고추장, 된장, 간장 1인 창조기업 (1인 창조기업)

'조미료 및 식품 첨가물 제조업-장류 제조업'은 간장, 된장, 고추장, 춘장, 메주 등을 제조 판매하는 산업업종입니다. 만일 과실 및 채소를 소금, 설탕, 식초, 기름, 혼합양념 등에 절여 반찬용에 적합한 김치류, 단무지, 기타 채소과일 절임식품을 제조하는 업체를 창업하려면 '과실, 채소 가공 및 저장 처리업-과실 및 채소 절임식품 제조업(151301)'으로 창업합니다. 고추장의 포장방법은 통조림, 병 등 여러 포장방법을 사용할 수 있습니다.

예컨대 집안 대대로 내려오는 독특한 고추장이나 된장 제조법을 가지고 있고 그것의 맛이 훌륭하다면 전통 고추장 1인 창조기업 방식으로 창업할 수 있습니다.

창업방법은 일반 제조업과 조금 다를 수 있으므로 창업 전 창업넷(www.changupnet.go.kr)에 충분히 문의하기 바랍니다. 창업을 완료한 뒤에는 창업넷에 1인 창조기업으로 등록한 뒤 인터넷 쇼핑몰인 '창조기업관'에서 제품을 판매할 수 있습니다.

▌전통 고추장, 된장, 간장 1인 창조기업 창업 서류

1인 창조기업을 창업할 때는 창업 전 창업넷에 문의하여 도움받을 수 있는 요소를 확인하기 바랍니다. 일반 제조업이 아닌 전통제조업이므로 일부 서류를 생략할 수도 있습니다.

① 식품제조가공업 영업허가증(공장시설에서 식품을 제조 판매할 때 필요)
② 공장설명서(평면도, 설비시설 관련 서류 등, 공장소재지 시군구 관청에 서류 비치)
③ 품목제조보고서(제조할 제품, 이름, 포장방법 등 설명, 관할 시군구 위생과에 서류 비치)
④ 제조방법설명서(제조 방법 설명, 관할 위생과에 서류 비치)
⑤ 유통기한설정서(식품의약품안전청 지정 공인기관에서 검사, 관할 위생과에 서류 비치)
⑥ 자가품질검사서(식품의약품안전청 지정 공인기관에서 검사)
⑦ 원산지증명원(납품 시 필요한 경우 원재료의 원산지증명원, 유기농증명서 등)
⑧ 9대 영양 성분검사서(식품의약품안전청 지정 공인기관에서 검사)
⑨ 영업신고증(관할 시군구)
⑩ 사업자등록(관할 세무서 또는 홈택스에서 등록)
⑪ 통신판매업 신청(제조한 상품을 인터넷으로 판매할 경우)
⑫ 창업넷에 1인 창조기업으로 등록(www.changupnet.go.kr)

　　※ 부대서류 필요.

⑬ 건강진단서(필요한 경우), 위생교육(필요한 경우), 면허세(필요한 경우)
⑭ 수질검사서(공장에서 지하수를 사용할 경우 1년에 1회 검사)

▌식품제조 작업장 혹은 식품제조공장의 시설기준

이 기준은 식품제조업을 창업할 때 공통으로 해당하는 시설기준입니다. 식품제조업 공장을 만들 때 이 기준에 미달하면 계속 보류당하므로 빈틈없이 준비하기 바랍니다.

① 작업장(공장)은 독립된 건물 또는 다른 용도의 시설과 구분되어야 합니다.
② 작업장(공장)은 축산폐수, 화학물질, 오염물질 발생시설로부터 영향을 받지 않는 건물이어야 합니다.
③ 작업장(공장)은 적정 온도가 유지되고 환기가 잘되는 공간이어야 합니다.
④ 건물 자체에 오염원 시설이 없어야 합니다.
⑤ 해당 업종에 맞는 식품 제조·가공시설을 완비해야 합니다.

⑥ 작업장은 제조실, 포장실 등 작업 목적에 맞게 각각 분리해야 합니다.
⑦ 작업장 밝기는 75룩스 이상이어야 합니다.
⑧ 내벽 및 천장은 제조식품에 이물질이 떨어지지 않도록 표면을 미끄럽게 처리해야 합니다.
⑨ 작업장 바닥은 콘크리트 등으로 내수처리하고 물이 고이지 않도록 배수시설을 만들어야 합니다.
⑩ 작업장 내벽 바닥에서 1.5미터까지 밝은색 세균방지용 페인트로 도색해야 합니다.
⑪ 식품제조에 사용하는 급수시설은 먹는 물 수질기준에 적합한 수돗물 등을 사용해야 합니다.
⑫ 지하수를 사용하는 공장은 지하수취수원이 화장실, 폐기물처리시설, 동물사육장 등의 오염원에서 20미터 이상 떨어진 곳에 있어야 합니다.
⑬ 냉장·냉동시설 및 가열처리시설에는 온도계 또는 온도를 측정할 수 있는 측정기를 설치해 식품저장에 필요한 냉장·냉동 온도를 지켜야 합니다.
⑭ 원료창고, 제품창고가 구별되어야 하며 위생적으로 관리해야 합니다.
⑮ 식품을 제조·가공하는 데 필요한 설비, 기계, 기구류 등은 해당 식품 등의 제조 기준 및 규격에서 정한 제조가공 기준에 적합한 설비를 갖추어야 합니다.
⑯ 화장실은 작업장에서 떨어져 있고 정화조를 갖춘 수세식이어야 합니다.

1인 창조기업으로 창업할 만한 식품업들

식품제조업 중 1인 창조기업으로 창업할 만한 업종은 차류 제조업, 전통주제조업, 전통 떡류 제조업, 전통 과자류 제조업이 있습니다. 예컨대 집안 대대로 내려오는 전통주 제조법이 있다면 1인 창조기업으로 창업할 만하고 사업성과 아이템이 좋으면 창업넷과 상담하여 자금 지원도 받을 수 있습니다.

1. 기타 식료품제조업- 커피가공업, 차류 가공업, 인삼식품제조업
커피를 가공하는 업. 차를 가공하는 업(사탕무, 율무, 치커리, 유자, 곡물 등으로 각종 대용 차를 제조하는 업 포함), 인삼식품, 기타 인삼식품(154901)

2. 발효주제조업 - 탁주 및 약주 제조업
탁주제조업. 주세법 제4조에 준함(155201). 제조업. 주세법 제4조에 준함(155202)

3. 발효주제조업- 맥아 및 맥주 제조업
맥아: 보리, 밀, 맥아밀을 발아시켜 맥아 및 맥아분을 생산하는 업. 맥주(주세법 제4조에 준함): 맥아를 원료로 맥주를 제조하는 업, 합성 맥주 포함(155300)

4. 발효주제조업- 청주제조업
청주, 합성청주, 명약주. 과실주: 포도, 사과, 딸기 등 당분을 함유하는 과실 및 채소를 발효하여 제조한 과실주로 포도주, 감미 포도주, 샴페인, 배술 포함(155203)

5. 증류주 및 합성주 제조업- 기타 증류주 및 합성주 제조업
전통주인 가향 조제주제조업(인삼주, 매실주, 오가피주 등). 위스키, 브랜디, 코냑, 사과브랜디, 고량주, 보드카, 럼, 진, 테피아, 제네바 등 기타 혼성 주류 제조업. 생강, 유자 등을 발효하여 알콜성 음료제조, 미림, 분말주, 조미주 등(155103)

6. 비알콜 음료 및 얼음 제조업- 얼음제조업, 기타 비알콜 음료제조업
얼음: 식용얼음, 냉장용 얼음, 천연얼음 채취 및 저장활동. 얼음 및 비알콜성 음료 제조업: 곡분음료(두유포함), 인삼드링크, 강장음료, 구근제음료 등(155402)

7. 떡, 빵 및 과자류 제조업- 빵류 제조업, 떡류 제조업
신선·냉동된 빵을 제조하는 업(식빵, 건빵, 과자빵, 만두 포함), 떡류 제조(154101)

8. 떡, 빵 및 과자류 제조업- 빵류 제조업, 코코아 제품 및 과자류 제조업
생과자제조업(케이크, 도넛, 파이, 빵). 비스킷, 크래커, 스낵류, 곡분과자, 쿠키 등 과자류. 기타 의약용 또는 식용 캡슐·라이스페이퍼 및 유사식품을 제조하는 업(154102)

SECTION 05. 농림·수산업과 관련된 1인 창조기업의 업종과 창업 절차

1인 창조기업으로 도전할 만한 업종 리스트입니다. 천연혼합 조미료제조업이나 건 수산식품제조업 등을 정리했습니다.

▌천연혼합·유기농 조미료, 건수산식품, 고춧가루제조업 등

자연 조미료, 천연 조미료, 혼합 조미료 등은 멸치, 다시다, 허브 잎 등의 천연 자연식품을 분쇄하여 조미료로 만듭니다. 맛을 내기 위해 어떤 비율로 섞어야 할지 연구하는 자세가 필요합니다. 소자본 제조시설로는 방앗간 등에서 볼 수 있는 식품용 파쇄기, 분쇄기 등이 필요합니다. 예컨대 라면 수프만 전문으로 제조하는 업체라면 건조식품 파쇄·분쇄·혼합기계와 이물질 선별기계 등이 필요할 것입니다.

맛을 내기 위해 어떤 재료를 어떤 비율로 섞어야 할지 연구한 뒤 그에 해당하는 건재료의 구입 유통 과정을 파악하고 토종 천연혼합 조미료나 건수산 조미료, 유기농 조미료 등을 만들어 인터넷과 오프라인 매장에서 판매하는 전략입니다.

1 : 각종 천연 조미료, 조미가루제조업

국세청 기준경비율코드 154501로서 '식품제조업- 식초, 발효 및 화학 조미료 제조업, 천연 및 혼합조제 조미료 제조업, 기타 식품첨가물제조업'에 속합니다.

천연조미제품, 고춧가루, 후춧가루, 겨자가루, 카레가루, 계핏가루, 정향가루, 글루탐산나트륨, 식용 아미노산, 기타 발효 조미료, 양조식초, 식초, 맛소금, 대용식초를 제조할 수 있습니다. 또한 혼합조제 조미료, 혼합 조미료, 혼합양념, 혼합소스, 수프, 마요네즈, 케첩, 샐러드 드레싱, 카레, 조제 겨자, 즉석 카레, 김치의 속 등을 제조할 수 있습니다. 1인 창조기업으로 도전한 뒤 점차 사업 규모를 키워볼 만합니다.

2 : 조제수프, 일반 조미료(가루가 고운 조미료), 액상 조미료제조업

국세청 기준경비율코드 154902로서 '기타 식료품 제조업- 수프 및 균질화 식품 제조업, 두부 및 유사식품 제조업'에 속합니다.

주로 균일화된 조미료, 액체 조미료 등을 제조할 수 있습니다.

조제 수프 및 균질화 식품: 고기, 어류, 갑각류 및 연체동물의 엑스와 추출물의 생산, 고체, 액체 및 분말 상의 조제수프 제조활동과 육류, 어류, 과실 또는 채소 등의 기본재료를 두 가지 이상 혼합하여 곱게 균질화한 각종 식품을 제조하는 업과 유아용 조제 균질화 식품 등을 제조할 수 있습니다. 1인 창조기업으로 도전한 뒤 점차 사업 규모를 키워볼 만합니다.

3 : 그 외 식품첨가물 제조업

국세청 기준경비율코드 154509의 '조미료 및 식품 첨가물 제조업- 기타 식품 첨가물 제조업'입니다.

달리 분류되지 않은 조미료 및 식품첨가물 제조업으로서 색소용 식품(캐러멜 당 포함), 향미 추출물, 고기 유연제, 커피 프림, 식이보조용 조제품 등의 식품첨가물을 생산하는 업입니다. 인조감미료, 인조 꿀, 벌꿀가공품, 이눌린을 포함합니다. 1인 창조기업으로 도전한 뒤 점차 사업 규모를 키워볼 만합니다.

4 : 해조류, 맛김, 한천제조업

국세청 기준경비율코드 154904의 '수산식물 가공 및 저장 처리업- 수산식물 가공 및 저장 처리업'입니다.

해조류 가공 및 저장처리: 김, 미역 등의 해조류를 염장, 건조, 냉동 및 기타 가공 처리하여 해조류 가공식품을 제조하는 업으로서 한천(우뭇가사리), 맛김제조업도 포함합니다. 1인 창조기업으로 도전한 뒤 점차 사업 규모를 키워볼 만합니다.

5 : 수산식품 원시가공업

국세청 기준경비율코드 052300의 '수산동물 가공 및 저장처리업- 수산동물 건조 및 염장품 제조업, 수산동물 냉동품제조업'입니다.

수산업자로서 타인에게 매입한 어류를 원시 가공하는 업입니다. 또한 자기가 직접 포획한 어류를 냉동하여 판매하는 업, 자기가 직접 포획한 어류에 대한 건조, 염장 등의 원시가공업입니다. 1인 창조기업으로 도전한 뒤 점차 사업 규모를 키워볼 만합니다.

6 : 건오징어, 어포, 수산 훈제, 수산냉동, 어육, 어묵 제조공장 등

국세청 기준경비율코드 151200으로서 '수산동물 가공 및 저장 처리업- 수산동물 훈제, 조리 및 유사조제식품 제조업, 수산동물 냉동품제조업, 기타 수산동물 가공 및 저장처리업, 수산동물 건조 및 염장품 제조업'에 속합니다.

어육 및 유사제품: 어류의 머리, 지느러미, 내장 및 뼈 등을 제거하여 저미거나, 절단 및 기타 처리하여 사람이 소비하기에 적합한 신선·냉장·냉동 상태의 저민 어육(피레트), 절단 어육과 이에 관련된 어란 및 어육을 생산합니다.

어묵 및 유사제품: 어류를 분쇄 및 가공 처리하여 식용어분 및 펠리트, 발효 생선, 생선 페이스트, 생선 소시지, 생선묵 및 기타 유사제품 제조업입니다.

수생동물 훈제, 조리 및 유사조제식품: 수생동물 통조림식품, 훈제조제 가공식품, 조미오징어, 조미젓갈류, 조미조제식품, 캐비어 제조를 할 수 있습니다.

수생동물 냉동품: 냉동수산물, 수생동물 건제품: 수생동물의 소건품, 자건품, 염건품, 동건품 등 어패류(건조, 염장건조, 훈제한 것), 오징어포, 어포제조업도 병행할 수 있습니다. 1인 창조기업으로 도전한 뒤 점차 사업 규모를 키워볼 만합니다.

천연혼합·유기농 조미료, 건수산식품제조업 등의 창업 서류

이 분야의 창업 서류는 앞의 식품제조업에 준해 준비합니다. 아울러 해당 제조업에 맞는 공장과 생산설비를 구비합니다. 현재 거주하는 지역에서 쉽게 구할 수 있는 식품 재료가 있다면 그 재료를 천연혼합 조미료화 하는 것을 연구하되 조미료의 모양은 플레이크 모양이 아닌 다양한 모양(압축 형태가 풀어지는 조미료 등)을 개발하는 것이 좋습니다.

예컨대 이웃 일본에서 새로 출시한 즉석 된장국은 일반적인 블록 형태가 아닌 빵 모양의 형태입니다. 냄비 물에 넣으면 빵 모양의 외형이 풀어지면서 그 안에 숨은 싱싱한 된장 재료와 싱싱한 채소 재료가 나오는 방식입니다. 천연혼합 조미료 역시 플레이크가 아닌 블록 모양 등의 색다른 모양으로 만든다면 사업성이 있을 것으로 보입니다. 모든 상품이 그렇듯 독특하고 호감이 가는 모양이라면 살아남지 않을까요?

7장

실전 창업!
사업자등록과 주거래 은행 만들기

사업자등록이란 무엇일까?

납세의무자인 사업자가 국가의 관리대장에 정식 등록하는 것이 사업자등록입니다. 국가는 관리대장에 있는 사업자들의 사업소득에 대한 일정 비율을 매년 세금으로 거두어 국가운영에 사용합니다.

▌개인 사업자와 법인 사업자

1 : 개인 사업자(자영업자, 소매업자, 개인 쇼핑몰, 개인공장, 개인회사 등)

개인사업체는 창업 절차가 복잡하지 않습니다. 점포나 공장, 아이템만 있으면 누구나 창업할 수 있으므로 일반 자영업자들이 흔히 선택합니다.

① 점포와 사업업종을 계획한 뒤 세무서에 사업자등록을 신청하면 바로 사업체가 창업됩니다.
② 점포가 없을 경우 거주지를 주소지로 하는 무점포 창업이 가능합니다.
③ 무점포 창업의 예로는 오픈마켓인 옥션이나 G마켓 등에서 상품을 판매하는 사업자가 있습니다.

2 : 법인 사업자(법인회사, 주식회사, 법인 쇼핑몰, 법인공장 등)

법인사업체란 여러 사람이 투자해서 만든 회사를 말합니다. 회사의 실적이 커진 뒤 일정 자격이 되면 주식시장에 상장되어 상장회사가 됩니다. 회사 설립 전 법인발기 및 등기를 하여 창업합니다.

① 법인사업체 창업도 개인사업체만큼 손쉽게 창업할 수 있습니다.
② 과거에는 법인발기인이 최소 세 명 필요했지만 현재는 창업주 1인만 있으면 법인발기 및 등록을 할 수 있습니다.
③ 법인발기 및 등록을 한 뒤 창업주가 소정의 출자금을 납입하고 사업자등록을 신청하면 바로 주식회사라는 법인기업이 설립됩니다.
④ 사업자금은 자신이 소유한 주식을 팔아 마련할 수 있습니다. 단, 누구나 사업초창기 회사의 비상장주식을 사지 않기 때문에 사업 아이템이 충분히 매력적이어야 합니다.

개인 사업자의 과세종류- 일반과세자, 간이과세자

1 : 일반사업자(개인사업 일반과세자)

세금계산서를 정식 발행할 수 있으므로 거래처 확보에 유리합니다. 따라서 1인 영세업체가 아닐 경우 일반사업자로 사업자등록 신청을 하는 것이 좋습니다. 사업경력도 인정받기 때문에 추후 금융권에서 융자받을 때도 유리합니다.

일반과세자	연간 매출액 4,800만 원 이상
세금계산서	매출 세금계산서 의무 발행(폭넓은 사업 가능) 매입 세금계산서의 세액을 부가세 납부 시 100% 공제

* 종합소득세 세액=과세표준(매출액−사업소득−소득공제)×누진세율
* 부가세 세액=매출세액(매출액의 10%)−매입세액(매입액의 10%)

2 : 간이사업자(개인사업 간이과세자)

일반사업자와 비교할 때 부가세 납부금액이 적어 유리해 보이지만 법적으로 세금계산서를 발행할 수 없어 세금계산서를 요구하는 업체와 큰 거래를 하지 못합니다. 연 매출 4,800만 원 미만으로 추정되는 소매업, 음식점, 숙박업, 고물상, 전기, 수도, 간이제조업, 농·임·어업, 부동산임대업, 서비스업 사업을 개시할 때 생각해볼 만합니다. 간이과세자라고 해도 연 매출 4,800만 원을 초과하면 자동으로 일반과세자로 전환됩니다.

간이과세자의 경우 금융권에서 사업경력으로 인정하지 않기 때문에 추후 은행 대출을 받으려 할 때 경력이 없는 것으로 취급받는 억울함이 발생합니다.

간이과세자	− 연수입(연매출) 4,800만 원 이하
세금계산서	− 세금계산서 발행 불가 ※ 세금계산서를 요구하는 업체와 거래 불가능 − 매입 세금계산서의 세액을 부가세 납부 시 10~40%만 공제

* 종합소득세 세액 =과세표준(매출액−사업소득−소득공제)×누진세율
* 부가세 세액=(매출액×업종별 부가가치율×10%)−공제세액(매입세액의 15~40%)

02 법인사업자란 무엇일까?

흔히 말하는 기업이나 회사가 법인사업체입니다. 소규모 법인 사업자도 주식을 가지고 있지만 상장 요건을 갖추고 있지 않기 때문에 주식시장에 상장을 못 했을 뿐입니다.

법인사업체는 창업자가 여러 사람의 투자를 받아 창업하는 방식입니다. 이때 투자를 받은 만큼 주식을 나누어줍니다. 때에 따라 투자자 없이 자기 돈으로 창업하기도 하는데 이때 그 회사의 주식은 사업주가 모두 소유합니다. 후에 회사 가치가 높아지면 투자자를 모집해 자신이 보유한 주식을 판매하여 투자금을 모을 수 있습니다.

이렇게 하면 주식을 소유한 비율만큼 회사의 지분비율이 나누어집니다. 그 후 회사가 커지면서 상장요건을 갖추면 주식시장에 상장할 수 있는데 이때는 기존의 주식소유 비율을 유지한 상태에서 주식시장에 상장됩니다. 주식시장에 상장되면 주식을 소유한 기존 투자자들이 일반투자자들을 대상으로 그 회사의 주식을 사고팔 수 있습니다. 주식값이 오르면 미리 투자했던 사람들이 돈을 버는 것입니다.

개인회사는 중간에 법인회사로 재창업하는 것이 법적 문제가 없지만 법인회사는 중간에 개인회사로 돌릴 수 없습니다. 법인회사를 개인회사로 돌리려면 폐업신고를 한 뒤 개인회사를 창업해야 합니다.

법인종류	연매출	법인세율
영리법인	2억 원 이하	10%
	200억 원 이하	20% (2,000만 원+2억 원 초과금액의 20%)
	200억 원 초과	22% (39.8억 원+200억 원 초과금액의 20%)

* 부가세 별도
* 그 외 주식배당세금 별도

사업자등록 신청서 작성하기

사업자등록은 관할 세무서를 내방해 사업자등록신청 서식으로 작성하거나 국세청 인터넷 홈페이지인 홈택스에서 할 수 있습니다. 서식 내용은 동일합니다.

홈택스에서 사업자등록을 신청할 경우에는 먼저 공인인증서가 필요하며, 공인인증서는 은행에 통장이 있을 경우 은행에 신청하여 발급받습니다.

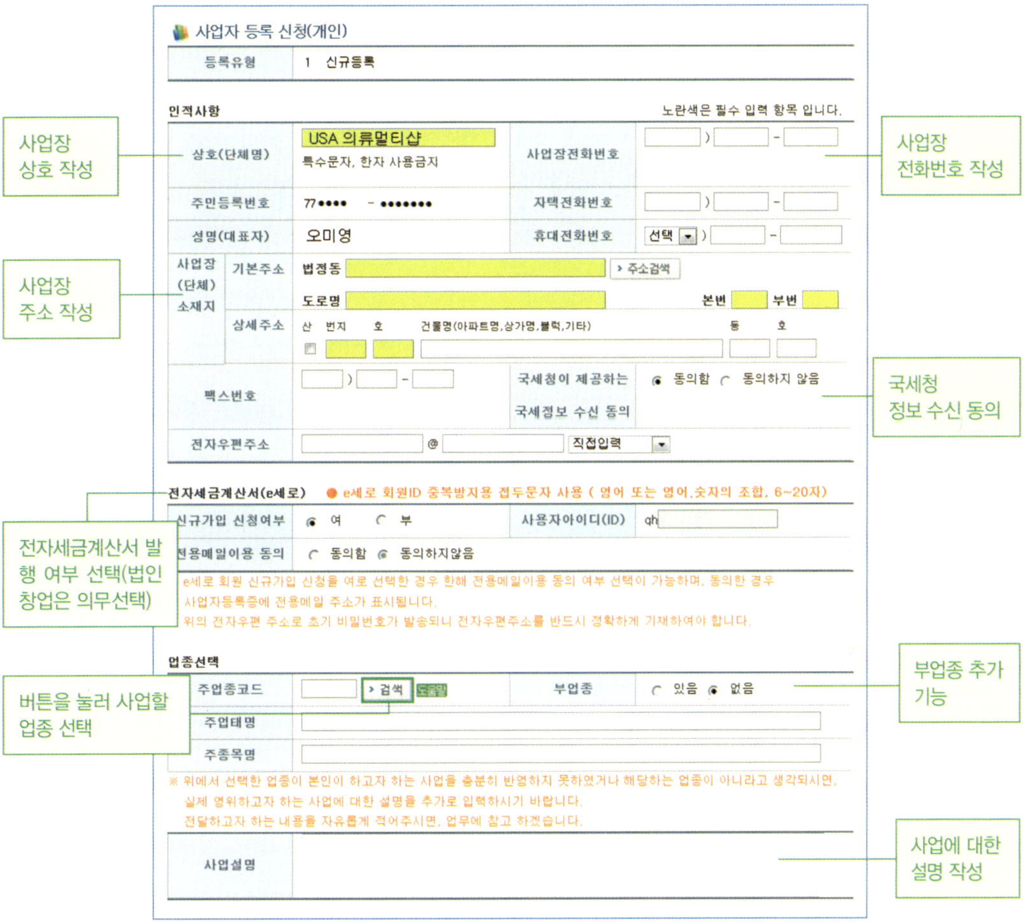

- 사업장 상호 작성
- 사업장 전화번호 작성
- 사업장 주소 작성
- 국세청 정보 수신 동의
- 전자세금계산서 발행 여부 선택(법인 창업은 의무선택)
- 부업종 추가 기능
- 버튼을 눌러 사업할 업종 선택
- 사업에 대한 설명 작성

 사업자등록 신청 시 주업종 외 부업종을 추가하여 같이 창업할 수 있습니다. 물론 부업종은 사업 영위 도중에도 자유롭게 추가할 수 있습니다.

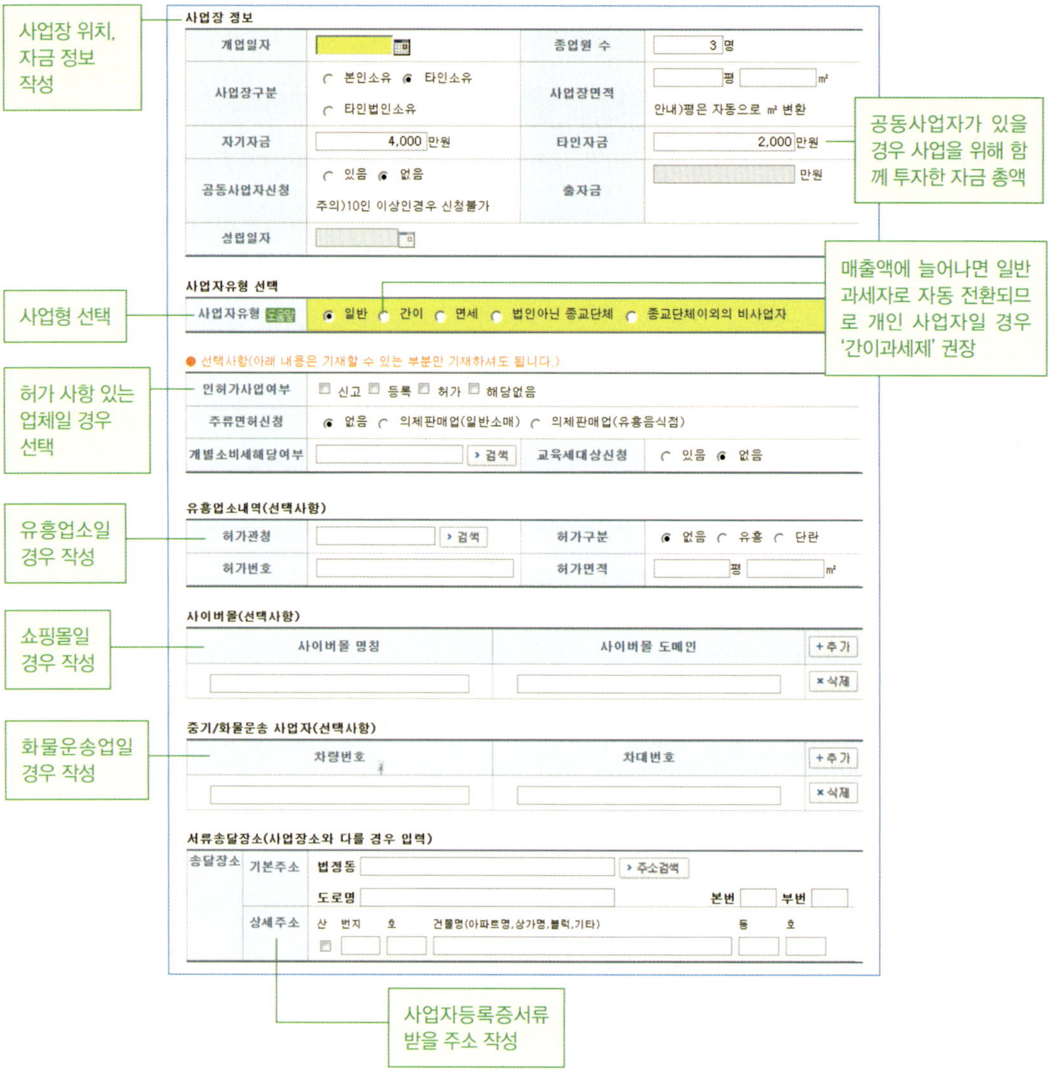

전자세금계산서는 종이 세금계산서 대신 인터넷에서 세금계산서를 발행하는 것을 말합니다. 소득세 확정 신고 시 전자세금계산서 한 건당 200원을 공제하며 최대 100만 원 한도까지 공제할 수 있습니다. 법인창업자는 의무적으로 선택해야 하지만 개인 창업자도 세금계산서 발행이 많은 도매업 창업의 경우 선택하는 것이 유리합니다.

04 주거래 은행 만들기

사업자에게 가장 중요한 거래처 중 하나를 꼽으라면 은행이 될 것입니다. 특정 은행과 꾸준하게 거래하여 상호 간에 신뢰를 쌓고, 필요할 때 기댈 수 있는 언덕을 만들어두어야 합니다.

소매점도 단골에게는 편의를 봐주고 물건값을 깎아주는 것처럼 은행들도 거래실적이 높고 평잔액이 많은 고객은 신용도를 높게 책정한 뒤 일정 자격요건이 되면 융자혜택을 주고 이율 등을 깎아줍니다. 사업자가 주거래 은행을 만들려면 먼저 중소기업에 혜택이 많은 은행을 주거래 은행으로 만드는 것이 좋습니다.

예컨대 ○○은행 ○○지점을 주거래 은행으로 만들고 싶다면 모든 입출금을 그 은행 통장으로 하여 거래실적을 많이 쌓고 평잔액을 높여주는 것이 좋습니다. 그 후 은행이 정한 적격 신용도가 되었을 때 해당 지점과 융자 상담을 하여 통과가 되면 융자를 낮은 이율로 받을 수 있을 것입니다.

주거래 은행이 왜 필요한 거죠?

여러 은행과 거래를 트면 단기간에 신용도를 높일 수 없으므로 단골은행을 하나 잡아서 그 은행에 집중하여 자신의 신용도를 높이는 것입니다.

그럼 어느 은행을 주거래 은행으로 하는 것이 좋은가요?

일단 중소기업 사업자이므로 중소기업은행을 주거래 은행으로 삼는 것도 좋을 것입니다. 아니면 시중 대형 은행 중 믿을만한 곳을 주거래 은행으로 삼는 것이 좋습니다.

05 SECTION 사업자용 통장 개설하기

사업하다 보면 혹시 발생할지 모르는 세금 문제에서 자신의 자금 관계를 명확히 밝히기 위해 사업자용 통장을 개설해야 합니다. 사업자용 통장은 주거래 은행으로 삼을만한 은행에 개설합니다.

예를 들어 소득세나 부가세가 전년도 사업실적과 달리 높게 부과되는 경우가 있습니다. 세금이 높게 부과된 경우에는 이의를 제기하기 위해 전년도 지출·수입 증명을 해야 합니다. 이때 개인 통장으로 돈이 오고 갔을 경우에는 생활비와 사업자금 구분이 불분명하므로 사업자금의 지출·수입 증명이 어렵습니다. 이를 대비해 사업자 통장을 개설하고 사업 영위에 사용한 지출·수입은 사업자 통장으로 관리하는 자세가 필요합니다.

사업자 통장을 개설하려면 어떻게 해야 하나요?

사업자등록 사본과 도장을 준비해 주거래 은행을 방문해 신청합니다.

예금주는 누구로 하나요? 제 이름으로 하는 것인가요?

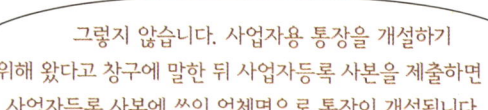

그렇지 않습니다. 사업자용 통장을 개설하기 위해 왔다고 창구에 말한 뒤 사업자등록 사본을 제출하면 사업자등록 사본에 쓰인 업체명으로 통장이 개설됩니다.

당좌계좌 개설하기

당좌수표란 사업자들이 외상거래를 할 때 발행하는 어음입니다. 개인 간 발행한 증서는 어음이라고 부르고 은행의 관리하에 발행한 증서는 당좌수표 혹은 약속어음이라고 부릅니다.

업체 규모가 점점 커지면 돈이 제때 돌지 않기 때문에 외상거래를 하기 마련입니다. 그런데 무작정 외상으로 물건을 주고받을 수 없으므로 일정 기한을 정해놓고 외상값을 지불하라고 요청합니다. 이런 외상거래를 할 때 돈을 지급하겠다고 발행하는 것이 개인 간의 어음입니다. 어음이란 해당 증서에 기입된 날짜에 기입된 금액을 지급하겠다는 수표처럼 생긴 종이증서입니다.

그런데 사업자들이 개인 어음으로 거래하다 보니 지정한 날짜에 돈을 보내지 않고 도망가는 사업자들이 많아졌습니다. 그러자 사업자들이 개인이 발행한 어음 거래를 피하기 시작했습니다.

어음 사고가 빈번하자 은행에서 관리할 필요성이 대두했습니다. 이것이 바로 당좌계좌입니다. 은행에서 당좌계좌를 개설한 사업자는 공식적으로 당좌수표(개인 어음이 아닌 은행에서 관리하는 약속어음)를 발행할 수 있습니다. 당좌수표는 은행에서 관리하는 계좌이므로 법적 구속력이 강하고 그 때문에 물건의 외상 구입이 수월해졌습니다. 당좌수표를 발행한 사업자는 당좌수표에 적힌 날짜 안에 자신의 당좌계좌에 대금 값을 입금해야 합니다. 물건을 판 사업자는 해당 날짜에 은행에 당좌수표를 제출하여 외상값을 은행을 통해 받는 것입니다.

이때 당좌수표 발행자가 약속된 날짜에 자신의 당좌계좌에 돈을 입금하지 못하면 은행은 해당 업체의 지불 능력이 없다고 판단하고 부도처리를 합니다. 회사는 부도처리와 함께 망하고 당좌수표 발행자는 부정수표 단속법 위반으로 교도소행의 실형을 받습니다.

법인 또는 개인 사업자가 당좌계좌를 개설하려면 은행에서 원하는 자격조건을 충족시키고 일정 보증금이나 담보를 제출합니다. 그리고 당좌계좌를 개설할 때 당좌차월약정을 합니다. 약정 금액 내에서 당좌수표를 발행해 물건을 구입할 수 있습니다.

8장

골치 아픈 회계관리 단숨에 정복하기

01 포스(POS)시스템이란 무엇일까?

포스시스템은 편의점이나 슈퍼마켓의 카운터에서 볼 수 있는 액정 모니터가 달린 가격 계산 장비입니다. 물건값 계산, 신용카드 결제, 영수증발행 등의 기능을 종합적으로 하는 장비입니다.

▌포스시스템

　포스시스템은 의류점, 편의점, 슈퍼마켓, 패스트푸드점, 음식점 등에서 계산할 때 볼 수 있는 작은 모니터가 달린 단말기입니다. 포스시스템은 업종에 따라 그 업종의 판매 및 영업관리에 맞게 조금 변형되지만 고유 기능은 똑같습니다. 예를 들어 외식업을 운영한다면 외식업에 맞춤 제작된 터치스크린 방식의 포스시스템을 사용하는 경우가 많고 슈퍼용 포스 시스템은 소매상품 판매관리에 좋은 방식으로 제작되어 있습니다.

　포스시스템은 공통으로 신용카드 결제를 할 수 있는 카드리더기, 영수증 출력기가 장착되어 있습니다.

▌포스시스템 장비 구성

본체	터치스크린 모니터 포함
영수증 프린터	현금영수증 발매기능 포함. 인쇄 감열지 별매
신용카드 리더기	신용카드나 직불카드를 읽을 수 있는 장치
사인패드	신용카드 사인 서명용 패드
금전통	돈 수납통, 관리 열쇠 포함
포스 프로그램	포스시스템 장치 안에 전용 프로그램이 설치되어 있음. ※ PC용 포스 프로그램은 PC에 설치해 사용함.
키보드/마우스	비상 시 사용하는 장치
바코드스캐너	유통업체 포스시스템에서 볼 수 있는 상품 바코드 인식 장치
CID	외식업소용 발신자표시기, 배달음식 주문한 사람의 전화번호가 찍히는 장치
태그 프린터	별매. 가격표 태그를 출력하는 태그 프린터, 태그 리본(용지)
옵션	옵션을 추가하면 회계정산을 할 수 있는 제품도 있음.

 포스시스템의 가격은 보통 150~200만 원입니다. 옵션을 추가해 기본 판매관리 외의 회계장부 계산까지 할 수 있는 제품을 구입하는 것이 좋습니다. 회계장부 계산까지 되는 제품은 영업이익, 부가세 등이 자동으로 계산되므로 추후 세금 산출 시 편리할 것입니다.

영수증 보관이 중요한 이유

영수증은 정식 영수증인 '세금계산서'와 '전자세금계산서'가 있고 간이형 영수증인 '간이영수증'이 있습니다. 사업자는 이 영수증을 모두 모아놓아야 합니다.

사업하다 보면 연간 이익이 얼마인지 자신의 머릿속으로 계산할 수 있습니다. 머릿속으로 계산한 것을 기준으로 나는 이 정도 벌었으니 세금도 이 정도만 내겠다고 세금 확정신고를 하면 세무서에서 믿지 않습니다. 따라서 사업할 때는 영수증을 모아놓는 것이 가장 중요합니다. 영수증은 빠짐없이 보관해 놓으면 나중에 세무서와 과세 문제로 이견 다툼이 있을 때 증빙자료로 사용할 수 있습니다. 만일 모아놓은 영수증이 없으면 세무서에서 과하게 세금을 물려도 증빙 및 항의수단이 없으므로 어쩔 수 없이 세무서가 결정한 금액을 세금으로 납부해야 합니다.

매일 장부 정리를 철저히 하기

매일 장부정리를 철저히 합니다. 도매상으로부터의 물품을 구입하거나 교통비 지출, 직원봉급 지출, 직원야유회 등의 지출 등은 사업유지에 사용한 사업경비입니다. 사업경비로 발생한 지출은 빠짐없이 장부에 기입합니다. 또한 소비자에게 물품을 팔았을 때의 판매대금 같은 매출 항목도 매일 장부에 적어야 합니다.

그날 기장한 내용 밑에 해당 영수증 첨부하기

사업 영위를 위해 사용한 구입 영수증과 상품매출 시 발생한 매출 영수증을 빠짐없이 그날그날의 장부에 첨부해놓는 습관이 필요합니다. 보통 그날 발행하거나 수취한 영수증은 그날 기장한 뒤 장부 하단에 스카치테이프 등으로 붙여놓습니다.

영수증의 종류

1 : 세금계산서

부가세(10%) 과세 물품을 부가세를 주고 정상 구입하거나 정상 판매했을 때 수취하거나 발행하는 정식 영수증입니다. 수취·발행한 세금계산서는 그날 장부기장을 한 뒤 장부 밑에 스카치테이프로 붙여놓습니다.

2 : 전자세금계산서

전자세금계산서는 업체와 업체, 도매상과 소매상 사이에 부가세 물품을 유통할 때 흔히 사용합니다. 세금계산서와 같은 모양이지만 종이영수증으로 발급하지 않고 온라인상에 계산서 발행 사실이 기록됩니다.

예컨대 출판사가 책을 찍으려면 종이도매상에게서 종이를 먼저 구입해야 하는데 서로 아는 사이이므로 전화로 주문하고 결제합니다. 이때 종이도매상은 종이 세금계산서를 발급하지 않고 그 대신 전자세금계산서를 발행할 수 있습니다.

이후 출판사는 종이구입비(사업지출비)를 기장할 때 전자세금계산서 번호, 구입 업체명, 구입가 등을 기입하면 됩니다. 추후 어떤 문제가 발생하여 세무서가 세무조사를 할 때는 전자세금계산서 번호를 입력하여 거래 사실을 손쉽게 확인할 수 있습니다.

요즘은 업체와 업체 사이의 거래 시 전자세금계산서를 많이 발행하며 종이 방식 세금계산서는 소매상이 소비자에게 소매할 때 사용합니다.

예비 창업자는 사업자등록을 할 때 '전자세금계산서 발행' 항목에 체크하면 전자세금계산서를 발행할 수 있습니다. 소득세 확정 신고 시 전자세금계산서 1건당 200원을 공제하고 발행건수가 많을 경우 최대 100만 원 한도까지 공제할 수 있으므로 많은 장점이 있습니다.

3 : 간이영수증

공식 영수증이 아니므로 세무서에서 인정하지 않지만 3만 원 이하 소액 간이영수증은 세무서에서 사업경비로 인정합니다.

사업 영위에 사용하는 소액 문구류 구입과 각종 소액결제 시에 받을 수 있습니다.

간이영수증 역시 반드시 장부기장 후 하단에 붙여놓기 바랍니다.

03 SECTION
간편장부(단식부기장부): 개인 사업자 '간이과세자'가 작성하는 장부

간편장부는 개인 사업 '간이과세자'로 창업한 경우 사용하는 세무서 권장 양식의 장부입니다. 창업 초보자들이 장부 작성에 어려움을 겪자 세무서가 해법으로 내놓은 장부가 간편장부입니다.

▌간편장부(단식부기 장부)

매일 발생한 매입·매출 내역을 발생 순서대로 작성하기 때문에 장부기장이 서투른 초보 사업자에게 안성맞춤입니다. 개인사업 '간이과세자'만 작성하는 장부입니다.

개인사업 '간이과세자'는 직전년도 수입금액이 다음과 같은 사업자일 경우이며 수입금액이 초과하면 올해에 개인사업 '일반과세자'로 자동 전환되어 간편장부 대신 복식부기 장부를 작성해야 합니다.

1 : 간편장부신고 대상자(직전년도 수입[매출]금액 기준)

업종	간편장부 대상자	복식부기 의무자
도매업, 소매업, 광업, 임업, 어업, 축산업, 부동산매매업, 산림소득	3억 원 미만	3억 원 이상
제조업, 건설업, 음식숙박업, 전기가스및 수도사업, 운수통신업, 창고업, 금융보험업	1억 5,000만 원 미만	1억 5,000만 원 이상
부동산임대업, 각종 서비스업	7,500만 원 미만	7,500만 원 이상
신규 사업자등록자	직전년도 소득금액에 상관없이 간편장부 대상자입니다.	

※ 예컨대 음식숙박업자의 월매출이 2,000만 원일 경우 연 2억 4,000만 원 매출이 발생하므로 복식부기 대상자로 전환됨.

간편장부 대상자는 일반적으로 모든 입출금 내역을 '간편장부'에 함께 작성합니다. 그러나 자신의 입출금 내역을 정확히 파악하려면 각각 개별 장부에 작성하는 것이 좋습니다.

2 : 개인 사업자가 작성하는 여러 가지 장부들

개인 사업자 간편장부 대상자는 반드시 세무서 권장 양식으로 간편장부를 작성할 의무가 있습니다. 그 외 자신의 사업체 관리를 위해 현금출납장, 예금출납장 등을 작성하기도 합니다.

장부 형태	간편장부(세무서 권장 양식으로 작성) 현금출납장 예금출납장 미수금/외상매입장 고정자산대장 등
기장 방식(작성 방식)	현금 입출입을 발생 순서대로 기록
결산서	손익계산서
간편장부 기장 시 세금공제액	간편장부 대상자가 간편장부를 작성 증빙할 경우 실제 세액에서 10~20% 공제(최대 100만 원 한도)
간편장부 무기장 시 주의사항	공제를 못 받으므로 세금이 10~20% 많이 나옴.

'현금출납장'은 업체 내부적으로 현금 입출입 관계를 파악하기 위해 업체의 현급출납 상태를 일목요연하게 파악할 목적으로 작성합니다. 문구점에서 구입한 현금출납장으로 작성하거나 PC의 회계 프로그램이나 엑셀로 작성할 수 있습니다.

'예금출납장'이란 업체 이름으로 된 은행계좌의 예금 입출입 내역을 관리하기 위해 거래가 발생할 때 일일이 작성하는 장부입니다. 문구점에서 구입한 예금출납장으로 작성하거나 PC의 회계 프로그램이나 엑셀로 작성할 수 있습니다.

그 외 외상으로 판매한 매출 채권을 관리하기 위해 '미수금원장'을 작성하기도 하고, 외상으로 구입한 내역을 관리하기 위해 '외상매입대금원장'을 작성하기도 합니다. PC에 좋은 회계 프로그램을 구입해 설치하면 이 모든 것을 할 수 있습니다.

04 간편장부 작성하기

국세청 권장 간편장부 양식입니다. 비슷한 모양으로 표를 그린 뒤 작성하거나 문구점에서 간편장부를 구입해 작성합니다.

업체에서 매입, 지출, 판매, 매출 등 어떤 거래가 발생했을 때마다 발생 순서대로 빠짐없이 작성합니다. 영수증을 수취·발급한 경우에는 해당 영수증을 나중에 찾기 쉽도록 장부 하단이나 뒷면에 붙여 놓으십시오.

② 거래내용: 거래 날짜 순으로 외상 포함 거래내용 모두 기재
⑥ 고정자산 증감(매매): 사업에 사용하는 사무집기나 부동산 등을 구입하거나 팔았을 때 기입

① 날짜	② 거래내용	③ 거래처	④ 수입 (매출)		⑤ 비용 (원가 관련 매입 포함)		⑥ 고정자산 증감(매매)		⑦ 비고
			금액	부가세	금액	부가세	금액	부가세	
04. 11	가방×2 매출 (현금)	소비자	100,000	10,000					
04. 11	모자×1 매출 (외상)	소비자	20,000	2,000					(카드)
04. 12	의류×20 매입 (외상)	본사				115,000			(영)
04. 12	거래처 접대 (현금)	D음식점							(세계)
04. 12	등산복×1 매출	소비자	210,000	21,000					
소 계			330,000	33,000	1,180,000	115,000			

- 거래유형(현금, 외상, 어음) 표기
- 부과세 면세자는 상품 가격에 부가세 10%를 더한 뒤 금액란에 기재
- 1일 평균 매출건수가 50건 이상일 때 1일 동안의 총 매출금액을 합계하여 기재 가능 (단 개별 세금계산서·영수증 등의 원본 첨부 보관함)
- 세금계산서 수취분 매입가액과 부가가치세를 구분하여 기재(구분 기재하여야 부가가치세 신고 시 공제받을 매입부가세 계산 가능)
- 일반과세자는 상품가와 부가세 10%를 구분하여 기재
- 세금계산서(세계), 신용카드(카드), 계산서(계), 간이영수증(영)의 발행분과 수취분은 거래내용란 하단 또는 비고란에 표기. 괄호()의 약칭으로 표기 가능

창업 1년 차에 꼭 알아야 할 간편장부 작성법

개인 사업자 중 '간이과세자'는 간편장부 작성 대상입니다. 원래 복식부기 대상자인 '일반과세자'도 창업 1년 동안은 장부기장에 어려움이 많으므로 간편장부로 작성해도 무방합니다.

간편장부를 작성할 때는 다음과 내역을 매일 빠짐없이 작성하기 바랍니다. 이때 1일 매출 건이 50건을 넘을 경우 50건을 합산해 작성할 수도 있습니다.

▌ 날짜 항목

매출 또는 매입 거래가 발생한 날짜를 기재하되 외상거래는 물론 사업 영위를 위해 사용한 지출도 모두 포함해 작성합니다.

▌ 거래내용 항목

매출 상품 또는 매입 상품, 지출 내역 등의 품명, 규격, 수량, 단가를 알기 쉽도록 작성합니다. 또한 참고사항 등이 있을 경우 요약하여 기재합니다.

▌ 거래처 항목

거래 상대방의 상호, 성명, 전화번호 등을 기재합니다(별도 작성 관리 가능).

▌ 수입(매출) 항목

매출대금의 금액을 입력합니다. 물품 거래, 용역의 공급에 의한 매출, 영업 외 수입 등을 기재합니다.
① 부가가치세 일반과세자는 세금계산서를 발행한 거래의 공급가액과 부가가치세를 구분하여 기재
② 간이과세자, 과세특례자, 부가가치세 면세사업자는 부가가치세가 포함된 매출금을 금액란에만 기재하고 부가세란에는 기재하지 않음.

▌ 비용(매입) 항목

상품·원재료·부재료의 매입금액 등의 지출금액을 기재합니다. 제조(공사)원가, 일반관리비(임대

료 등), 판매비(영업활동비), 인건비, 접대비, 식대, 직원다과비, 교통비, 회사 차량 유류비, 직원야유회 비용 등 사업 영위를 위해 사용한 모든 비용을 빼놓지 말고 기재합니다.
> ① 세금계산서 영수증을 수취한 매입분에 대하여는 매입가액과 부가가치세를 구분하여 기재하고 비고란 등에 세금계산서 거래분임을 표기
> ② 일반 계산서, 신용카드, 현금영수증, 간이영수증 매입분에 대하여는 금액란에만 기재

고정자산 증감(매매) 항목

고정자산은 생산설비, 생산기계, 공장, 책걸상, 사무용품, PC, 토지, 부동산, 영업권, 상표권, 특허권 등이 있습니다. 사업 영위를 위해 사용한 고정자산의 매입비, 고정자산 설치비, 고정자산 제작비, 고정자산 건설비(공장건설, 창고건설 등) 등을 포함하여 소요된 금액 및 그 부대비용과 자본적 지출 해당액을 기재합니다.
> ① 고정자산 해당 거래가 발생했을 때 그 내역과 금액을 입력, 고정자산의 매각분에 대하여는 매각금액을 붉은색 또는 금액 앞에 '△' 표시
> ② 세금계산서가 포함된 거래분은 공급가액과 부가가치세를 구분하여 기재하고 비고란에 세금계산서 거래분임을 표시
> ③ 일반계산서, 신용카드, 영수증 매입분에 대하여는 금액란에만 기재

비고 항목

해당 거래의 요점이나 기억해두어야 할 점을 기재합니다.
> ① 세금계산서, 일반계산서, 신용카드, 간이영수증 등에 의한 거래임을 표시
> ② 기초 및 기말 현재의 상품·제품·원재료의 재고액을 기재할 수 있음.
> ③ 상품·제품·원재료의 재고액은 과세기간 개시일 및 종료일에 실지 재고량을 기준으로 기재하여야 함.
> ④ 만일 재고액 표기가 없으면 과세기간 개시일 및 종료일 재고액이 동일한 것으로 간주하므로 주의

감가상각비, 대손충당금, 퇴직급여충당금 등의 기재

감가상각비, 대손충당금, 퇴직급여충당금 등을 간편장부에 필요경비로 계산할 수 있습니다.
> ① 감가상각비, 대손충당금, 퇴직급여충당금 등이 발생했을 때 그 해당액을 비용 항목에 기재하고 명세서는 별도 작성하여 비치
> ② 종합소득세 신고 시 해당 명세서 1부를 제출해야만 필요공비로 인정받고 공제받을 수 있음.

SECTION 06

복식부기 장부
: 개인 사업자 '일반과세자' 와 법인 사업자용 장부

복식부기 장부는 '개인 사업자-일반과세자'와 '법인 사업자'가 작성하는 장부입니다. 초보 사업자들은 작성이 어려우므로 보통 세무사 사무소에 의뢰하여 작성하는 경우가 많습니다.

복식부기는 보통 다음과 같은 장부가 있습니다. 전문적인 회계지식이 필요하므로 보통 사업체에 소속된 경리부나 서무부에서 작성합니다. 물론 PC에 회계 프로그램을 설치한 뒤 직접 작성할 수도 있지만 전문 회계용어가 많이 나오기 때문에 작성상 어려움이 많습니다. 세무사 사무실과 연간 계약을 한 뒤 매월 작성대행을 의뢰하는 방법도 사용할 만합니다.

장부 형태	분개장, 계정별원장 거래처원장, 총계정원장 현금 출납장, 예금출납장 등 고정자산대장 등
기장 방식	차변, 대변으로 나누어 입력
결산서	손익계산서, 대차대조표
기장 시 세금공제액	결정 세액의 최대 20% 공제(성실신고사업자 과세특례)
무기장 시 주의사항	결정 세액이 예측보다 10~40% 높아질 수 있음.

하나의 거래를 한 번만 기록하는 간편장부(단식부기장부)와 달리, 복식부기는 차변과 대변이라는 상호 대응하는 양쪽에 각각 기록함으로써 이중기록 하는 장부입니다. 차변과 대변의 합계가 일치하면서 어느 한 쪽을 까먹고 입력하지 않았을 때 그 부분을 기억하게 하는 장점이 있네요.

복식부기를 PC의 회계 프로그램으로 작성할 경우 돈의 입출금 내역을 정확히 관리하고 상품 재고, 매출, 재무제표, 부가세 정산까지 자동으로 계산할 수 있다는 점이 매력입니다.

회계관리 쉽게 하기
: 세무사 사무실을 이용한 회계관리

업체의 규모가 커지면 점점 돈의 입출금관리(회계관리)인 회계장부정리에 어려움이 발생합니다. 이런 경우에는 세무사 사무실에 연간 회계관리를 대행케 하는 것이 좋습니다.

예컨대 직원 2인을 고용한 제조업체나 소매업체라면 지출·판매·월급관리가 용이하므로 사업주가 직접 장부작성을 하면서 회계관리를 할 수 있습니다. 그런데 직원 수가 5~10명으로 늘어나면 이때부터 지출관리와 월급관리가 어려워집니다. 영업부의 출장비나 직원 야유회 비용까지 다 지출로 잡아서 장부정리를 하려다 보니 회계용어도 모르겠고 머리가 깨지는 심정입니다. 이런 경우에 필요한 것이 경리직원이지만 막상 고용하려면 망설여지기 일쑤입니다. 이런 상황이라면 세무사 사무실과 연간 계약을 하여 회계관리를 대행시키는 것이 좋습니다.

선생님! 직원관리 하느라 바빠 장부 정리할 시간이 없어요! 세금이 많이 나올까 봐 장부 정리를 꼭 하긴 해야 하는데 이런 경우에는 어떻게 해야 하죠?

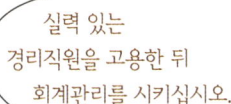

실력 있는 경리직원을 고용한 뒤 회계관리를 시키십시오.

그럼 월급을 줘야 하잖아요! 월급을 주지 않고 회계관리를 쉽게 하는 방법은 없나요?

세무사 사무실에 매달 몇만 원을 지불하기로 하고 회계관리를 의뢰하십시오. 사업주께서는 매달 말에 간단히 정리한 장부와 매입/매출영수증을 빠짐없이 취합해 세무사 사무실로 보내면 됩니다. 세무사가 알아서 업주님께 유리하도록 회계관리를 대행합니다.

SECTION 08
소득세·부가세 확정신고 쉽게 하기

사업체가 연간 벌어들인 영업활동에 대한 소득세와 부가세를 납부하기 전 자신이 내야 할 세금이 어느 정도인지 스스로 계산해 신고하는 것이 확정신고입니다. 확정신고는 세무사 사무실에 의뢰하여 대행할 수도 있습니다.

장부정리를 잘한 사업주는 1년 동안의 장부상 매입·매출액을 산출한 뒤 공제사항이 있을 경우 공제금액을 빼는 방식으로 자신이 내야 할 세금을 직접 산출한 뒤 세무서에 확정신고를 합니다. 하지만 장부정리가 부실하거나 영수증을 미처 모아놓지 않았다면 어떻게 해야 할까요? 이런 경우에는 세무사에게 의뢰하여 확정신고를 대리하는 것이 좋습니다. 일반적인 소매업은 10~20만 원 정도의 비용을 세무사에게 지불하면 세무사가 대리하여 장부기장과 확정신고를 합니다. 참고로 개인 사업자 일반과세자의 경우에는 소득세(5월)와 부가세(연간 2회)를 납부해야 하므로 1년에 대략 3회 정도 세무사 사무실을 방문하게 되므로 단골 세무사를 만드는 것이 좋습니다.

> 선생님! 소득세 확정신고를 하려고 하는데 모아놓은 영수증이 부족해서 장부기장을 정확히 할 수 없어요! 이런 경우 어떻게 해야 하나요?

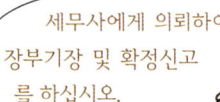

> 세무사에게 의뢰하여 장부기장 및 확정신고를 하십시오.

> 세무사를 방문할 때 어떤 것을 준비해야 하나요?

> 전년도 매출과 지출을 알아보기 쉽게 정리한 내역서나 장부, 전년도 사업 시 모아놓은 영수증들을 가급적 모두 모아서 세무사 사무실을 찾으세요. 세무사가 알아서 업주님께 유리하도록 장부기장을 한 뒤 확정신고를 대행합니다.

9장

세금납부, 절대 어렵지 않아요!

종합소득세 확정신고하기

종합소득세는 확정신고와 결정세액이 있습니다. 사업주가 납부해야 할 소득세를 스스로 산출하여 확정신고를 하면 세무서는 그것을 분석 조절한 뒤 납부할 세금을 결정하는데 이것이 결정세액입니다.

종합소득세 확정신고 과세표준

앞에서도 말했듯 소득세 확정신고는 사업주 스스로 자신의 연간 소득을 뽑은 뒤 연간소득에 대한 누진세율을 적용하여 자신의 내야 할 세금을 확정하여 세무서에 제출하는 서류입니다. 세무서는 제출받은 확정신고서와 부대자료(연간 발생한 거래 내역 등을 기장한 각종 자료)를 분석한 뒤 조절 과정을 거쳐 사업주에게 통보하는데 이것이 결정세액입니다. 사업주는 세무서가 결정한 세액을 종합소득세 신고 및 납부기간인 5월 1월~31일 사이에 납부하면 전년도 소득에 대한 소득세 납부 의무가 마감됩니다.

종합소득세율(2013년 기준)

전년도 소득구간(과세표준)	세율	공제액	납부할 세금
1,200만 원 이하	6%	–	(전년도 소득금액×0.06)
1,200~4,600만 원	15%	108만 원	(전년도 소득금액×0.15)−108만 원
4,600~8,800만 원	24%	522만 원	(전년도 소득금액×0.24)−522만 원
8,800만 원 초과	35%	1,490만 원	(전년도 소득금액×0.35)−1,490만 원
3억 원 초과	38%	2,390만 원	(전년도 소득금액×0.38)

사업주가 종합소득세를 산출할 때는 연간 벌어들인 사업소득과 이자 수익 등을 총합계로 뽑은 뒤 위의 종합소득세율과 공제액을 적용해 계산합니다. 예컨대 전년도에 사업소득과 이자소득 등이 총 8,700만 원이라면 '과세표준'에서 세 번째 항목인 세율 35%가 적용되는 구간입니다. 따라서 8,700만 원에 0.35를 곱한 뒤 공제액 1,490만 원을 뺀 1,550만 원이 납부해야 할 소득세입니다. 이때 인적공제 등의 추가 공제사항이 있으면 그 금액을 뺀 것이 납부해야 할 세금입니다. 이를 자신이 직접 산출한 뒤 소득을 증빙할 자료를 첨부하여 세무서에 제출하는 것이 종합소득세 확정신고입니다. 종합소득세 확정신고는 세무서에서 서면으로 하거나 인터넷 홈택스에서 할 수 있습니다.

만일 사업주가 확정신고한 내용이 불성실하면 세무서는 조절과정을 거친 뒤 결정된 세액을 통보합니다. 사업주가 확정신고한 내용이 매우 불성실할 경우에는 세무서가 세무조사를 하여 사업주의 매출 축소나 과다 지출 등의 위법행위를 찾아낸 뒤 정해진 가산세를 추가해 납부할 세금을 결정합니다. 매출, 지출, 장부 조작 등의 불성실 행위가 매우 위중한 사업자는 사업체가 흔들릴 정도로 무거운 세금이 부과되고 때에 따라 형사처분될 수 있습니다.

이와 달리 세무서의 결정세액이 생각보다 너무 많이 나와 억울하다면 사업주는 이의를 제기하여 수정을 요구할 수 있습니다. 물론 수정요구를 할 때는 전년도 매출·지출 영수증 같은 자료를 빠짐없이 증빙해야 승산이 있습니다. 만일 세무서가 다시 결정한 결정세액도 몹시 억울하다면 사업주는 법원에 소송하여 재차 이의를 제기할 수 있습니다.

▌추계신고 시 필요한 기준경비율과 단순경비율

그럼 한 가지 의문이 생길 수 있습니다. 장부기장을 제대로 했다면 기장한 내용대로 사업소득(영업이익)이 정확히 산출되므로 그 사업소득에 기본 공제나 추가 공제액을 뺀 뒤 누진세율을 곱하면 바로 납부할 세금이 산출됩니다. 그러나 만일 장부 기장을 제대로 하지 않았다면 어떻게 해야 할까요?

연간 임대료, 상품매입대금, 직원 인건비는 장부기장을 하지 않아도 사업주 머릿속으로 계산할 수 있으므로 흔히 주요경비라고 합니다. 주요경비를 사용한 것은 장부 없이도 계산할 수 있지만 자동차 유류비, 수리비, 직원 야유회비, 직원 점심값, 사무집기 구입비 등 그 외 필요경비는 장부기장을 제때 하지 않으면 알 수 없습니다.

이 경우 세무사 사무실에 의뢰하여 장부기장을 하는 방법이 있지만 세무사 사무실에 제출한 영수증 자료가 부족할 경우에는 세무사 사무실에서 기준경비율이나 단순경비율을 적용해 그 외 필요경비를 산출합니다.

기준경비율이나 단순경비율은 장부기장을 제대로 하지 않은 사업자가 그 외 필요경비(지출)를 산출할 때 사용하므로 세무사 사무실에 의뢰할 필요없이 사업자 자신이 계산할 수도 있습니다. 장부를 작성하지 않은 사업자가 기준경비율 혹은 단순경비율을 적용해 소득신고를 하는 것을 추계신고자라고 하며, 추계신고자는 장부신고자의 혜택인 10% 공제 효력이 없으므로 세금을 10% 더 납부하게 됩니다.

장부기장을 제대로 하지 않은 사업자가 사업 영위에 사용한 필요경비를 산출하려면 자신의 업종에 해당하는 '기준경비율코드'나 '단순경비율코드'를 적용해 계산합니다.

경비율 이름	적용대상	내용과 계산방법
업종별 기준경비율코드	1. 전년도 총매출액이 기준경비율 대상자 2. 기준경비율 대상자이면서 장부기장을 제대로 하지 않아 자잘한 지출경비를 증빙할 수 없는 사업자	1. 전년도 수입(매출) 금액에서 필요경비를 계산할 때 상품매입비용, 임차료, 인건비 등의 주요경비는 증빙서류 제출로 인정하고 그 외 자잘한 사업경비는 기준경비율을 적용해 계산하는 제도 2. 필요경비=주요경비+(수입금액×기준경비율) 3. 필요경비=(수입금액×단순경비율)×배율 4. 소득금액=수입금액−필요경비 ※ 위 두 가지 필요경비 뽑는 방법 중 적은 금액이 나온 것을 선택해 소득금액을 산출합니다. ※ 2013년 귀속 배율 　 간편장부대상자 2.4배, 복식부기대상자 3배 ※ 복식부기의무자는 기준경비율을 0.5 곱하고 계산 ※ 기준경비율은 업종별로 다름
업종별 단순경비율코드	1. 전년도 총매출액이 단순경비율 대상자 2. 단순경비율 대상자이면서 장부기장을 제대로 하지 않아 자잘한 지출경비를 증빙할 수 없는 사업자	1. 전년도 총수입(총매출) 금액에서 필요경비를 계산할 때 단순히 계산하는 제도 2. 필요경비=수입금액×단순경비율 3. 소득금액=수입금액−필요경비

기준경비율 대상자와 단순경비율 대상자는 아래와 같이 전년도 수입(매출)액에 따라 달라집니다. 단순경비율은 전년도 수입(매출)이 적은 영세 사업자 대상입니다.

업종	기준경비율 적용 대상자 ※ 전년도 수입	단순경비율 적용 대상자 ※ 전년도 수입
도매업, 소매업, 광업, 임업, 어업, 축산업, 부동산매매업, 산림소득	6,000만 원 이상 자	6,000만 원 미만 자
제조업, 건설업, 음식숙박업, 전기가스 및 수도사업, 운수통신업, 창고업, 금융보험업	3,600만 원 이상 자	3,600만 원 미만 자
부동산임대업, 각종 서비스업	2,400만 원 이상 자	2,400만 원 미만 자

내야 할 세금을 추계신고자 방식으로 스스로 산출하기 예제

전년도에 지출한 임대료, 인건비, 상품매입대금은 알고 있지만 그 외 경비 지출을 모를 경우(장부기장을 하지 않았을 경우), 추계신고 방식으로 세금을 산출하는 방법입니다.

스포츠의류점을 하고 있고 작년 총매출이 3억 1,000만 원이에요. 임대료는 1년 총 3,600만 원, 상품 매입대금은 1년 총 1억 6,000만 원, 2인 인건비는 1년 총 3,500만 원이 들어갔어요. 장부기장과 영수증을 제대로 모아놓지 않았기 때문에 사업 영위에 사용한 그 외 필요경비를 증명할 수 없게 되었어요. 그래서 추계신고를 하려고 해요.

연간 총매출		310,000,000
연간지출	임대료	36,000,000
	상품매입대금	160,000,000
	인건비	35,000,000
	그 외 경비지출	장부작성을 하지 않아 모르는 상태
연간 사업소득(사업주 이익)?		79,000,000?

총매출이 3억 1,000만 원이므로 기준경비율로 추계신고를 하는 동시에 복식부기대상자입니다.

기준경비율로 계산하면 그 외 필요경비(사업 영위를 위해 사용한 유류비, 식대 등의 각종 소액지출) 금액을 뽑을 수 있나요? 어떻게 계산해야 하나요?

총매출은 3억 1,000만 원이고 주요경비(임대료, 인건비, 상품매입대금) 지출합계는 2,310만 원입니다. 업종이 스포츠의류 소매점이므로 기준경비율코드는 523932입니다. 국세청 홈페이지에서 기준경비율코드를 검색하면 기준경비율이 06.60(6.6%)입니다. 따라서 필요경비는 주요경비+(수입금액×기준경비율)이므로 231,000,000+(310,000,000×6.6%)로 계산합니다. 계산 결과 231,000,000+18,600,000원이므로 전년도 사업 영위에 사용한 필요경비 총액은 2억 4,960만 원입니다. 총수익 3억 1,000만 원에서 필요경비 2억 4,960만 원을 빼면 전년도 사업소득인 6,040만 원이 나옵니다. 여기서 본인공제, 국민연금불입액 공제, 연금보험료 공제, 건강보험료 공제 등의 각종 공제금액이 총 1,000만 원이라고 가정하면 공제액을 뺀 사업소득(과세표준)은 5,004만 원이라고 할 수 있습니다.

단, 이번 경우에는 연간 매출이 3억 1,000만 원이므로 복식부기의무자입니다. 복식부기의무자(매출이 상대적으로 높은 사업자)가 기장하지 않고 추계신고를 하는 것이므로 기준경비율에 벌칙으로 0.5%를 곱하고 다시 계산해야 합니다. 즉, 주요경비+[수입금액×(기준경비율×0.5)]로 다시 계산하면 231,000,000+(310,000,000×3.3%)이므로 필요경비는 2억 4,123만 원입니다. 전년도 매출(310,000,000)−필요경비(241,230,000)=68,770,000원이 전년도 사업소득이고, 여기서 본인공제 등의 각종 공제금액을 총 1,000만 원이라고 가정하고 빼면 5,877만 원이 과세표준입니다.

5,877만 원은 과세표준 4,600~8,800만 원 구간에 해당하므로 세율은 24%를 적용하고 그 후 522만 원을 공제하면 확정신고할 세금이 나옵니다.

계산 결과 (58,770,000×0.24)−5,220,000원이므로 888만 4,800원이 납부할 세금 명목입니다. 이 금액을 종합소득세 확정신고서에 작성한 뒤 세무서에 직접 제출하거나 인터넷 홈택스에서 작성해 제출합니다.

종합소득세 확정신고서를 한 뒤에는 어떻게 되나요?

사업주는 확정신고서와 함께 주요경비(임대료, 인건비, 상품구매대금)를 세무서 양식으로 작성한 뒤 함께 제출했을 것입니다. 세무서는 증빙 자료를 검토하고 별문제 없으면 사업주가 신고한 888만 4,800원을 받아들이고 우편으로 세금이 결정되었음을 통보합니다. 사업주는 결정된 세금 888만 4,800원을 종합소득세 납부마감일인 5월 31일 이전까지 납부하면 됩니다.

어머! 1년에 고작 6,040만 원을 벌었는데 소득세가 888만 4,800원이나 나오다니! 세금을 그렇게나 많이 내나요?

어쩔 수 없습니다. 세금은 누진세율이므로 연봉 6,000만 원 수준이면 1,000만 원 정도의 세금이 나올 수밖에 없습니다. 봉급쟁이들도 연봉 6,000만 원 수준이면 월 실수령액은 430만 원 전후, 연 실제 수령액은 5,160만 원 전후입니다. 나머지 금액은 소득세(원천세)와 연금보험료, 건강보험료, 고용보험료 등으로 자동 납부되는 것이지요. 직장인이나 장사꾼이나 내는 세금이 다르다고 하는데 실제는 거의 비슷한 것이죠.
물론 세금을 조금 적게 내는 방법이 있습니다. 예컨대 위의 추계신고 대신 장부기장을 매일 열심히 한 뒤 세무서에 제출했다면 장부기장 성실성에 대한 대가로 10% 공제가 추가되었을 것입니다.

▌종합소득세 확정신고 시 부대서류

종합소득세 확정신고 시 부대서류는 확정신고서에 기입한 매출·지출을 증빙하기 위한 추가 자료들입니다. 세무서 소정 양식으로 작성하되 전년 1년간 있었던 매출·지출 건수를 일일이 작성하기도 하고 총액 위주로 작성하기도 합니다. 홈택스에서 부대서류를 작성할 때도 대개 총액 위주로 작성하므로 장부상 각 항목 총액이 대충이라도 정리된 상태여야 합니다. 만일 이 작업이 번거로우면 세무사 사무실이 의뢰하여 대리 작성하는 것이 좋습니다.

1 : 소득공제 신고서

인적공제 및 특별공제대상을 기록하여 총매출에서 공제시킬 금액을 뽑는 용도입니다. 홈택스에서 작성할 경우에는 소득공제 대상을 입력하면 바로 공제될 금액이 자동으로 산출됩니다.

2 : 소득금액 계산명세서

확정신고서에 작성한 종합소득금액 계산의 기초가 된 총수입금액과 필요경비의 계산에 필요한 서류입니다.

3 : 장부와 증명서류에 의하여 계산한 경우

복식부기 신고자는 '재무상태표', '손익계산서'와 그 부속서류, '합계잔액시산표', '조정계산서'를 작성해 함께 제출해야 합니다.

간편장부 신고자는 '간편장부 소득금액계산서', '총수입금액 및 필요경비 명세서'를 작성해 함께 제출해야 합니다.

4 : 필요경비 명세서

소득세법 제28조~제32조까지의 규정에 따라 필요경비를 일목요연하게 알 수 있도록 '필요경비 명세서'를 작성합니다. 필요경비명세서에 '감가상각비', '대손충당금', '퇴직급여충당금' 등을 계상한 경우 그 명세서를 함께 작성합니다.

5 : 영수증 수취명세서

사업자가 다른 사업자로부터 상품 구입 또는 용역을 공급받고 적격증빙 영수증(계산서, 세금계산서, 신용카드, 현금영수증) 외의 간이영수증 등을 수취한 경우 3만 원 이상 거래를 증빙할 목적으로 사용하며, 간이영수증에 따라 증빙이 인정되면 인정된 거래금액의 2%에 해당하는 '증빙불비가산세'를 추가 납부해야 합니다. 즉, 3만 원 이상의 거래를 한 뒤 실수로 간이계산서를 수취하면 세무서에서 지출로 인정하지 않는데 이를 인정받고자 작성합니다. 접대비는 1만 원 이하만 간이영수증을 인정합니다. 소규모사업자는 제외합니다.

6 : 추계소득금액 계산서(장부가 없는 경우)

기준경비율 신고자가 장부기록이 없는 경우 '주요경비지출명세서'를 작성해 함께 제출합니다.

7 : 소득금액 계산명세서

여러 사업장을 가진 사업자일 경우 사업장별로 구분하여 작성합니다. 한 사업장 내 사업소득과 부동산임대소득이 같이 있는 경우에는 소득별로 구분하여 작성합니다.

8 : 소득공제신고서

종합소득세 신고 시 인적공제(부양가족 등)와 특별공제(보험료 납부 등) 항목을 작성할 때 사용합니다. 공제된 비율만큼 사업소득이 줄어들므로 납부할 세금을 줄이는 효과가 있습니다. 사업자는 특별공제 항목에 신경 쓰는 것이 좋습니다. 특별공제 항목은 의료비 공제, 교육비 공제, 주택자금 상환 및 임대비 공제, 기부금 공제, 신용카드 공제 등이 있으므로 해당 사항이 있을 경우 작성합니다.

9 : 필요경비 명세서

1년간 발생한 총수입(매출)과 그에 사용한 필요경비를 일목요연하게 보여주기 위해 작성합니다.

10 : 영수증 수취명세서

3만 원 이상의 지출이 있을 때 간이영수증을 수취하고 그것을 증빙할 목적으로 작성합니다.

11 : 추계소득금액 계산서(장부가 없는 경우)

장부 작성을 하지 않았거나 증빙 자료가 미비하여 소득금액을 정확히 계산할 수 없을 때 사용하는 추계신고자용 서류입니다.

사업하는 사람들은 각종 영수증을 보통 어떤 방식으로 보관하나요?

계약서가 있는 거래면 계약서에 입출금 영수증이나 전표를 부착합니다. 계약서가 없는 거래에서 장부를 작성할 경우 장부의 해당 날짜에 붙이는 것이 가장 좋습니다. 영수증이 많으면 영수증 내역만 장부에 기재하고, 영수증 종이는 날짜별이나 주일별로 나누어 보관하는 것이 좋습니다. 세분화하여 보관해야 나중에 찾을 때 편리합니다.

SECTION 02 홈택스에서 종합소득세 확정신고서 작성하기

종합소득세 확정신고는 세무서에서 확정신고서를 가져와 서면 작성하는 방법과 인터넷 홈택스에서 작성하는 방법이 있습니다. 홈택스에서 작성할 때는 부대서류를 사진파일로 첨부합니다.

홈택스에서의 종합소득세 확정신고는 서면 신고방식과 동일합니다. 서면 제출용 서류를 홈택스에서 바로 입력하는 방식입니다. 그러므로 신고할 내용을 장부나 부대서류로 미리 정리해놓고 작성해야 홈택스에서의 작성시간이 빠릅니다.

인터넷 홈택스에서 '개인 사업자' 혹은 '법인 사업자'로 로그인하거나 공인인증서 등으로 로그인합니다.

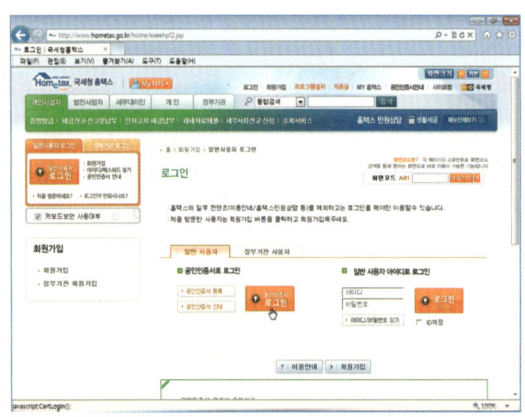

세금신고 시에는 상단 메뉴바의 '개인 사업자' 혹은 '법인 사업자' 메뉴에서 '전자고지 세금납부' 메뉴를 클릭하면 바로 세금납부 신청서 화면으로 로그인할 수 있습니다.

'종합소득세' 메뉴를 클릭합니다. 종합소득세 외 원천세, 부가가치세도 홈택스에서 신고할 수 있습니다.

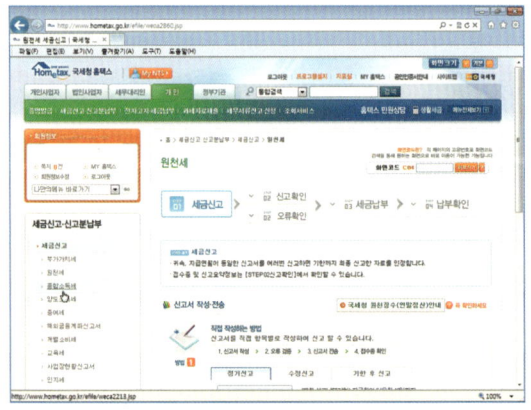

여러 창으로 넘어가면서 신고 내역을 입력합니다.

만일 사업소득 외 다른 소득이 있다면 '기타소득'을 클릭해 입력하고 '필요경비 입력하기' 버튼을 클릭해 필요경비도 입력합니다.

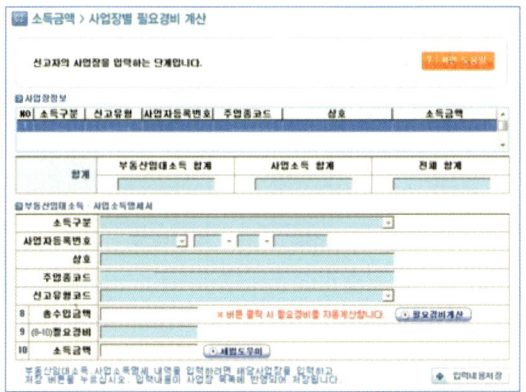

중요한 입력창인 필요경비 입력창입니다.
사업 연도에 사용한 필요경비를 입력합니다.

중요한 입력창인 소득공제 입력창의 모습입니다.

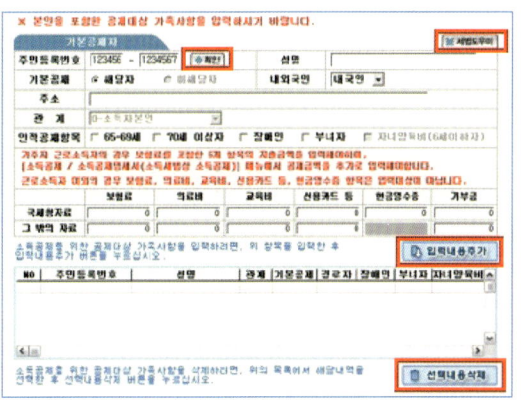

홈택스에서 바로 소득세 확정신고를 하는 것은 초보자들에게 상당히 어렵습니다. 일단 용어 자체가 이해되지 않기 때문에 입력하다가 포기하는 경우가 많습니다. 그런 경우 '저장' 버튼을 눌러 지금까지 입력한 내용을 저장한 후 추후 이어서 다시 입력하는 것이 좋습니다. 사실 장부정리를 제대로 하지 않는 경우가 많으므로 장부 정리를 동시에 하면서 입력하는 경우가 빈번하고 사업을 몇 년 한 사람도 그런 경우가 많습니다.

SECTION 03 부가가치세(부가세) 확정신고하기

종합소득세 확정신고 및 납부는 1년에 1회이지만 부가세 확정신고 및 납부는 1년에 2회로 나누어서 합니다.

▌부가가치세란?

부가가치세(부가세)란 물품의 생산, 판매에서 발생하는 부가가치에 조세하는 간접세이자 국세입니다. 통상 물건값의 10% 혹은 서비스용역의 10%가 부가세입니다. 모든 판매물품에는 10%의 부가가치세가 붙어 있지만 채소 같은 농축임산물과 학술·공익·자선 목적의 상품, 예술가의 창작용역, 면세사업장은 부가가치세를 내지 않습니다.

부가가치세는 1년 2회 6개월 단위로 '부가세 신고서'를 작성한 뒤 납부합니다. 통상 7월은 금년 상반기에 판매한 물품의 1기 부가세신고 및 납부 기간입니다. 금년 하반기에 판매한 물품의 부가세납부는 다음 해 1월 2기 부가세신고 및 납부기간에 합니다.

부가세는 매입부가세를 지불한 경우 매출부가세에서 매입부가세를 공제하고 납부하므로 그리 큰 금액은 아닙니다. 단, 부가세 거래를 한 경우에는 반드시 증빙자료가 있어야 하므로 매입 시 받은 세금계산서와 매출 시 발행한 세금계산서, 카드영수증, 현금영수증을 월별로 챙겨놓아야 합니다. 부가세 공제는 간이계산서를 증빙자료로 인정하지 않으므로 반드시 정식 세금계산서나 카드 거래, 현금영수증으로 해야 합니다.

사업자 종류	부가세 납부 세율	비고
간이사업자	판매가의 약 3~7%	업종에 따라 부가세 세율 다름.
일반사업자	판매가의 10%	물품 구입 시 매입부가세를 지불한 경우 매출부가세 총액에서 매입부가세 총액과 기타 공제세액을 제한 금액을 부가세로 확정 신고 및 납부
농축임산물, 학술, 공익 상품 혹은 면세사업자	부가세 납무 의무 없음.	요식업은 부가세 없는 농산물을 구입 조리해 판매하지만 부가세 납부대상자임. 단 납부할 부가세 산출 시 의제매입공제를 하고 산출함.

부가세 확정신고를 할 때는 다음과 같이 매입부가세를 공제한 뒤 계산합니다. 단, 정식 세금계산서 등의 증빙자료로 있어야만 부가세 공제가 가능합니다.

| 반분기 동안 매출부 가세로 받은 총액 | − | 반분기 동안 매입부 가세로 지불한 총액 | = | 부가세 납부 신고액 |

다음은 부가세가 없는 면세 상품 목록입니다. 이들 상품을 판매 거래한 경우에 부가세 산출 시 제하고 계산합니다.

의료나 휴대전화 등의 소매물품은 물론 음식점이나 각종 용역 서비스를 제공한 경우에는 10%에 해당하는 부가세 금액을 따로 계산하여 세무서에 납부하되 구입할 때 부가세를 주고 구입한 경우 그 금액을 공제하고 납부합니다.

	부가세 면세 목록(거래 후 부가세 납부 의무가 없는 목록들)
1	농축산물, 수산물, 임산물 등에서 가공하지 않은 상태의 재료
2	서적류
3	연탄류
4	주택, 토지 매매 대금
5	의료, 보건, 교육, 금융, 보험용역 등
6	담배류
7	지술기, 작곡기의 창작 용역 지불 비용, 예술창작품, 문화행사 등
8	도서관, 미술관, 동물원 입장료 등
9	여객운송 용역(비행기, 고속버스, 택시 등 제외)
10	우표, 인지, 복권 판매대금 등
11	자선, 학술, 공익단체가 판매하는 물품 등
12	국가, 지방자치단체가 판매하는 물품 등
13	자선, 국가 단체에 무상 공급하는 물품 등
14	학술, 교육기관의 물품 등
15	그 외 공항 면세점 물품(면세란 부가세가 면제된 물품이란 뜻입니다.)

만일 면세 물품인 농산물을 구입 가공한 뒤 판매할 때 부가세가 붙은 제품이라면 부가세 신고를 어떻게 해야 할까요? 농축산물 원재료는 부가세가 없으므로 구입할 때 부가세를 내지 않습니다. 단, 음식점의 경우 채소 등을 원재료를 가공판매하면 음식값에 부가세 10%가 추가되므로 '의제매입세액공제' 방식으로 계산하여 납부할 부가세를 산출합니다.

부가가치세 확정신고 기본 계산 방법

부가세 확정신고는 매출할 때 받은 부가세 총액에서 매입할 때 지불한 부가세 총액을 빼고, 그 외 업종별 부가세 세액공제 분을 다시 빼면, 납부할 부가세가 산출됩니다.

큰일 났어요! 제가 1월에 의류점을 창업했는데 상반기가 지나니까 상반기 부가세를 신고 및 납부하라는 거예요. 제가 의류를 팔 때 따로 부가세를 받지 않고 팔았거든요?

큰일이군요! 초보 사업자의 경우 음식이나 의류값에 부가세 10%가 붙어 있지 않다고 생각하는 경우가 많습니다. 면세 제품 외 모든 제품에 10%의 부가세가 붙어 있고 이 부가세를 모아서 상반기 부가세 확정신고 시 납부해야 합니다.

그러면 이제 어떻게 해야 하나요?

우선 상반기 판매분 중 카드결제나 현금영수증 발행분이 얼마인지 알려주십시오. 현찰 받고 판 옷값은 부가세 계산에서 제외하고 계산하면 됩니다.

부가가치세 확정신고 제출서류(증빙서류)

부가가치세 확정신고를 서면으로 작성하여 신고할 경우에는 다음과 같은 추가 제출서류가 필요합니다.

만일 부가세 확정신고를 인터넷 홈택스에서 작성할 경우 이 제출서류 중 일부를 바로 입력하므로 이 제출서류는 제출하지 않는 경우도 있습니다. 아래 제출 서류는 세무서에서 부가세를 서면

신고할 때 필요합니다. 아래 추가 서류를 모두 제출하지는 않고 관련 사항이 있는 것에 한해 작성하여 제출합니다.

부가세 확정신고를 세무사 사무실에 의뢰할 때 매입매출세금계산서와 각종 거래자료, 영수증 등을 모두 모아서 의뢰하면 세무사가 부가가치세 신고액을 산출하여 대리 신고할 수도 있습니다. 세무사가 부가세를 대리 신고하는 비용은 10만 원 이하의 소액이므로 의뢰할 세무사 사무실과 상담하기 바랍니다.

| 부가가치세 확정신고 시 제출서류 | - 매출처별 세금계산서 합계표
- 매입처별 세금계산서 합계표
- 매입자발행 세금계산서 합계표
- 영세율 첨부서류
- 대손세액공제신고서
- 매입세액 불공제분 계산근거
- 매출처별 계산서 합계표
- 매입처별 계산서 합계표
- 신용카드 매출전표 등 수령명세서
- 전자화폐결제명세서(전산작성분 첨부 가능)
- 부동산임대공급가액명세서
- 건물관리명세서(주거용 건물관리의 경우는 제외)
- 현금매출명세서
- 주사업장 총괄납부를 하는 경우 사업장별 부가가치세과세표준 및 납부세액(환급세액) 신고명세서
- 사업자단위과세를 적용받는 사업자의 경우에는 사업자단위과세의 사업장별 부가가치세 과세표준 및 납부세액(환급세액) 신고명세서
- 건물 등 감가상각 자산취득명세서
- 의제매입세액공제신고서
- 그 밖의 필요한 증명서류 |

그 외의 세금 : 원천세, 법인세 납부하기

개인 사업자가 알아야 할 그 외 세금으로는 원천세가 있습니다. 개인 사업자의 경우 굳이 알 필요가 없는 세금이지만 사업 규모가 5~10인 이상으로 커지면 분리해서 납부하는 세금입니다.

원천세

원천세는 직원 수가 5~10명 이상으로 늘어났을 때 직원의 근로소득세 등을 사업주가 거두어 대신 납부하는 것을 말합니다. 즉, 직원의 봉급을 줄 때 해당 직원의 근로소득세 분량을 공제하고 봉급을 지불한 뒤 공제한 근로소득세를 사업주가 대납하는 것이 원천세입니다.

직원 수가 다섯 명 이하인 작은 사업장일 경우 기준경비율코드 등으로 계산하기 때문에 굳이 신경 쓰지 않아도 되지만 사업장의 규모가 일정 이상 되면(직원 수가 5~10명 이상 되면) 납부 세금을 절약하기 위해 세무사 사무소와 상담하여 원천세 납부 방법을 공부하거나 경리직원을 두어 계산하여 납부하기 바랍니다.

법인세

사업자등록을 법인으로 한 경우에는 '종합소득세'가 아니라 '법인세'를 납부합니다. 말하자면 개인 사업자의 종합소득세와 회사의 법인세는 같은 개념입니다. 종합소득세는 개인 사업자의 사장님이 벌어들인 연간소득에 대한 소득세이고 법인세는 회사가 벌어들인 연간소득에 대한 소득세입니다.

기본적으로 회사의 본사 주소지가 국내에 있을 경우 국내외에서 발생하는 모든 소득에 대하여 법인세를 납부합니다. 법인세 확정신고는 연간 1회이며 3월 결산법인은 7월 1일까지, 6월 결산법인은 9월 30일까지, 9월 결산법인은 12월 31일까지, 12월 결산법인은 이듬해 4월 1일까지 확정신고 및 납부를 해야 합니다. 회사 규모가 작으면 사장이 직접 산출하여 법인세 확정신고를 할 수 있지만 회사 규모가 커지면 세무사 사무실에 의뢰하거나 경리부를 두어 계산합니다.

애 키우는
**엄마들을 위한
소자본 창업**
쉽게 배우기

1판 1쇄 인쇄 | 2014년 4월 15일
1판 1쇄 발행 | 2014년 4월 20일

지은이 박평호
펴낸이 김기옥

프로젝트 디렉터 기획1팀 모민원, 권오준
영업 박진모
경영지원 고광현, 이봉주, 김형식, 임민진

일러스트 홍재승
디자인 네오북
인쇄 서정문화인쇄
제본 서정바인텍

펴낸곳 한스미디어(한즈미디어(주))
주소 우편번호 121-839 서울시 마포구 서교동 양화로 11길 13(서교동, 강원빌딩 5층)
전화 02-707-0337 | 팩스 02-707-0198 | 홈페이지 www.hansmedia.com
출판신고번호 제 313-2003-227호 | 신고일자 2003년 6월 25일

ISBN 978-89-5975-598-1 13320

책값은 뒤표지에 있습니다.
잘못 만들어진 책은 구입하신 서점에서 교환해 드립니다.